U0089487

古代歷史文化 研究輯刊

三一編

王明蓀 主編

第 22 冊

曖昧的歷程
——中國古代性別亞文化研究
（第五冊）

張杰 著

國家圖書館出版品預行編目資料

曖昧的歷程——中國古代性別亞文化研究（第五冊）／張杰
著 -- 初版 -- 新北市：花木蘭文化事業有限公司，2024〔民
113〕
目 6+192 面；19×26 公分
（古代歷史文化研究輯刊 三一編；第 22 冊）
ISBN 978-626-344-674-8（精裝）
1.CST：同性戀 2.CST：性別研究 3.CST：社會生活
4.CST：歷史 5.CST：中國
618   112022534

古代歷史文化研究輯刊
三一編 第二二冊   ISBN：978-626-344-674-8

曖昧的歷程
——中國古代性別亞文化研究（第五冊）

作　　者	張杰
主　　編	王明蓀
總 編 輯	杜潔祥
副總編輯	楊嘉樂
編輯主任	許郁翎
編　　輯	潘玟靜、蔡正宣　美術編輯　陳逸婷
出　　版	花木蘭文化事業有限公司
發 行 人	高小娟
聯絡地址	235 新北市中和區中安街七二號十三樓
	電話：02-2923-1455 ／傳真：02-2923-1452
網　　址	http://www.huamulan.tw 信箱 service@huamulans.com
印　　刷	普羅文化出版廣告事業
初　　版	2024 年 3 月
定　　價	三一編 37 冊（精裝）新台幣 110,000 元

版權所有・請勿翻印

曖昧的歷程
——中國古代性別亞文化研究
（第五冊）

張杰 著

龍陽才子易順鼎的賞優新高度

　　龍陽縣隸屬於湖南常德，三國時期析自吳壽，民國元年（1912）更名為漢壽縣。三國時竹林七賢之一阮籍曾作《詠懷》詩云：「昔日繁華子，安陵與龍陽。流眄發媚姿，言笑吐芬芳。攜手等歡愛，宿昔同衾裳。願為雙飛鳥，比翼共翱翔。丹青著明誓，永世不相忘。」〔註631〕詩中「龍陽」指戰國時期的龍陽君，他與魏王之間的泣魚故事在後世成為了一個著名的同性戀典故。而「龍陽」作為一個地名延用長達一千六百多年，從中倒也可見古代中國對於男風現象曖昧的寬容。當然，此詞與同性戀的關係畢竟會讓邑人感覺尷尬，更名漢壽亦好理解。在清末民國間，龍陽易氏家族人才輩出。易佩紳以舉人官至江蘇布政使，其子易順豫為光緒二十九年（1903）進士。而易順豫之兄易順鼎更是以詩詞成就聞名近代，與恩施樊增祥並稱「樊易」。此二人都好男色，其中樊增祥是晚清京城名士李慈銘的高弟，師徒一起尋相賞優，吟詩賦詞。〔註632〕不過他們的表達總體還算含蓄，而易順鼎則有所不同，其賞優作品的某些用詞比較直顯，甚至徑用男風典故，從而給讀者留下的印象更加深刻。

一

　　易順鼎少有神童之譽，18歲就已考中舉人。光緒二年（1876），19歲的他在京參加會試。雖未得中，不過翩翩佳公子若未與名相美優生出一些風流韻事，怎能克享其稱？於是，琴綺出現在了易氏詞作當中。下面兩首詞有情而克制，尚可謂止乎禮義。《絳都春·為琴綺賦》：

> 幺弦獨理，把萬古東風，賺成商意。燈畔夢痕，鏡裏年華，都如水。人天舊怨渾彈碎，算苦了粉郎蔥指。鬢雲夜墮，幾番憔悴，蕚華仙子。　　應是。海山韻杳，盡愁心付與，斷紅鸞尾。冷到玉徽，便覺相思真無味。桐絲一寸秋魂死，更休向黌餘飄淚。最憐蘭恨將銷，籠鸚喚起。〔註633〕

《新雁過妝樓·再為琴綺賦，時余將有海上之行矣》：

> 嫩指調冰，彈不破，人天綠意冥冥。弦畔東風，吹冷萬古瑤情。春夢和他鸚鵡懺，秋懷訴與鳳凰聽。漫銷凝，催花羯鼓，弄月

〔註631〕《玉臺新詠》卷二。
〔註632〕請見本書第973～978頁。
〔註633〕《鬢天影事譜》卷一。

鵝笙。　　相思水荒山遠。料移船海上，別調淒清。見說文鸞，而今也歎飄零。禪心幾回拖逗，初不為琵琶腸斷聲。蘭因在，伴華年錦瑟，修到三生。〔註634〕

而在下面三首離別詞中，易氏與所歡像是在內室剛剛親熱過，讀來就比較香豔了。雖未明言是與誰分別，顯然應是琴綺。

惜分飛

門外落紅深一尺，夢逐玉驄難覓。今夜東風急，粉郎懸淚花前立。　　愁到眉山遮寸碧，吹裂璚宮舊笛。酒醒歌塵寂，斷魂猶繞旗亭壁。〔註635〕

金縷曲

小院桃花雨。鎮銷魂湘簾半捲，數聲啼宇。門外斑騅勾留久，攜手畫闌私語。消受者、酒邊眉嫵。綠鬢飄零維摩榻，算年來略解傷春苦。吹玉笛、甚情緒。　　箏堂夜按陽關譜。漫催成紅淒翠怨，茜盟無主。十丈車塵宣南路，埋盡春愁幾許。有多少、雲鴻失侶。一寸情天傷心碧，便微軀化石都難補。持此恨、竟終古。〔註636〕

前調

門外天涯路。憩香驄綠沉小院，豔宵初曙。草長紅心江南岸，一片歌塵乍度。甚粉約、脂期都誤。但罵東風真無賴，送儂歸不送愁歸去。空望斷、鳳城樹。　　年來春夢渾難據。又匆匆旗亭折柳，三生萍絮。寶瑟弦僵瑤情冷，漫把孤懷浪訴。怕少個、周郎能顧。只道芳顏須珍重，料人間尚有相逢處。抵多少、斷腸句。〔註637〕

按：關於琴綺其人，易順鼎曾經記謂：「近華〔堂〕孟金喜，字如秋，直隸人。出近信，姿態冷豔，如浣紗春女，如臨水秋花。臉眉間常有一種幽情，與愁朦斷紅相映。然遇三兩素心，琴歌酒賦，又未嘗不笑齒嫣然也。余嘗更其名為琴綺。」〔註638〕孟金喜在同光間的京城伶界頗負時譽，時人蜀西樵也（王曾祺）亦曾記謂：「金喜字如秋，直隸故城人。年十七，甲戌〔註639〕花榜第二

〔註634〕《鬘天影事譜》卷一。
〔註635〕《鬘天影事譜》卷一。
〔註636〕《鬘天影事譜》卷一。
〔註637〕《鬘天影事譜》卷一。
〔註638〕《哭庵賞菊詩》附錄，見《清代燕都梨園史料》，第769頁。
〔註639〕同治十三年，1874年。

人，近信弟子。貌白皙而豐潤，性溫婉，對客殊落落。而與交久，輒有飛鳥依人態。其銷魂蕩魄，尤在星眸斜轉時。花天酒地，久噪芳名。」〔註640〕

二

易順鼎才高而運蹇，5 次參加會試均為報罷。他憂國憂民，感懷時事，甲午戰爭失敗後曾有渡海抗日之舉，深得封疆大吏劉坤一、張之洞等人的賞識。光緒二十五年（1899）夏六月，他在湖南長沙督理鹽務，趁便與在籍居住的吏部主事葉德輝往還酬酢，逐酒徵歌。葉氏光緒十八年（1892）進士，才高而行易，對於優伶男色達於癖境。綺宴之上，如花美伶是須臾不離的陪侍，遊意詩情也因而得到了激發。葉德輝《實甫〔註641〕招飲，即席率成二首》詩云：

遊仙一枕到崑崙，有棗休教囫圇吞。
八九胸無雲夢在，三千首與翰林論。
風懷左癖兼詩癖，雨意潮痕半酒痕。
座上安陵人不識，須知楚實楚書言。

河山泡影渺崑崙，璞蛤何曾被蟹吞。
墨翟尚同同亦異，莊周齊物物難論。
我因逃世看春色，君為哀時有淚痕。
拋卻特豚殘冷炙，白頭無悔是斯言。〔註642〕

男左女右，詩中「左癖」即男色之癖。葉德輝逃世賞春，風流本性與易順鼎深相契合。易氏《即事疊呈煥彬〔註643〕吏部》和云：

蟠桃三次盜崑崙，那及餘桃衛國吞。
尤物移人何必諱，是鄉老我不須論。
生生世世唐宮誓，暮暮朝朝楚岫痕。
得遇靈簫吾四紀，低佪感歎定盦言。〔註644〕

平生幽恨積崑崙，得實歌成淚轉吞。
末路竟蒙蒼帝眷，他年還付紫陽論。
賴卿十二分春色，消我三千丈雪痕。

〔註640〕《燕臺花事錄》上，見《清代燕都梨園史料》，第546頁。
〔註641〕易順鼎，字實甫、石甫，號哭盦。
〔註642〕《崑崙集》續。
〔註643〕葉德輝，字煥彬、奐份，號郋園。
〔註644〕「定公四紀遇靈簫」，龔定庵（龔自珍）句也，余今年四十有二矣。——原注。

信有美男能破老，《逸周書》是聖人言。〔註645〕

而兩人不但狎賞當前，且還追懷過往。清初著名詞人陳維崧與名優徐紫雲的鶼鰈眷戀在後世眾所交稱，令人豔羨。陳氏曾經請人為紫雲繪有一幅出浴圖，名家題詠甚夥。此圖乾隆以後的傳藏情況不詳，清末重又出現。易順鼎在南京曾於著名收藏家繆荃孫（字筱珊、小山）處見之，且曾為題詞。如此難逢的一件雅事當然要為友人述說，葉德輝《〈崑崙集〉編成，作俳體二首書後，兼衍哭盦詩意》云：

雲郎歷劫化崑崙，〔註646〕梅影梅身坐臥吞。

無肉竹絲無曲顧，有童男女有情論。

坐中一一桃花色，壁上雙雙菜葉痕。〔註647〕

留得秦時明月在，仙源肯向外人言。

桃花結實滿崑崙，摘入金盤捧露吞。

冬日孌童新詠出，南風小史豔歌論。

晶簾倒捲秋河影，翠被偷摻春水痕。

雌去雄飛天萬里，綺懷愁向酒闌言。〔註648〕

易順鼎《和俳體二首韻贈奐份吏部，即題〈崑崙集〉後》：

導源星宿發崑崙，太史文章吏部吞。

漢室今無蠶室罰，梁園古以兔園論。

西烏北雁新琴曲，東馬南狐舊墨痕。

已放起衰原道手，平章風月更清言。

名花朵朵謫崑崙，珍重休教下屆吞。

對美人如牡丹豔，驚知己不牝黃論。

操真月旦題襟雅，癖左風懷斷袖痕。

〔註645〕《崑崙集》續。

〔註646〕實甫近從金陵為繆小山太史題湖海樓（陳維崧）侍史雲郎小像。——原注。

〔註647〕用汪東山殿撰故事。——原注。按：汪繹，號東山，康熙三十九年（1700）狀元。袁枚《隨園詩話》卷十四曾載：「汪東山先生繹，精星學。在京師，與方靈皋、蔣南沙、湯西厓齊名。三人皆疏放，而方獨迂謹，時相牴牾。堂上掛沈石田芭蕉一幅，所狎二美伶來，錯呼白菜，人因以『雙白菜』呼之。方大加規諫，先生厭之，乃署其門曰：『候中狀元汪，諭靈皋，免賜光。庶幾南蔣，或者西湯，晦明風雨時，來往又何妨。雙雙白菜，終日到書堂。』」

〔註648〕《崑崙集》續。

根觸閒情還笑我，雲郎事向辟疆言。〔註649〕

　　葉、易詩中徑用南風（男風）、斷袖之詞，其實陳維崧自己都沒這樣直白地寫過。

　　秋八月，易順鼎自省城回龍陽，葉德輝《〈續本事詩〉四首調實甫，即送其回朗州〔註650〕》寫道：

　　　　當筵一曲醉崑崙，鼎臠曾嘗卻未吞。
　　　　張孔容華瓊樹見，董秦官爵玉川論。
　　　　新詞譜出籠鵝曲，好夢圓成化蝶痕。
　　　　往日招搖同過市，餘桃何恤市人言。

　　　　飛牆百尺隱崑崙，醉把玲瓏骰子吞。
　　　　狎客漸隨詞客散，春人好共玉人論。
　　　　青年跌宕繁華夢，紅粉消磨綺障痕。
　　　　末路英雄真可笑，分香賣履好煩言。〔註651〕

　　易順鼎《己亥八月由長沙返里，途中和崑崙韻六章，即事抒懷，奉寄煥彬同社諸君子》：

　　　　兩年塵土積崑崙，芒角槎牙只自吞。
　　　　斷袖豈同年少癖，倒繃聊作阿婆論。
　　　　傾來一肚皮中物，寫出三毫頰上痕。
　　　　羊肉太肥豬肉冷，請君思我此時言。

　　　　明眸玉貌勝崑崙，況有珠喉妙吐吞。
　　　　鄉好溫柔飛燕讓，館名如意季龍論。
　　　　酒邊國色春無賴，衣上天香夜有痕。
　　　　何福分能消受汝，黃衫恩重報難言。〔註652〕

　　易氏詩中直用「斷袖」之典，「明眸玉貌」之伶發出「珠喉妙吐」之音，聲色交並，其樂也無極。諸伶當中，長沙王定保尤其為他所賞，其《即事有作疊韻和同詠諸公》云：

　　　　弘農得汝勝崑崙，僥倖紅霞一口吞。

〔註649〕《崑崙集》續。
〔註650〕朗州，常德的舊稱。
〔註651〕《崑崙集》續。
〔註652〕《崑崙集》續。

天寶改元新寵擅，永和修禊舊家論。

解嘲只當揚雄作，睡臉初開定子痕。

一卷《摭言》欣入手，從今長摭《摭言》言。〔註653〕

詩中兩次出現「摭言」。我們知道，《唐摭言》是一部著名的筆記小說集，五代王定保撰。因為人物同名，所以易順鼎便對「摭言」特加強調。關於王定保其人，成相道人記謂：

王定保長沙人，年二十許，貌極明豔。初在酒家當爐，有兵家子昵之，延為上賓。後以失歡繫獄，吏部飛書救之。事平，在芋園演《鳳儀亭》，觀察一見傾倒，贈金帛無算。又出數百金為清私債，經營一月，始得入如意館焉。〔註654〕

王定保先為兵家子所「昵」，為賓入幕，應當是去做以身易財的變童龍陽。吏部葉德輝亟將其救出，肯定會要求回報。這時，觀察易順鼎再贈金無算，目的想必是以己之財易彼之身。唐代李頎《鄭櫻桃歌》有云：「鳳陽重門如意館，百尺金梯倚銀漢。」〔註655〕王定保進入易觀察的如意館，就像是後趙鄭櫻桃得到了石虎石季龍的斷袖之寵。〔註656〕

而易觀察還曾賞愛湘潭袁身梅，為作詩云：

玉梅花下玉崑崙，欲把綏桃一口吞。

傾國濃姿將芍比，泥人甜味作瓜論。

迷離暮暮朝朝意，宛轉花花葉葉痕。

為汝不辭添口業，任情風語復華言。〔註657〕

易順鼎為了袁郎不懼風言口業。次年庚子之變後他人在西安，葉德輝寄詩問候，易氏復以《四疊寄奐份吏部與清華諸伶》：

甜味還應泥似瓜，班名聞已改清華。

欲將別館題如意，何用扁舟訪若耶？

南國相思紅豆子，東風無恙碧桃花。

西園豈但懷吳質，更念箏人賽與車。〔註658〕

〔註653〕《崑崙集》續。

〔註654〕《崑崙集》釋文。

〔註655〕《樂府詩集》卷第八十五。

〔註656〕參見本書第133～135頁。

〔註657〕《崑崙集·戲和郇園主人〈本事詩〉三首》。

〔註658〕《易順鼎詩文集》卷十三。

「甜味還應泥似瓜」下自注：「『傾國濃姿將芍比，泥人甜味作瓜論』，余贈袁伶句也。」我們知道，乾隆年間著名學者孫星衍做客於陝西巡撫畢沅幕府，他寵昵優伶郭郎，稱其為郭芍藥，二人曾經共宿於巡撫節署，見本書第300頁。易順鼎應是追慕前賢，遂將其袁伶亦比為芍藥。

<h1 style="text-align:center">三</h1>

易順鼎之才主要是體現在其詩歌，而葉德輝作為著名的文獻學家則在學術。因此，就文氣相通而言，與易氏更加投契的是著名詩人樊增祥。樊氏光緒三年（1877）中進士，外放之後長期在陝西為官。光緒二十六年庚子（1900），義和團事起，八國聯軍進京，慈禧太后攜光緒皇帝倉皇出京「西狩」。易順鼎聞變趕緊自南京趨赴行在效力，遂與先期已在西安的樊增祥相會聚。國難之時，二人繁鉅公事之餘卻也不忘詩酒吟詠，此唱彼和。樊增祥曾以多首七律詩來描寫易順鼎的男色之好，詩中男風典故頻出：

> 石甫浴於華清，適有所遇，六疊韻調之
> 楊柳垂門無路通，駿驦冠底識豐容。
> 眼波的的明秋水，眉語依依斂翠峰。
> 大令歌頭桃葉換，六郎嬌面藕花濃。
> 華清浴罷歸來晚，未可輕騎白耳龍。〔註659〕

> 二十三疊韻調石甫
> 咫尺湯泉落彩雲，貴妃隄畔手輕分。
> 萱芳盡作延年藥，〔註660〕阮、籍誰非伐性斤？
> 路隔蓬山惟有夢，情如花水自生文。
> 蕭郎省識門如海，轉幀何勞慕董君。〔註661〕〔註662〕

> 九疊韻箴實甫
> 漢苑黃頭記鄧通，熏香傅粉若為容。
> 秦宮自倚花間活，楚峽別開雲外峰。

〔註659〕《樊山續集》卷十二。
〔註660〕昔人秦宮詩：自緣身作延年藥。言久不御也。——原注。
〔註661〕據《漢書·卷六十五·東方朔傳》，董偃戴著綠頭巾拜見漢武帝，他面目嬌好，遂得盛寵。
〔註662〕《樊山續集》卷十二。

郭芍藥詩原幻妄，鄭櫻桃色枉纖濃。

葉公免冑分明看，應悔平生好假龍。〔註663〕

十疊韻和石甫送別之作

細馬威遲繡嶺通，青門送別想愁容。

餘桃已歷三千歲，薦枕虛言十二峰。

後夜窗紗難得亮，昨來燭淚不勝濃。

也知金鳳遙相待，何物延鈞算一龍。〔註664〕〔註665〕

八疊韻調石甫

華清有美勝鮀、朝，莫遣前魚怨綺僚。

一辟陽驁公主鳳，六娉婷遜寺人貂。

秦青歌闋珠成串，薛雪來時酒一瓢。〔註666〕

換馬輕盈香翰在，為君重賦百宜嬌。〔註667〕

調石甫

左顧文鴛倍有情，風懷全反竹坨生。

幻為童子疑雄杏，〔註668〕當作山妻亦牡荊。

幺鳳幾時集阿閣，前魚曾記浴華清。

莫嫌居近公超市，霧裏看花尚眼明。〔註669〕

諸詩當中，駿鼊冠、閹籍、董君、鄧通、秦宮、郭芍藥、鄭櫻桃、餘桃、延鈞、鮀朝、前魚、風懷等均為男風方面的名詞、人物。國將不國之際，抱負遠大的易石甫其狎遊之興亦復不淺，並且性情真率，對於自己的男色之好並不諱言：

六疊韻和樊山見贈華清即事之作

碧殿紅闌宛轉通，雪膚花貌若為容。

貴妃湯外無多水，仙母祠前第幾峰。

三疊已憐霓譜歌，一枝猶剩露華濃。

〔註663〕《樊山續集》卷十二。

〔註664〕原詩有「羨煞歸郎臥九龍」之句。——原注。

〔註665〕《樊山續集》卷十二。

〔註666〕來詩有「剩伴名醫薛一瓢」之句。——原注。

〔註667〕《樊山續集》卷十三。

〔註668〕見本書第365頁。

〔註669〕《樊山續集》卷十五。

銷魂記取相逢地，呵護蓮房有九龍。〔註670〕〔註671〕

十疊韻，和樊山前題

仙童嶺上一重雲，仙女祠前月二分。

藍嶺玉肪長徑尺，碧城桃實重逾斤。

姑談左右風懷癖，勝讀中西日報文。

哀樂浸深無處寫，飲醇將學信陵君。〔註672〕

樊山、硯生疊韻相箴，意殊可感。七疊原韻，報謝兩君

如雷私語上方通，謠詠蛾眉幾見容。

莫誤詩人趙秋谷，更煩良友顧華峰。

衣邊花雨看來幻，榻上茶煙喜尚濃。

棒喝當頭臨濟法，勞君一指暨天龍。〔註673〕

八疊韻，賦別意

隔著芙蓉路始通，班騅催別不相容。

天寒酒醒柳邊岸，人遠曲終江上峰。

無可奈何是花落，不如休去為霜濃。

銷魂獨作書空語，羨煞歸郎臥九龍。〔註674〕

戲和樊山韻

不近名人太近情，風懷早已誤平生。

六如有願皈迦葉，三苟無聊學衛荊。

偶陷餘桃思破老，欲鑽苦李恐妨清。

口頭禪是空中語，那向人前辨得明？〔註675〕

　　據樊、易諸詩，易順鼎在西安的風流韻事曾經發生於華清池畔。至於為他所寵的具體人物，樊增祥《洞仙歌・用前韻再調石甫》詞寫到了歌郎劍青：

　　　　生綃帕子，拭何郎珠汗，花氣襲人袖香滿。怕鄂君睡美，梅雨微寒，銀燭下翠被一床抖亂。綠箋書小字，喚作青萍，劍氣英英燭星漢。　　繞指不勝柔，臨去秋波，剛學得崔娘一轉。便當作明珠

〔註670〕李義山詩：「九龍呵護玉蓮房。」詠華清作也。──原注。

〔註671〕《易順鼎詩文集》卷十二。

〔註672〕《易順鼎詩文集》卷十二。

〔註673〕《易順鼎詩文集》卷十二。

〔註674〕《易順鼎詩文集》卷十二。

〔註675〕《易順鼎詩文集》卷十二。

掌中擎，縱寶馬千金，莫教輕換。〔註676〕

「燭星漢」後自注：「君所眷曰劍青。」詞中用到了「鄂君繡被」之典，「翠被一床抖亂」，則兩人果曾同寢過？樊氏《鷓鴣天·雨夜易五以車迓某郎，賦此調之》中的易五是指易順鼎，他在自家叔伯兄弟中排行第五，某郎或即劍青：

> 翠被溫柔別有鄉，輕車油碧引仙郎。朝雲顛倒襄王夢，夜雨消磨杜牧狂。　燈照淚袖攜香，延平劍合兩鴛鴦。酒邊頗憶梅村語，難得今宵是乍涼。〔註677〕

雨夜接人，則真可能是要效法襄王夢遇〔註678〕，繾綣歡愛。可惜仙郎因故未至，「昨以小詞調石甫，今始知可人期不來也」，樊增祥遂再賦4闋《浣溪沙》詞：

> 聞喚雲郎佐酒船，細勻鯛墨寫青箋。翠衾孤負昨宵眠。　擡舉好為鳳凰地，荒唐無過鷓鴣天。哥哥行不得堪憐。

> 半是消磨杜牧狂，等閒無意近蕭郎。〔註679〕枉燒湘子廟中香。〔註680〕　玉父背人呼小九，塞鴻何地覓無雙。昨宵只為一人涼。

> 兒女神仙兩有情，扶鸞跨鳳一身並。連心花帳一窩雲。　今歲秋來應白髮，此曹夜半亦蒼生。〔註681〕縱登宣室不忘卿。

> 消息愁中又病中，曲屏近底擬相逢。銜書青鳥若為通。　人在西廂羞不起，船如南漕慣回空。寇家燭淚為誰濃？〔註682〕

詞中「蕭郎」是指南朝梁宗室蕭韶，其為幼童時，著名詩人庾信與有斷袖之歡，事見《南史·卷五十一·長沙宣武王懿傳附韶傳》。易石甫涼宵獨宿，未近「蕭郎」。異日得見，想必會愈加眷顧。

我們講易順鼎的「賞優新高度」，是就其賞優詩歌的新特色而言的。一般的此類詩歌，即便名之以「情色」，通常就是欲說還止、纏綿賞眷而已，請見

〔註676〕《二家詞鈔》卷五。
〔註677〕《二家詞鈔》卷五。
〔註678〕據宋玉《高唐賦》、《神女賦》，楚襄王夢遇巫山神女，欲與雲雨成歡。
〔註679〕近人詩「等閒未許輕相見，半是消磨杜牧狂」，昨偶用之，遂為語讖。——原注。
〔註680〕君賃廡在湘子廟街。——原注。
〔註681〕石甫扶乩，顧五錄其詩為一怢，題曰《夜半蒼生》。——原注。
〔註682〕《二家詞鈔》卷五。

本書第 822～981 頁。而易氏在其多首作品中直用餘桃、斷袖等意涵明確的典故詞，或用豔宵、維摩榻等與身體接觸緊密相關的香豔詞。同時，友人葉德輝、樊增祥也用同樣的表達來進一步明確其男色之好。應當講，這樣直顯的描寫在清代賞優詩詞中是不多見的。易順鼎以及葉德輝、樊增祥都是性情疏放之人，但也都積極參與時政。尤其庚子、辛丑年間，正是易、樊二氏從政生涯的高潮階段。易順鼎受兩江總督劉坤一、湖廣總督張之洞差委，數千里奔波趕赴西安，負責督辦江楚轉運事宜。而樊增祥更是任職於決策核心督辦政務處，據謂光緒皇帝的《罪己》、《變法》詔書就是由他起草。因辦事勤勉、績功卓異，易、樊事後分別升任廣西右江道、陝西按察使。在此背景下，二人公餘公開歌詠優伶男色，這與當時他們的身份是不大相符的，一般官員都不會如此自放。但事實確是如此，易順鼎就差說出與優伶「同臥起」了。作為不算典型的實例，這能反映出清末吏治懈怠荒忽的一面。而從文學角度看，賞優詩歌達此「新高度」，其所寫已將「情色」明朗化，而且已及「情慾」了。不愧是龍陽才子，易順鼎的「龍陽」之興著實不淺。

中國古代的曖昧友情詩歌

在中國古代，朋友關係為五倫之一。《孟子・滕文公上》：「人之有道也，飽食暖衣，逸居而無教，則近於禽獸。聖人有憂之，使契為司徒，教以人倫：父子有親，君臣有義，夫婦有別，長幼有序，朋友有信。」朋友與君臣、父子、夫婦、兄弟並列，其所繫重矣！管鮑分金、雷陳膠漆，金蘭情誼古來自多佳話。古代表現友情的詩歌舉不勝舉，而詩重抒情，其所表達往往用詞頗深。如人所共知的李白《贈汪倫》：「李白乘舟將欲行，忽聞岸上踏歌聲。桃花潭水深千尺，不及汪倫送我情。」〔註683〕同性戀情可謂特殊的一類友情，某種意義上是程度最深的友情。對於這類感情，明確表達會有諸多顧慮，於是作品所寫與普通友情往往難辨。本文討論曖昧友情詩歌，也即較有可能是描寫同性戀感情的詩詞文學作品。那麼，這類曖昧詩詞與普通詩詞怎樣區分？筆者認為應當採取綜合分析的方式，要考慮到詩歌的環境背景、作者背景以及具體的內容表達。像先秦時期，《詩經》中的《野有蔓草》、《風雨》、《蒹葭》、《小戎》等之所寫都屬曖昧，相關分析請見本書第 59～66、765～772 頁。

〔註683〕《全唐詩》卷一百七十一。

相對而言，曖昧詩歌的感情表達更顯纏綿熾烈，下面按照時間順序加以列舉。

一、漢末魏晉南北朝時期

古詩十九首

行行重行行，與君生別離。
相去萬餘里，各在天一涯！
道路阻且長，會面安可知？
胡馬依北風，越鳥巢南枝。
相去日已遠，衣帶日已緩。
浮雲蔽白日，游子不顧返。
思君令人老，歲月忽已晚。
棄捐勿復道，努力加餐飯。

明月皎夜光，促織鳴東壁。
玉衡指孟冬，眾星何歷歷。
白露沾野草，時節忽復易。
秋蟬鳴樹間，玄鳥逝安適。
昔我同門友，高舉振六翮。
不念攜手好，棄我如遺跡！
南箕北有斗，牽牛不負軛。
良無磐石固，虛名復何益？

孟冬寒氣至，北風何慘栗。
愁多知夜長，仰觀眾星列。
三五明月滿，四五蟾兔缺。
客從遠方來，遺我一書札。
上言長相思，下言久離別。
置書懷袖中，三歲字不滅。
一心抱區區，懼君不識察。

客從遠方來，遺我一端綺。
相去萬餘里，故人心尚爾。
文采雙鴛鴦，裁為合歡被。

著以長相思，緣以結不解。

以膠投漆中，誰能別離此？〔註684〕

與蘇武詩三首

良時不再至，離別在須臾。

屏營衢路側，執手野踟躕。

仰視浮雲馳，奄忽互相逾。

風波一失所，各在天一隅。

長當從此別，且復立斯須。

欲因晨風發，送子以賤軀。

嘉會難再遇，三載為千秋。

臨河濯長纓，念子悵悠悠。

遠望悲風至，對酒不能酬。

行人懷往路，何以慰我愁？

獨有盈觴酒，與子結綢繆。

攜手上河梁，游子暮何之？

徘徊蹊路側，恨恨不能辭。

行人難久留，各言長相思。

安知非日月，弦望自有時。

努力崇明德，皓首以為期。〔註685〕

詩四首

骨肉緣枝葉，結交亦相因。

四海皆兄弟，誰為行路人？

況我連枝樹，與子同一身。

昔為鴛與鴦，今為參與辰。

昔者常相近，邈若胡與秦。

惟念當離別，思情日以新。

鹿鳴思野草，可以喻嘉賓。

我有一樽酒，欲以贈遠人。

願子留斟酌，敘此平生親。

〔註684〕《六臣注文選》卷第二十九。

〔註685〕（西漢）李陵作（舊題），見《六臣注文選》卷第二十九。

黃鵠一遠別，千里顧徘徊。
胡馬失其群，思心常依依。
何況雙飛龍，羽翼臨當乖。
幸有絃歌曲，可以喻中懷。
請為游子吟，泠泠一何悲。
絲竹厲清聲，慷慨有餘哀。
長歌正激烈，中心愴以摧！
欲展清商曲，念子不能歸。
俛仰內傷心，淚下不可揮。
願為雙黃鵠，送子俱遠飛。

……

燭燭晨明月，馥馥我蘭芳。
芬馨良夜發，隨風聞我堂。
征夫懷遠路，游子戀故鄉。
寒冬十二月，晨起踐嚴霜。
俯觀江漢流，仰視浮雲翔。
良友遠離別，各在天一方。
山海隔中州，相去悠且長。
嘉會難再遇，歡樂殊未央。
願君崇令德，隨時愛景光。〔註686〕

短歌行
長安高城，層樓亭亭。
干雲四起，上貫天庭。
蜉蝣何整，行如軍征。
蟋蟀何感，中夜哀鳴。
蚍蜉偷樂，粲粲其榮。
窹寐念之，誰知我情。
昔君視我，如掌中珠。
何意一朝，棄我溝渠。
昔君與我，如影如形。

〔註686〕 （西漢）蘇武作（舊題），見《六臣注文選》卷第二十九。

何意一去，心如流星。

昔君與我，兩心相結。

何意今日，忽然兩絕。〔註687〕

送歸曲

送子獨南歸，攬衣空閑默。

關山晝欲暗，河冰夜向塞。

燕至他人鄉，雁去還誰國？

寄子兩行書，分明達濟北。〔註688〕

他如曹攄《思友人詩》、李充《嘲友人》、鮑照《贈故人》、江淹《贈別》
等，見本書第114～116頁。

在文字表達大體相同的情況下，如果作者是一位同性戀人物，則其友情詩
的曖昧感自會更強一些，南朝宋謝惠連即是一例。謝氏的男風之好見本書第
112頁，第113頁已收有他的幾首友情詩。而若講相友相賞，他與族兄謝靈運
之間產生了「池塘生春草」的典故〔註689〕，在歷史上甚為出名。惠連《西陵
遇風獻康樂》詩寫道：

我行指孟春，春仲尚未發。

趣途遠有期，念離情無歇。

成裝候良辰，漾舟陶嘉月。

瞻塗意少悰，還顧情多闕。

哲兄感此別，相送越坰林。

飲餞野亭館，分袂澄湖陰。

淒淒留子言，眷眷浮客心。

回塘隱艫栧，遠望絕形音。

靡靡即長路，戚戚抱遙悲。

悲遙但自弭，路長當語誰！

行行道轉遠，去去情彌遲。

〔註687〕（晉）傅玄作，見《樂府詩集》卷第三十。

〔註688〕（梁）吳均作，見《樂府詩集》卷第七十七。

〔註689〕《詩品》卷中引《謝氏家錄》謂謝靈運「每對惠連，輒得佳語。後在永嘉西
堂，思詩竟日不就。寤寐間忽見惠連，即成『池塘生春草』。故常云：『此語
有神助，非吾語也。』」

昨發浦陽汭，今宿浙江湄。

臨津不得濟，佇檝阻風波。

蕭條洲渚際，氣色少諧和。

西瞻興遊歎，東睇起淒歌。

積憤成疢痗，無萱將如何！〔註690〕

從弟因為別離而如此惆悵，從兄自當慰答之。謝靈運《酬從弟惠連》：

寢瘵謝人徒，滅跡入雲峰。

岩壑寓耳目，歡愛隔音容。

永絕賞心望，長懷莫與同。

末路值令弟，開顏披心胸。

心胸既云披，意得咸在斯。

凌澗尋我室，散帙問所知。

夕慮曉月流，朝忌曛日馳。

悟對無厭歇，聚散成分離。

分離別西川，迴景歸東山。

別時悲已甚，別後情更延。

傾想遲嘉音，果枉濟江篇。

辛勤風波事，款曲洲渚言。

洲渚既淹時，風波子行遲，

務協華京想，詎存空谷期。

猶復惠來章，只足攬余思。

倘若果歸言，共陶暮春時。

暮春雖未交，仲春善遊遨。

山桃發紅萼，野蕨漸紫苞。

鳴嚶已悅豫，幽居猶鬱陶。

夢寐佇歸舟，釋我吝與勞。〔註691〕

謝靈運和謝惠連是從兄弟的親屬關係，似乎不便同性相戀。不過據《宋書・卷七十五・王僧達傳》，同時代的王僧達與其族子王確就曾有過斷袖之好，

〔註690〕《六臣注文選》卷第二十五。
〔註691〕《六臣注文選》卷第二十五。

那麼相交過從甚密的大小謝之間應也有此可能。謝靈運還寫過一首詩名甚長的《登臨海嶠初發強中作與從弟惠連，見羊、何共和之》：

> 杪秋尋遠山，山遠行不近。
> 與子別山阿，含酸赴修畛。
> 中流袂就判，欲去情不忍。
> 顧望脰未悁，汀曲舟已隱。
> 隱汀絕望舟，鶩棹逐驚流。
> 欲抑一生歡，並奔千里遊。
> 日落當棲薄，繫纜臨江樓。
> 豈惟夕情斂，憶爾共淹留。
> 淹留昔時歡，復增今日歎。
> 茲情已分慮，況乃協悲端。
> 秋泉鳴北澗，哀猿響南巒。
> 戚戚新別心，淒淒久年攢。
> 攢念攻別心，旦發清溪陰。
> 暝投剡中宿，明登天姥岑。
> 高高入雲霓，還期那可尋。
> 倘遇浮丘公，長絕子徽音。〔註692〕

此詩作於宋文帝元嘉年間，謝靈運往遊臨海，惠連因故不能偕行。據詩所寫，大謝欲把他一生的歡樂集中起來，在與小謝的一同出遊中釋放。遺憾未能如此，夜來獨宿曾共淹息的臨江樓，不禁益增歎惋。不知在所回憶的「昔時歡」裏，是否有共臥同衾的影像？

二、唐宋時期

> 贈知己
> 江南折芳草，江北贈佳期。
> 美人碧雲外，寧見長相思。〔註693〕
> 思君吟寄□□生
> 我思君兮河之壖，

〔註692〕《六臣注文選》卷第二十五。
〔註693〕（唐）楊諫作，見《全唐詩》卷二百二。

我為河中之泉，君為河中之青天。

天青青，泉泠泠，

泉含青天天隔泉，我思君兮心亦然。

心亦然，此心復在天之側，

我心為風兮淅淅，君身為雲兮冪冪。

此風引此雲兮雲不來，

此風此雲兮何悠哉，與我身心雙裴回。〔註694〕

別友人

愁多不忍醒時別，想極還尋靜處行。

誰遣同衾又分手，不如行路本無情。〔註695〕

杭州秋日別故友

相見又相別，大江秋水深。

悲歡一世事，去住兩鄉心。

淅瀝籬下葉，淒清階上琴。

獨隨孤棹去，何處更同衾？〔註696〕

代別後夢別

別中還夢別，悲後更生悲。

覺夢俱千里，追隨難再期。

翻思夢裏苦，卻恨覺來遲。

縱是非真事，何妨夢會時。〔註697〕

對月寄同志

霜滿中庭月在林，塞鴻頻過又更深。

支頤不語相思坐，料得君心似我心。〔註698〕

醒起獨酌懷友

西風靜夜吹蓮塘，芙蓉破紅金粉香。

美人此夕不入夢，獨宿高樓明月涼。〔註699〕

〔註694〕（唐）盧仝作，見《全唐詩》卷三百八十九。
〔註695〕（唐）長孫佐輔作，見《全唐詩》卷四百六十九。
〔註696〕（唐）長孫佐輔作，見《全唐詩》卷四百六十九。
〔註697〕（唐）長孫佐輔作，見《全唐詩》卷四百六十九。
〔註698〕（唐）劉得仁作，見《全唐詩》卷五百四十五。
〔註699〕（唐）李群玉作，見《全唐詩》卷五百六十八。

寄田郎

楚楚田郎亦大奇，少年風味我曾知。

春城寒食誰相伴，夜月梨花有所思。

剪燭屢呼金鑒落，倚窗閒品玉參差。

含情不擬逢人說，鸚鵡能歌自作詞。〔註700〕

水調歌頭·春野亭送別

江亭送行客，腸斷木蘭舟。水高風快，滿目煙樹織成愁。咿軋數聲柔櫓，拍塞一懷離恨，指顧隔汀洲。獨立蒼茫外，欲去強遲留。　海山長，雲水闊，思難收。小亭深院歌笑，不忍記同遊。唯有當時明月，千里有情還共，後會尚悠悠。此恨無重數，和淚付東流。〔註701〕

洞仙歌·對雨思友

世間何處，最難忘杯酒。惟是停雲想親友。此時無一盞，千種離愁。西風外，長伴枯荷衰柳。　去年深夜語，傾倒書窗短燭，心懸小紅豆。記得到門時，雨正蕭蕭。嗟今雨，此情非舊。待與子相期採黃花，又未卜重陽，果能晴否？〔註702〕

　　與魏晉南北朝相比，唐宋詩詞數量巨大，而其對男風同性戀的反映卻不如前者豐富，現存唐宋時期描敘現實的、主題明確的男風詩歌極其罕見。這一現象不易理解，但事實無法改變，唐宋詩詞確實缺乏描寫男風的一種氛圍。由此，面對當時的曖昧友情詩，我們對於其曖昧的程度也需保持一種冷靜的態度，例如在理解元白詩歌的時候。

　　元稹、白居易是中國歷史上的兩位著名詩人，元白連稱，二人之間此唱彼和，交深誼厚。曖昧之象，請見本書第1020～1030頁的分析。

三、明代

　　自明代開始，男風詩歌重又增多起來，男風人物、事蹟亦較多見。這時再看明代的曖昧友情詩，男風人物的相關作品即可見到不少，而就像前面已經分析到的，這種背景因素可以增強詩歌的曖昧程度。

〔註700〕《白石道人詩集》卷下。

〔註701〕《坦庵詞》。

〔註702〕《竹山詞》。

（一）朱應登

朱應登號凌溪，《情史·情外類》曾載：「寶應朱凌溪為陝西提學時，較文至涇陽，與一士有龍陽之好。瀕歸，朱贈以詩云：

> 欲發不發花滿枝，欲行不行有所思。
>
> 我之所思在涇渚，春風隔樹飛黃鸝。」〔註703〕

因有本事說明，朱氏贈詩已可以明確是一首男風友情詩。那麼，他的下面這兩首贈別詩很可能也是。

> 別楊子
>
> 我馬行款款，君馬何甸甸。
>
> 咫尺千里間，含情淚如霰。
>
> 分飛若秋鴻，乍見如春燕。
>
> 未盡別離心，愁看別離面。〔註704〕

（二）康海

參見本書第823頁。

> 相思行
>
> 相思雖深相見難，於君況是長年別。
>
> 高義驚聞貧賤初，深情遂許金蘭結。
>
> 三黜誰知柳士師，幽居未泰東方潔。
>
> 忽然感歎欲寒衣，豈意逢君洛陽陌。
>
> 頗謂能諳野鶴心，不堪猶有雲泥隔。
>
> 河潤浪懼外人猜，東施豈是傾城色。
>
> 含笑長歌策杖來，三徑黃花半欲開。
>
> 沽酒鳴弦謝人世，爾曹碌碌何有哉？〔註705〕

> 有懷金可卿
>
> 懷人那可見，幽思欲三更。
>
> 明滅草堂月，短長鴻雁聲。
>
> 關河千里意，呿欹一生情。

〔註703〕《情史》卷二十二。
〔註704〕《凌溪先生集》卷第十。
〔註705〕《對山集》卷之三。

何日同君去，因之遊岱屏。〔註706〕

詠懷二首

……

弱冠偶君子，垂老被凋喪。

歲序非不長，憂來若傾踢。

皎皎燕趙女，靡曼色堪尚。

雜坐發素歌，當筵奉清唱。

餘音流太虛，宛轉復修亮。

顧此胡不歡？中情彌慘愴。

涉舟慕印友，斲輪憶哲匠。

狺狺同柯鳥，誰能免惆悵？〔註707〕

康海的這首《詠懷》需尤加注意。通觀全詩，弱冠、君子、印（我）友、哲匠均為男性，曾經弱冠者對於欣賞女樂也意興闌珊。他少年之時已與君子結契，相親相依，垂老而遭喪離，自然深感慘愴、惆悵。雖然此詩是借事舒懷，重在徵象，但所表現的畢竟是同性相偶之情，表達方式已不算曖昧。

（三）張鳳翼

參見本書第177頁。

羊郎席上別王生

衰柳不堪折，臨岐愁送君。

津亭一尊盡，江浦片帆分。

行色青萍劍，流風白練裙。

登樓應有賦，何以慰離群。〔註708〕

聞歌重悼子繩

新聲入耳幾何時，寂寞於今起夢思。

不恨少年辭世早，獨嫌老眼識君遲。

雪消蕙草三春盡，月落空梁五夜疑。

弦絕已無山水意，異方之樂使人悲。〔註709〕

〔註706〕《對山集》卷之四。
〔註707〕《對山集》卷之一。
〔註708〕《處實堂集》續集卷之三。
〔註709〕《處實堂集》續集卷之五。

紀夢

當時相對已忘情，此夕相逢意獨傾。

自向夢中酬一諾，不須石上證三生。〔註710〕

憶遠

夢中憔悴使人憐，病裏馳驅北到天。

莫道薊門成遠別，好加餐飯待歸年。〔註711〕

惆悵二首

交加紅紫小樓春，獨有瓊花解惱人。

漫說桃園仙路隔，眼前惆悵是迷津。

漫扶殘醉小樓東，不道巫陽有夢通。

最是夜深惆悵處，滿窗明月半床空。〔註712〕

殘夢

造次空憐夢裏身，夢回回首惜餘春。

數峰自在行雲散，腸斷峰前作賦人。〔註713〕

（四）王稺登

參見本書第838頁。

夢吳郎

濠水扁舟有所思，寒鐘斷雁不勝悲。

秋風夜半黃花雨，夢見吳郎玉樹枝。〔註714〕

花朝荊溪對雨懷吳幼元

百花又逢初度，二月已近清明。射虎祠邊雨暗，斬蛟橋畔水生。　蛤蜊晚登沙市，楊柳朝綠山城。前度劉郎何處？停雲靄靄含情。〔註715〕

茅山下見月懷吳郎五首

曲堰寒流月滿煙，春宵初見一面圓。

〔註710〕《處實堂集》續集卷之五。
〔註711〕《處實堂集》續集卷之七。
〔註712〕《處實堂集》續集卷之七。
〔註713〕《處實堂集》續集卷之七。
〔註714〕《王百穀集》雨航紀。
〔註715〕《王百穀集》荊溪疏卷下。

月中真有山河影，今夜昆陵若個邊。

沙上柳絲青未長，鄰舟個個夜焚香。

多情不是神仙骨，見月思君一斷腸。

鄉心疊疊病悠悠，一片春帆水亂流。

飛鵲無聲星似雨，嫦娥天上替人愁。

行盡丹陽日未曛，仙人玉殿濕春雲。

山中若見陶弘景，乞得丹砂卻寄君。

故國山光遠不青，愁心一夜滿寒汀。

春風吹浪高於屋，夢見仙郎被打醒。〔註716〕

（五）俞琬綸

參見本書第233～234頁。

懷友

雲薄從人遠，譙間與路長。

思君淚稍滑，提起即千行。〔註717〕

（六）董斯張

參見本書第231～232頁。

將之閩中別友人

六月空裝客劍州，寸心千里一吳鉤。

休將離淚輕相贈，匹馬看山不浪遊。〔註718〕

懷長文

弱冠尚奇服，里左競餘恀。

窳言誰可偕，逢君締幽意。

時登黃公壚，各下古人淚。

握腕無餘情，緒懷託文字。

閩山滯行李，茲別若遐棄。

窮年想勝遊，空齋日恒悶。

〔註716〕《王百穀集》採真篇上。
〔註717〕《自娛集》卷五。
〔註718〕《靜嘯齋存草》卷之二。

強笑鮮故歡，勞歌自成醉。

形神不復接，當午抱書睡。

策修理無暇，孤聞懷乃至。

中庭樹秋橘，柯葉紛可異。

豈無眾草榮，奇此不遷志。

浩焉感素交，東雲溯歸思。〔註719〕

送友人歸吳

長揖遂言別，北風枯草吹。

以予同客者，送爾獨還時。

水涸舟難渡，峰高馬更危。

桃花猶隔歲，莫滯六橋期。〔註720〕

長洪村店有懷

石路馬既疲，空村暝方歇。

誰言行役苦，還次生離別。

殘燭亂晨星，寒衾抱春雪。

山月宛可憐，彷彿卿眉□。〔註721〕

有懷

明月明月空在天，秦簫秦簫深自憐。

開遍海棠人不睡，春衣淚盡畫眉前。〔註722〕

苕水舟中戲贈

酒盡燈殘暗有期，擁衾坐促故遲遲。

清溪後日懷人夜，記得芙蓉欲謝時。〔註723〕

（七）卜舜年

《檇李詩系》卷十八曾載：「舜年字孟碩，吳江盛澤人。詩學孟東野，頗饒別趣。字畫皆擅名，書佳於畫，而詩又次之。眼空氣銳，介然有難群之志，里中目為狂生。好狎遊平康，又多與孌童處，以故早卒。有《綠曉齋稿》。」

〔註719〕《靜嘯齋存草》卷之二。

〔註720〕《靜嘯齋存草》卷之二。

〔註721〕《靜嘯齋存草》卷之五。

〔註722〕《靜嘯齋存草》卷之七。

〔註723〕《靜嘯齋存草》卷之八。

同友生宿八□□中

雨壓晚江，舴艋求泊。

與子不寐，聽雨夜酌。

浪□船尾，風敵蓬箬。

四無人臨，陶陶可樂。〔註724〕

雨中折臘梅寄友

蕭疏木放一活雲，風雨□其倍念君。

試問交君味何似？安□亭畔臘梅芬。〔註725〕

（八）王思任

參見本書第1403頁。

贈楊弱生

空同天半挹高芬，豹霧山川未出雲。

眼底千秋誰論世，胸中五嶽自生墳。

蛾眉不必皆長袖，犢鼻於今暫矮裙。

章貢一聲飛霹靂，灘頭十八盡歸君。〔註726〕

（九）陳子升

參見本書第236～237頁。

秋日贈別

荊棘參天滿，君行思獨深。

不窮鄒衍口，至慎阮公心。

想到西荊日，登樓罷歡音。

風塵重相見，長袖拂霜鐔。〔註727〕

憶別

邑井觀魚處，新豐策蹇時。

阿咸揮塵尾，匡鼎解人頤。

荒徑暌三益，臨風悵別離。

〔註724〕《綠曉齋集》四言詩。
〔註725〕《綠曉齋集》五言古。
〔註726〕《文飯小品》卷二。
〔註727〕《中洲草堂遺集》卷之九。

何當同旋雁，過岳復相隨。〔註728〕

赤花洲寄朱生

中洲未歸客，佇立赤花洲。

日動綠槐影，聞君驕紫騮。

絳紗傅鄭子，黃石待張侯。

肯以青雲器，隨余汗漫遊？〔註729〕

　　關於友情詩歌曖昧度的影響因素，除去作者是否喜好男色，明清時期還有特殊的一點：在當時，福建男風具有地方特色，要比他地顯得興盛。這種情況下，面對福建詩人尤其該省男風詩人的友情詩，可以將曖昧度提高一些。萬曆間閩縣徐𤊹寫過多首情色詠優詩，見本書第834、841頁。在其《幔亭集》中，別友、懷友之作觸目可見，悲愁、淚流之詞在所多有。由於所懷之友甚眾，我們不便把同性戀坐實，不過徐氏的多情善感實在是過於突出。

懷陳平夫

別子雖未久，念子意何深。

攬衣立階除，涼風吹素襟。

殘鐘度微月，天籟雜悲吟。

盈盈一水隔，悠悠千里心。

空山白雲滿，六溪何處尋？〔註730〕

劍浦送顧世卿

行行出劍津，送君還東吳。

未能展嬿婉，別離在須臾。

含涕牽君衣，相視意踟躕。

我無雙飛翼，何由與君俱？

君行登青雲，我尚蟠泥途。

相隔天一方，道路阻且迂。

會面雖有期，只恐容華殊。

悲風振原野，怪鳥爭哀呼。

〔註728〕《中洲草堂遺集》卷之九。

〔註729〕《中洲草堂遺集》卷之九。

〔註730〕《幔亭集》卷之二。

送君從此去，回首日雲晴。〔註731〕

苕溪送元直南還

送客情已悲，何當更送汝。

送汝情已悲，何當在逆旅。

此情各自知，臨行復何語？

握手立斯須，相看淚如雨。〔註732〕

諧賞園別顧世卿

共醉尊中酒，驚看別後顏。

神龍分劍浦，羸馬出陽關。

園似遊金谷，人如行玉山。

相逢又相別，空有淚潺湲。〔註733〕

與陳惟秦、鄭震卿宿老禪庵

古寺鐘殘夜已分，三人同臥一床雲。

他時此地聞鐘夜，未必連床又是君。〔註734〕

哭王少文秀才

王郎本是大羅仙，暫謫人間二十年。

一夜緱山仍控鶴，滿天風露冷嬋娟。

去年春暮禁煙寒，把酒看花共倚欄。

此日花開君不見，黃壚相隔路漫漫。

記得孤齋晚眺時，倚欄連袂共題詩。

山中每到斜陽後，便覺傷心雙淚垂。〔註735〕

夜坐懷王生

冷衾如水室如冰，未盡更籌欲盡燈。

回首舊遊多感慨，雙雙騎馬戲金陵。

疏林明月照匡床，一點孤燈淚萬行。

〔註731〕《幔亭集》卷之二。
〔註732〕《幔亭集》卷之二。
〔註733〕《幔亭集》卷之五。
〔註734〕《幔亭集》卷之十三。
〔註735〕《幔亭集》卷之十三。

夜半頓忘人已別，詩成猶自問王郎。〔註736〕

汶上感舊

汶水匆匆唱渭城，春風一別數年情。

知君本是飄零客，未必重逢在此生。〔註737〕

懷平夫

客裏思君路渺茫，回看往事更淒涼。

十年夜半羅山雨，若不銷魂也斷腸。〔註738〕

舟夜即事

金閶亭下解蘭橈，一水吳江去漸遙。

秋夢纏綿渾不醒，月明齊上度僧橋。

枕前雙淚落天涯，半是思君半憶家。

起坐不知風露冷，一汀斜月照蘆花。〔註739〕

關於福建書生文士之間的同性戀，明末《丰韻情書》收有兩封信札。「閩中陳純所與吳會仁契為兄弟，同館讀書。陳往岳家三月未返，吳不勝戀慕，因作書招其回，陳覆書云然。真知己之友，一日不見如三秋兮者也。」吳生與陳書寫道：

自君之告別，送君溪頭。見春草碧色，春水綠波，不勝悵悵。弟曾問君來期，君曰：「哉生明。」奈之何月之三弦，而君猶不見哉？君久留岳家，豈岳之家有生漆粘君耶？有絲繩繫君耶？不然，若不是有情人戀君，必是君戀有情人。胡不思玉人去後，書齋岑寂，我之夢魂常為君顛倒耶？我不忍一日離君，君乃肯三月離我。我則置君意中，君且置我膜外。是安所稱金蘭友、膠漆契哉！書至乞早還車，不然君為他人死，我則為君死。離恨天，女媧氏必不能補完之者，君其情諒之。幸焉。

陳生復書云：

溪頭判袂，弟曾謂至館之期哉生明也。今幾越而生明，而兄不面弟，宜乎兄之咎弟矣。但岳家有投轄之留，諸戚有傳杯之款。日復一

〔註736〕《慢亭集》卷之十三。
〔註737〕《慢亭集》卷之十三。
〔註738〕《慢亭集》卷之十三。
〔註739〕《慢亭集》卷之十四。

日，欲歸而不得歸。弟敢戀他人哉？又肯為他人戀哉？弟與兄聯為膠漆，一而二、二而一者。弟之肉止肯貼兄之肉，兄之心乃能投弟之心，若他人則方鑿而圓柄之矣。兄莫疑焉，三日後必歸。書往神馳，今宵有夢難成。落月滿屋樑，猶疑照顏色而已。敬復。〔註740〕

兩位書生之間情義纏綿，吃醋拈酸。推想一下，二人各為對方寫幾首徐熥風格的詩歌自非難事。徐氏《送陳平夫歸六溪》寫道：

> 送爾出關門，潮生野渡喧。
> 離心數行雁，愁思一聲猿。
> 月暗迷前浦，林疏見遠村。
> 今宵燈影裏，相憶倍銷魂。〔註741〕

陳生若讀此詩，恍惚間會認為是吳生所寫，於其心大有戚戚焉。

四、清代

明、清男風詩歌的面貌大同小異，就小異而言，清代曖昧友情詩在創作的活躍度方面要比明代低一些，清代詩人的個性張揚度與明代中後期相比存有一些差距。當然，這類詩歌一定是會有的。像乾隆間嚴長明《皖江午日寄懷耦生》詩云：

> 閒庭獨坐午風薰，魚鑰沉沉枕簟紋。
> 蒲葉嫩搖屏自綠，榴花濃帶酒初醺。
> 廬江北去無芳草，皖水東回有暮雲。
> 手把《離騷》空太息，不堪重讀望夫君。〔註742〕

乾嘉間吳翌鳳《余與藥坪別已六年矣，春莫懷人，不勝停雲之思，因成此解》詞云：

> 桃花不管人惆悵，繁紅亂飄如雨。隔幃傳香，單衣試酒，寥落探芳情緒。離懷正苦，聽深樹啼鵑，更添悽楚。猶記分攜，盈盈淚眼兩無語。　　傷心時，已歲莫。向水邊繫馬，買棹孤去。水驛煙深，桐橋雪暗，此後又知何處？將書寄與，怕芳草天涯，易成間阻。望極燕山，雲寒無雁侶。〔註743〕

〔註740〕　《丰韻情書・卷二・吳陳情好》。
〔註741〕　《幔亭集》卷之五。
〔註742〕　《歸求草堂詩集》卷五。
〔註743〕　《與稽齋叢稿・第十七・臺城路》。

道光間張際亮《對月歌》：

> 對月歌，歌如何？吳兒攄笛愁金波。
>
> 北風今夜生寒多，君胡為在三湘九疑間？
>
> 三湘漁父盡白髮，九疑帝子凋朱顏。
>
> 胡為久處君不還，人言青天高天高猶可見。
>
> 與君相思相怨已十年，安得青天似君面。
>
> 昨夜夢為雲，君亦雲一片。
>
> 我為雲在太行巉岩邊，君為雲雜衡嶽回雁之疏煙。
>
> 雁飛尚不到，我夢復誰告。
>
> 可憐團團一寸心，天長地闊無處尋。
>
> 哀猿暮叫青楓林，楓林葉落楚水深。
>
> 去年得君書，分明斷腸字。
>
> 男兒困苦不得意，作書寄人空涕淚。
>
> 誰知楚水日夜流，君心不轉滄波頭。
>
> 我欲南去無扁舟，但鞭我馬我馬悲鳴仰屋瓦。
>
> 瓦上月大如霜雪，一聲清商吹月裂。
>
> 果然瓊樓玉宇高寒中，素娥亭亭閒桂宮，
>
> 桂華千年長靈蟲。
>
> 靈蟲食之亦千歲，只有吳剛老無計。
>
> 我將玉斧持贈君，不修明月修智慧。
>
> 智慧不可長，慧根割絕悲憂忘。
>
> 他人愛樂君愛悲，今月古月同一時。
>
> 古人已死月不知，今人對月還別離。
>
> 別離又似南北極，出入高低總太息。
>
> 九疑連綿路不通，山鬼啼秋雨昏黑。
>
> 歌且闌，吳兒起，長歎今年顏色好如玉，
>
> 明年恐作斑斑竹。
>
> 公子不來明月獨，北風目斷湘江綠。〔註744〕

在賞析詩歌時，對背景多一些瞭解就會對主題多一些認識。乾隆間石卓槐《別歌行為六堂作》：

〔註744〕《思伯子堂詩集》卷七。

欲別未別先斷腸，欲語不語何彷徨。

躊躇執手道路旁，風吹淚落沾衣裳。

人生出門即異鄉，十里五里空相望。

那能長聚君子堂，與子分袂上河梁。

夕陽慘慘下垂楊，客子欲行生悲傷。

對我高歌聲淒涼，我欲和之神飛揚。

短吟安能罄愁長，慷慨哀鳴發清商。

紉紉浮雲不能行，山川煙樹空蒼茫。

願言自愛採群芳，幽蘭紉佩共馨香，

衷情脈脈毋相忘。〔註745〕

　　如果單看文辭，此詩的感情表達著實纏綿，完全可稱曖昧。但據石氏它詩，六堂係一上人也即德智兼備的高僧，如此，則二人之間又難言曖昧了。

　　乾隆間事功與文望均極隆盛的畢沅曾經寫有4首《題扇有寄》，詩序：

　　　　涼生槐閣，溽暑將闌。露滴桐枝，新秋乍引。盼佳人兮天末，悵遠道以瀠洄。張緒風流，舊是靈和之種；宗之瀟灑，皎如玉樹之年。粉署蟬冠，迴翔雞樹；屬車豹尾，供奉鷺坡。僕也佩紉薜蘭，盟深風雨；吟麝彩筆，調葉瓊琴。每西園接席之餘，作南浦銷魂之句。眺塞垣之紅葉，已滿千山；吹碧落之金風，正逢七夕。思君永夜，即景抒豪。偶寫墨梅一枝，綴以長言四律。報瓊箋於塞上，即當落月之吟；攜紈扇於袖中，勿作秋風之棄。

詩云：

暮雲重疊滯秋陰，一夕征鴻託遠心。

黃葉聲中頻削簡，玉堂深處記題襟。

瓊樓望斷金波影，銀漢光橫珠樹林。

咫尺飆輪飛不到，碧城青鳥信沉沉。

天山銅柱勒奇勳，雛鳳新聲迥不群。

自到西窗同翦燭，每依北斗感停雲。

秋風香草思公子，繡被湘弦憶鄂君。

莫道神仙容易近，幾人曾共把青芬？

〔註745〕《留劍山莊初稿》卷十一。

曝衣樓外露華零，颯拉秋聲不暫停。

金勒長原驕試馬，珠簾小閣暗流螢。

合歡空復攜團扇，好夢何當隔畫屏。

鵲渚星橋頻悵望，有人此夕拜雙星。

銷魂殘柳冒寒煙，遠塞攀條意惘然。

才子年華思錦瑟，夕郎風度黯金蟬。

邊城霜信清笳急，客館秋懷錦字傳。

團扇影如今夜月，相思一度一回圓。〔註746〕

　　此詩寫於乾隆三十二年七夕節，畢沅時官翰林院侍講。特別的日子、曼
紗的辭句，不禁引人遐想。按：乾隆五十五年，已官湖廣總督的畢沅在武昌
款待其友王文治，請王為其稿本詩集作批評。據此稿過錄本，《題扇有寄》原
名《寄友人塞上四首》，王批：「此題或當另制，以深隱為佳。」序中「佩紉
菹蘭，盟深風雨；吟廥彩筆，調葉瓊琴」原作「職愧攀龍，心殷附驥；素叨
雅契，幸溯光塵」。詩中「瓊樓」、「團扇影如」、「相思一度一回圓」原作「美
人」、「玉杵峰頭」、「別來曾照幾回圓」。可以看出，經過王文治的提示，此詩
修改之後意緒更加婉約了。王氏在「玉樹之年」、「西風之棄」、「勒奇勳」、
「幾回圓」後分別品評云：「琅琊王仲興，終當以情死」、「含詞宛轉，想見風
流」、「此人令我遐想」、「如此方當得『多情』兩字」。尤其在「露華零」後王
云：「公其庾蘭成乎？」〔註747〕按：庾蘭成即北周著名文學家庾信，信善言
愁，仕梁時曾經寵愛梁宗室蕭韶。按王文治的理解，畢沅對其友人或有斷袖
之思了。

　　畢沅的兩位幕賓洪亮吉和孫星衍是乾嘉間著名學者，此二人之間的曖昧
友誼見本書第 1030～1043 頁。比他倆年長一輩，乾隆間王昶與趙文哲的友
情詩誼亦頗值一書。

　　王昶（1724～1806），字德甫，號述庵，青浦（今屬上海）人。趙文哲（1725
～1773），字璞函，號損之，上海人。二人生同鄉，年相近，長而結社為友，
與王鳴盛等並稱「吳中七子」。都曾客居德州盧見曾兩淮鹽運使幕府，均因在
南巡召試中中試而先後入京任職。乾隆三十三年（1768），因在盧見曾提引案
中洩密，兩人同時罷職，乃應副將軍阿桂之召赴滇征緬，後又一同赴川參與

〔註746〕《靈巖山人詩集》卷二十。

〔註747〕《畢沅詩集》卷二十。

剿平大小金川之叛。乾隆三十八年，趙文哲歿於戰場，恤贈光祿寺少卿。四十
一年叛平，王昶返京，升任鴻臚寺卿。凡為密友，人生經歷自會多有交集。
但像王、趙二人這樣交集如此之密者，還是屬於少見的。尤其他倆本為書生
文士，卻因緣際會同入戎行，生死之交更讓詩情詞緒得到了最大限度的激發。
王氏諸詩詞：

> 夢升之
>
> 小舫參差似雁群，青宵語笑定相聞。
>
> 夢魂尚恨篷窗隔，愛傍殘燈更夢君。〔註748〕

> 風雪過漳河同升之作
>
> 如墨層雲，秸灰欲落，清漳口停鞭喚渡。也不管茸衫濕透。銅
> 雀荒臺已盡，誰識當途。舊徒橋斷，此日未就。　思勝友，便相
> 約夾河居住。記佳話，傳不朽。而今漂泊欲耕釣，成何有？待得半
> 篙輕濟，已是昏黃後。催送急，又聽胡笳奏。〔註749〕

> 別升之後有懷，三次前韻
>
> 昨宵絮語對燈檠，忽送歸人又一程。
>
> 揮袂便辭磨盾侶，望關恰趁運糧兵。
>
> 肩輿最喜獠奴便，手劍先看驛吏行。
>
> 永夜相思如念我，水雲深處大江橫。〔註750〕

> 歲暮合兵美諾，與升之夜話
>
> 風掃危巢，兩路軍麾，已向疏林並進。半載分衿，風雨相思，
> 難約萍蹤雁影。火報平安，看幾夜烽煙，已淨山徑。正一笑伸眉，
> 舊愁都省。　還幸沐雨炊風。便書檄頻繁，起居猶勝。從此東華
> 紫詔，紅旗應有，家人相慶。鈴索聲閒，且暫免嚴宵告警。寂靜好，
> 消受殘年風景。〔註751〕

趙氏詩云：

> 酬王述庵見贈次韻
>
> 廿年香火感深盟，萬里猶為並轡行。

〔註748〕《春融堂集》卷十。
〔註749〕《春融堂集‧卷二十七‧簇水》。
〔註750〕《春融堂集》卷十一。
〔註751〕《春融堂集‧卷二十七‧燕山亭》。

尚憶牽衣同拜母，真從戴笠早稱兄。

驚看蹤跡如逃劫，忽對詩篇似隔生。

為話故園心轉壯，要令絕域遍春耕。〔註752〕

趙文哲在滇期間的一組詩表明了他的男色之好：

贈歌者楊暹

定場絃索悄無聲，才到尊前態已生。

不是當年周小史，誰將初日寓芳名？

小拍紅牙夜未停，月將斜處酒翻醒。

青衫自有天涯淚，不為琵琶隔座聽。

左驂史妏悵同時，費盡繁欽絕妙辭。

陌上玉驄留不住，東風真負小楊枝。

相逢疑在鄂君船，簾影杯痕總可憐。

畫燭雙花忽垂淚，歡筵無那即離筵。

酒淺香寒夜不勝，屏山一曲路千層。

他時誰詠輕紅袴，身是疏狂老季鷹〔註753〕。〔註754〕

當然，在滇川期間王、趙二人都已年逾四旬，從年齡、身份來看不大可能會有實際的身體關係。二人若真有情事，也應是年輕時候。王昶卅歲之前所作《秋日聞趙升之臥病，塡此懷之。時讀〈疊華閣樂府補題〉，即書其後》詞云：

梅屋聯床，柳橋攜屐，夢憶江湖舊侶。秦望山高，春申浦急，迢迢故交何處？想落月寒窗裏，疏燈聽涼雨。　　溯芳序，歎文園又逢秋暮。閒伴卻，禪榻茶煙鬢縷。景物最關情，硏吳箋粉字，輕譜蓮葉蓴絲。喜江鄉風味如許。問何時翦燭，同向石屏題句？〔註755〕

《酬升之即用來韻》詞：

聽瀟瀟畫簾，朝雨茶壚，閒伴幽獨。巴山舊侶，經年別卻，恨飛鴻斷續風動竹。喜點屐莓苔，傳得吳箋幅，一行書牘。勸白恰論交，青樽結社，文酒莫相逐。　　勞生事也。厭紅塵萬斛，雲林擬

〔註752〕《娵隅集》卷一。

〔註753〕晉・張翰，字季鷹，著名男色詩《周小史》的作者。

〔註754〕《娵隅集》卷五。

〔註755〕《春融堂集・卷二十六・法曲獻仙音》。

築茅屋。疏籬短彴天然好，添取老梅叢菊耕且讀。再約個吟朋小住，
清溪曲西窗翦燭。便溫鼎分香，石床題句，抱被話同宿。〔註756〕

早於這兩首詞，王昶《題趙秀才升之文哲〈春感詩〉後》詩旖旎恍惚，引
人遐想：

試鐙風定雨如絲，寂寞西窗漏板遲。
不分茶煙禪榻畔，夜深吟遍斷腸詞。
三年舊事不勝情，香炧鐙昏百感生。
料得小樓人獨倚，杏花如雨撲簾旌。〔註757〕

五、小結

面對古代數量龐大、豐富多彩的友情詩歌，我們在品讀時難免會產生一些
聯想。同樣的語辭表達，其內裏含義卻可以存有巨大的差異。為了說明此點，
我們不妨再仔細分析一下明代小說《金蘭四友傳》中的詩詞描寫。

《金蘭四友傳》是一部中篇文言小說，故事主線是欒城蘇易道與趙州李嶠
的同性戀情。蘇生「因訪親，往趙州經過，途遇得睹而切慕之。秋日無聊，獨
吟一律」以寫相思：

虛庭空翠古秋光，倏忽人間一夜長。
零露滴開黃菊領，西風吹散芰荷香。
孤燈挑盡難成夢，橫笛傳聲易斷腸。
遍倚高樓人不見，寒山月色共蒼天。

經表兄杜審言居間，李嶠往拜，流連歡洽。返家後李生回味歎曰：「若得
此子相契，心願足矣。」因填《踏莎行》詞一闋以娛情云：

春暖征鴻，秋寒歸雁，何時再得重相見？閒情俱赴水東流，怪
天不與人方便。　　新恨重添，舊愁難展，寸心愈報千年怨。不如
昨夜莫相逢，山窗寂寂空庭院。

夜深難寐，輾轉思慕，又口占一絕云：

寒更承夜永，涼夕向秋澄。
離心何以贈，自有玉壺冰。

幾天後蘇易道前往趙州回拜，雖有波折，不過蘇生回返時李生依依不捨，

〔註756〕《春融堂集·卷二十六·摸魚兒》。
〔註757〕《春融堂集》卷二。

自制《阮郎歸》一曲，歌以送別：

> 喜看行色又匆匆，傳杯莫放空。珍珠滴破小糟紅，明朝又復東。　催去棹，速歸篷，梅花兩岸風。月明窗外與誰共？相思入夢中。

道遂作一律以別嶠焉：

> 雙淚樽前別玉郎，東風何處送歸航。
> 月明篷底江風發，梅壓枝頭兩岸香。
> 密意卻從流水去，幽懷只望老天償。
> 來朝歸卻都城市，水遠山高幾斷腸。

嶠復作答：

> 銀燭吐青煙，金樽對綺筵。
> 離堂思琴瑟，別路繞山川。
> 明月隱高樹，長河沒曉天。
> 悠悠歧路去，後會在何年？

道回家後，「終日惶惶，如有所失。既而冬去春來，魚沉雁杳，又作詩一律並《一翦梅》詞一闋，遣价送去與嶠」。詩云：

> 紅滿枝頭綠滿枝，惱人天氣正斯時。
> 尋花無奈香街遠，望柳多嫌煙徑迷。
> 密意難憑鶯燕訴，幽情誰許蝶蜂知。
> 何人為我傳消息，未贈黃金且贈詩。

詞云：

> 花有清香月有陰，花影重重，月影沉沉。相思無語只狂吟，愁也難禁，恨也難禁。　欲託焦桐訴此情，未遇知音，難遇知音。
> 何時密意共情深，金也同盟，石也同盟。

嶠一見心喜，和詩云：

> 倚欄偷淚濕花枝，一日思君十二時。
> 輾轉竹床春夢短，高燒銀燭夜眠遲。
> 心投金石人難識，意託焦桐我自知。
> 一段好懷無可訴，彩毫題就斷腸詩。

為了能與李嶠長相聚處，蘇易道赴趙州求學，與嶠同師。幾經波折，二人終於成其歡好。道乃作詩一絕以謝嶠：

　　昨宵曾記宿花房，燈爐長爇月滿床。

　　自恨晨雞三唱曉，醒來猶帶夢魂香。

嶠以《一翦梅》詞答之：

　　神氣標奇入眼中，好個人龍，真個人龍。佳期密約已成空，心
也難同，志也難同。　　愁未冰消恨未窮，愁鎖眉峰，恨鎖眉峰。
昨宵花蝶兩相逢，花領春風，蝶領春風。

道因故返鄉，嶠惆悵懷思：

　　月滿江頭一派秋，羅衫輕拂上蘭舟。

　　孤航遠影知何在，只有長江空自流。

復作詞兩闋以招邀：

　　海煙消，江月皎，楊柳頭難留歸棹。三疊陽關聲漸杳，別離知
道何時了？　　愁處多，歡處少，獨倚孤樓，怕雨鳴池沼。窗外深
沉人悄悄，落花滿地空啼鳥。

　　南浦花黃，西廂月暗，檀郎獨上輕舟。任翠庭塵滿，深院閒
幽。每怕梧桐細雨，碎滴滴，驚起多愁。身消瘦，非於酒，不是傷
愁。　　恨衝衝何時盡也，方下眉頭，又上心頭。念雲收霧掃，莫
倚危樓。長記深盟厚，何時整百歲綢繆。如魚水之交歡，金石相投。

　　道復返趙州，二人「日則同窗，夜則共枕，或並肩於月下，或合脛於羅
幃。曲盡人間之樂，無以加矣」。其後蘇易道中進士，授官咸陽尉郎。李嶠往
訪，於路思之：

　　蕭條愁兩地，獨院隔同群。

　　一夜驚為客，多旬不見君。

　　馳心如白日，牽意若歸雲。

　　更在相思處，窺聲徹夜聞。

　　抵達咸陽後，二人「仍效昔日于飛之樂，其情愈加稠密」。秋闈日近，嶠
回鄉應試，道為詩送別：

　　君登片航去，我望青山歸。

　　雲縱從此隔，淚透紫羅衣。

李嶠慰言道：

　　相思春樹綠，千里各依依。

　　才得月輪滿，如何又帶虧。

桂花香不落，煙草蝶雙飛。

一別違消息，桃源浪暖期。

李嶠與表兄杜審言、契友崔融一同赴試，先中舉復中進士。後來「蘇易道以文翰顯，官拜天官，娶夫人韋氏，生三子一女。李嶠以文詞鳴世，官拜尚書，娶夫人陳氏，生二男，娶道之女為婦。皆得榮超，永垂後世。而心相孚，而德所敬，實為罕見。蓋因忠信誠實，而著為後之龜鑒」。〔註758〕

按：金蘭四友是有其本事的，《新唐書‧卷二百一‧杜審言傳》：「少與李嶠、崔融、蘇味道為文章四友，世號『崔李蘇杜』。」四人工詩善文，接跡初唐四傑，對於唐代近體詩的成熟、定型發揮了積極作用。其中蘇味道與李嶠文氣尤近，《舊唐書‧卷九十四‧蘇味道傳》：「少與鄉人李嶠俱以文辭知名，時人謂之『蘇李』。」明代佚名的小說作者在此基礎上加以鋪陳演義、文辭修飾，《金蘭四友傳》於是成焉。

上面選自《金蘭四友傳》的近二十首詩詞大多表現的是離愁別緒、相慕相思。蘇、李二生內懷同性眷戀的情感，形諸文字，婉轉纏綿。因為已知二生背景，我們對於主題自可做出明確的判斷。而若背景相對模糊，則判斷就需打折扣了，本文中的其他詩詞即是如此。由此可見，同性戀情和朋友深情的文學表現是可以一樣的，並且，有鑒於前者的敏感性，通過使用男風典故、名詞等方式來將主題明確化是多數作者所著意避免的。於是，在浩如煙海的古代詩歌當中，感情真切的友情詩作為重要的一個門類盡情抒發著友誼的方方面面。其中一面不便公開，便混在了他面當中。我們在做品讀時，至少應當想到其存在的可能性。然後通過對作者的瞭解、對文辭的解析，再盡可能地將內裏讀出。如此，則作者的形象能夠更豐滿，作品的意涵能夠更豐富。

元白並稱不只詩

唐代大詩人元稹、白居易並稱元白，這主要是基於二人相近的文學創作成就。不過，他倆「行止通塞，靡所不同。金石膠漆，未足為喻。死生契闊者三十載，歌詩唱和者九百章」〔註759〕，這「死生契闊」四字是包含著深厚的感情依戀的。元白通過詩文唱和將彼此之間膠漆金石般的金蘭情誼進行了充分表達，這在古代文學史上可謂僅見。其中是否含有同性戀愛的成分？讓我們先

〔註758〕《國色天香》第九卷。
〔註759〕《白居易文集‧卷第三十二‧祭微之文》。

看文本，再做分析。

元白友誼有正大坦然的一面，例如讚美對方詩歌精妙、為官亢直。個人生活當中，稱賞對方夫妻和睦、風流曠達也都屬於摯友常情。不過，在他們相當多的詩文表述裏面，彼此的親近已經突破了一般朋友之間的安全距離，字面上看已屬「私情」，難免會讓讀者產生一些疑惑。在白居易一方，

（一）身近

春來無伴閒遊少，行樂三分減二分。

何況今朝杏園裏，閒人逢盡不逢君。〔註760〕

肺腑都無隔，形骸兩不羈。

有月多同賞，無杯不共持。〔註761〕

賜酒盈杯誰共持，宮花滿把獨相思。

相思只傍花邊立，盡日吟君詠菊詩。〔註762〕

燭下樽前一分手，舟中岸上兩回頭。

歸來虛白堂中夢，合眼先應到越州。〔註763〕

（二）贈物

淺色轂衫輕似霧，紡花紗袴薄於雲。

莫嫌輕薄但知著，猶恐通州熱殺君。〔註764〕

織成雙入簟，寄與獨眠人。

通州炎瘴地，此物最關身。〔註765〕

（三）受物

豈是貪衣食，感君心繾綣。

念我口中食，分君身上暖。〔註766〕

綠絲文布素輕裕，珍重京華手自封。

〔註760〕《白居易詩集·卷第十三·曲江憶元九》。
〔註761〕《白居易詩集·卷第十三·代書詩一百韻寄微之》。
〔註762〕《白居易詩集·卷第十四·禁中九日對菊花酒憶元九》。
〔註763〕《白居易詩集·卷第二十三·答微之上船後留別》。
〔註764〕《白居易詩集·卷第十五·寄生衣與微之，因題封上》。
〔註765〕《白居易詩集·卷第十六·寄蘄州簟與元九，因題六韻》。
〔註766〕《白居易詩集·卷第十·寄元九》。

欲著卻休知不稱，折腰無復舊形容。〔註767〕

（四）共臥

春風日高睡，秋月夜深看。

所合在方寸，心源無異端。〔註768〕

一別五年方見面，相攜三宿未回船。

坐從日暮唯長歎，語到天明竟未眠。〔註769〕

鬢髮莖莖白，光陰寸寸流。

經春不同宿，何異在忠州。〔註770〕

醉收杯杓停燈語，寒展衾裯對枕眠。

猶被分司官繫絆，送君不得過甘泉。〔註771〕

（五）獨臥

銀臺金闕夕沉沉，獨宿相思在翰林。

三五夜中新月色，二千里外故人心。〔註772〕

不明不暗朧朧月，非暖非寒慢慢風。

獨臥空床好天氣，平明閒事到心中。〔註773〕

（六）夜思

心緒萬端書兩紙，欲封重讀意遲遲。

五聲宮漏初明後，一點窗燈欲滅時。〔註774〕

嘉陵江曲曲江池，明月雖同人別離。

誰料江邊懷我夜，正當池畔望君時。〔註775〕

〔註767〕《白居易詩集·卷第十七·元九以綠絲布白輕裕見寄，製成衣服以詩報知》。
〔註768〕《白居易詩集·卷第一·贈元稹》。
〔註769〕《白居易詩集·卷第十七·十年三月三日別微之於〔澧〕上，十四年三月十一日夜遇微之於峽中。停舟夷陵，三宿而別。言不盡者，以詩終之。因賦七言十七韻以贈，且欲記所遇之地與相見之時，為他年會話張本也》。
〔註770〕《白居易詩集·卷第十九·中書連直，寒食不歸，因懷元九》。
〔註771〕《白居易詩集·卷第二十七·酬別微之》。
〔註772〕《白居易詩集·卷第十四·八月十五日夜禁中獨直，對月憶元九》。
〔註773〕《白居易詩集·卷第十四·酬和元九東川路詩十二首·嘉陵夜有懷二首》。
〔註774〕《白居易詩集·卷第十四·禁中夜作書與元九》。
〔註775〕《白居易詩集·卷第十四·酬和元九東川路詩十二首·江樓月》。

天陰一日便堪愁，何況連宵雨不休。

一種雨中君最苦，偏梁閣道向通州。〔註776〕

憶昔封書與君夜，金鑾殿後欲明天。

今夜封書在何處，廬山庵裏曉燈前。

籠鳥檻猿俱未死，人間相見是何年？〔註777〕

（七）夢想

曉來夢見君，應是君相憶。

夢中握君手，問君意何如？〔註778〕

晨起臨風一惆悵，通川溢水斷相聞。

不知憶我因何事，昨夜三回夢見君。〔註779〕

在元稹一方，

（一）身近

十載定交契，七年鎮相隨。

詩句偶未得，酒杯聊久持。〔註780〕

人亦有相愛，我爾殊眾人。

朝朝寧不食，日日願見君。〔註781〕

僻性慵朝起，新晴助晚嬉。

相歡常滿目，別處鮮開眉。〔註782〕

（二）贈物

溢城萬里隔巴庸，紵薄綿輕共一封。

腰帶定知今瘦小，衣衫難作遠裁縫。〔註783〕

〔註776〕《白居易詩集・卷第十五・雨夜憶元九》。
〔註777〕《白居易詩集・卷第十六・山中與元九書，因題書後》。
〔註778〕《白居易詩集・卷第九・初與元九別後忽夢見之，及寤而書適至，兼寄桐花詩。悵然感懷，因以此寄》。
〔註779〕《白居易詩集・卷第十七・夢微之》。
〔註780〕《元稹集・卷六・和樂天秋題曲江》。
〔註781〕《元稹集・卷八・酬樂天赴江州路上見寄三首》。
〔註782〕《元稹集・卷十・酬翰林白學士代書一百韻》。
〔註783〕《元稹集・卷二十一・酬樂天得稹所寄紵絲布白輕庸，製成衣服以詩報之》。

（三）共臥

王孫醉床上，顛倒眠綺羅。

君今勸我醉，勸醉意如何？〔註784〕

（四）夜思

夜久春恨多，風清暗香薄。

是夕遠思君，思君瘦如削。〔註785〕

庾樓今夜月，君豈在樓頭？

萬一樓頭望，還應望我愁。〔註786〕

閒夜思君坐到明，追尋往事倍傷情。

猶應更有前途在，知向人間何處行？〔註787〕

（五）夢想

昔作芸香侶，三載不暫離。

邇茲忽相失，旦夕夢魂思。〔註788〕

夢君同繞曲江頭，也向慈恩院院遊。

亭吏呼人排去馬，忽驚身在古梁州。〔註789〕

山水萬重書斷絕，念君憐我夢相聞。

我今因病魂顛倒，唯夢閒人不夢君。〔註790〕

夜深人靜之際，睡臥夢寐之間，所思多涉情感。而包括樽杯共持、互贈衣物等在內，近身接觸的實體與徵象都能夠表明親密程度之深。甚至在元稹詩中，他曾用到了表示男女歡愛的雲雨之典：

官家事拘束，安得攜手期！

願為雲與雨，會合天之垂。〔註791〕

今來雲雨曠，舊賞魂夢知。

〔註784〕《元稹集·卷六·酬樂天勸醉》。
〔註785〕《元稹集·卷六·三月二十四日宿曾峰館，夜對桐花寄樂天》。
〔註786〕《元稹集·卷十五·水上寄樂天》。
〔註787〕《元稹集·卷二十二·寄樂天》。
〔註788〕《元稹集·卷五·酬樂天》。
〔註789〕《元稹集·卷十七·使東川·梁州夢》。
〔註790〕《元稹集·卷二十·酬樂天頻夢微之》。
〔註791〕《元稹集·卷五·酬樂天》。

況乃江楓夕，和君秋興詩。〔註792〕

元白在表達彼此之間的感情關係時，是不吝傾慕眷戀之詞的。白居易：

無波古井水，有節秋竹竿。

一為同心友，三及芳歲闌。〔註793〕

江州望通州，天涯與地末。

生當復相逢，死當從此別。〔註794〕

蒲池村裏匆匆別，澧水橋邊兀兀回。

行到城門殘酒醒，萬重離恨一時來。〔註795〕

蕭散弓驚雁，分飛劍化龍。

悠悠天地內，不死會相逢。〔註796〕

君還秦地辭炎徼，我向忠州入瘴煙。

未死會應相見在，又知何地復何年？〔註797〕

宿酲和別思，目眩心忽忽。

病魂黯然銷，老淚淒其出。〔註798〕

元稹：

當年此日花前醉，今日花前病裏銷。

獨倚破簾閒悵望，可憐虛度好春朝。〔註799〕

君應怪我留連久，我欲與君辭別難。

白頭徒侶漸稀少，明日恐君無此歡。〔註800〕

自識君來三度別，這回白盡老髭鬚。

戀君不去君須會，知得後回相見無？〔註801〕

〔註792〕《元稹集・卷六・和樂天秋題曲江》。

〔註793〕《白居易詩集・卷第一・贈元稹》。

〔註794〕《白居易詩集・卷第十・寄微之三首》。

〔註795〕《白居易詩集・卷第十五・醉後卻寄元九》。

〔註796〕《白居易詩集・卷第十五・重寄》。

〔註797〕《白居易詩集・卷第十七・十年三月三日別微之於〔澧〕上……為他年會話
張本也》。

〔註798〕《白居易詩集・卷第二十二・和微之詩二十三首・和寄樂天》。

〔註799〕《元稹集・卷二十一・酬樂天三月三日見寄》。

〔註800〕《元稹集・續補遺卷一・過東都別樂天二首》。

〔註801〕《元稹集・續補遺卷一・過東都別樂天二首》。

而不但描寫現實，元白還要憧憬將來。白居易《昔與微之在朝日，同蓄休退之心。迨今十年，淪落老大。追尋前約，且結後期》詩寫道：

> 宦情君早厭，世事我深知。
> 常於榮顯日，已約林泉期。
> 況今各流落，身病齒髮衰。
> 不作臥雲計，攜手欲何之？
> 待君女嫁後，及我官滿時。
> 稍無骨肉累，粗有漁樵資。
> 歲晚青山路，白首期同歸。〔註802〕

脫離宦情之苦、兒女之累後，兩位老人要攜手同遊、白首同歸，頗有些重拾往昔歡愛的意思。此情此景，不禁讓人想到了明末男色小說《弁而釵》中的兩則故事：風翔與趙王孫、鍾圖南與張機年輕時都曾雲雨相愛，後來都官位榮顯。及至事終，風趙「俱棄官，挈家隱於白門，世世相好不替云」〔註803〕。張機「辭表凡九上，乃允。日以詩酒為事，名山大川無不流覽。鍾子聞之，亦棄官偕隱」〔註804〕。把情戀保持終生是同性戀情伴的內心嚮往，《弁而釵》的作者如果讀到了白居易的《昔與》詩，定會想到一些常人不易想到的場景。

並且，不但要今生長聚，元白來世也不分離。元稹年僅53歲就暴卒於武昌軍節度使任上，白居易悲不自勝，寤寐思之。其《夢微之》寫道：

> 夜來攜手夢同遊，晨起盈巾淚莫收。
> 漳浦老身三度病，咸陽宿草八回秋。
> 君埋泉下泥銷骨，我寄人間雪滿頭。
> 阿衛韓郎相次去，夜臺茫昧得知不？〔註805〕

此詩寫於元稹去世八年之後，白居易的哀思還是如此強烈。請注意詩中的「寄」字，據此，則在元稹卒後，白居易只是暫寄人間而已，他中心嚮往的是與契友能夠九泉永聚。當年元氏初薨之時，白氏曾義不容辭地為作墓誌銘，且為文祭之，其中已經言曰：「與公緣會，豈是偶然？多生以來，幾離幾合。既有今別，寧無後期？公雖不歸，我應繼往。安有形去而影在，皮亡而毛

〔註802〕《白居易詩集》卷第七。
〔註803〕《弁而釵》情貞紀第五回。
〔註804〕《弁而釵》情俠紀第五回。
〔註805〕《白居易詩集》卷第三十五。

存者乎？」〔註806〕後在《修香山寺記》中，白居易又謂兩人是「定交於死生之間，冥心於因果之際」。他將撰寫元氏墓誌的贄金施與洛陽香山寺，寺貌為之一新。而白氏這樣做是有他的往世考慮的：「嗚呼！乘此功德，安知他劫不與微之結後緣於茲土乎？因此行願，安知他生不與微之復同遊於茲寺乎？」〔註807〕白居易自可放心，元稹生前就已經表達此意了。《寄樂天》誓云：

> 無身尚擬魂相就，身在那無夢往還？
>
> 直到他生亦相覓，不能空記樹中環。〔註808〕

從當年長安初識的那一刻起，元白情誼終生不渝，且及來世。並且二人都有生花妙筆，能將彼此之間的膠漆金蘭之契形諸一篇篇膾炙人口的詩文，在當時及後世廣為人知。

從詩文文本來看，元白友情詩肯定超出了通常表達的範圍，各種身體的親近和感情的依戀既真且深。那麼，兩人關係到底是怎樣的一種性質，是否已經是同性之間的分桃斷袖之戀？

首先需要說明一點，雖然繾綣纏綿之詞主要是用於兩人之間，但元白都還各有友人，在表現與他們的友誼時，我們會看到似曾相識的句子。

（一）關於身體接近的

白居易：

> 百歲幾回同酩酊，一年今日最芳菲。
>
> 願將花贈天臺女，留取劉郎到夜歸。〔註809〕
>
> 共聽簷溜滴，心事兩悠然。
>
> 把酒循環飲，移床曲尺眠。〔註810〕
>
> 吟哦不能散，自午將及酉。
>
> 遂留夢得眠，匡床宿東牖。〔註811〕
>
> 過夏衣香潤，迎秋簟色鮮。
>
> 能來同宿否，聽雨對床眠？〔註812〕

〔註806〕《白居易文集·卷第三十二·祭微之文》。
〔註807〕《白居易文集》卷第三十一。
〔註808〕《元稹集》卷二十。
〔註809〕《白居易詩集·卷第十三·縣南花下醉中留劉五》。
〔註810〕《白居易詩集·卷第十六·雨夜贈元十八》。
〔註811〕《白居易詩集·卷第二十二·和微之詩二十三首·和寄問劉白》。
〔註812〕《白居易詩集·卷第二十六·雨中招張司業宿》。

樽裏看無色，杯中動有光。

自君拋我去，此物共誰嘗？〔註813〕

岸幘靜言明月夜，匡床閒臥落花朝。

眼看又上青雲去，更卜同衾一兩宵。〔註814〕

元積：

七年浮世皆經眼，八月閒宵忽並床。

語到欲明歡又泣，傍人相笑兩相傷。〔註815〕

每識閒人如未識，與君相識便相憐。

經旬不解來過宿，忍見空床夜夜眠？〔註816〕

孤吟獨寢意千般，合眼逢君一夜歡。

慚愧夢魂無遠近，不辭風雨到長灘。〔註817〕

巴南分與親情別，不料與君床並頭。

為我遠來休悵望，折君災難是通州。〔註818〕

（二）關於感情思戀的

白居易：

眷眄情無恨，優容禮有餘。

庾樓春好醉，明日且回車。〔註819〕

槙錦支綠綺，韻同相感深。

人間無可比，比我與君心。〔註820〕

泣罷幾回深自念，情來一倍苦相思。

同年同病同心事，除卻蘇州更是誰？〔註821〕

世上強欺弱，人間醉勝醒。

〔註813〕《白居易詩集‧卷第三十一‧嘗新酒憶晦叔二首》。
〔註814〕《白居易詩集‧卷第三十三‧喜與楊六侍郎同宿》。
〔註815〕《元積集‧卷十七‧贈呂二校書》。
〔註816〕《元積集‧卷十八‧酬孝甫見贈十首，各酬本意次用舊韻》。
〔註817〕《元積集‧卷十九‧長灘夢李紳》。
〔註818〕《元積集‧卷二十‧別李十一五絕》。
〔註819〕《白居易詩集‧卷第十七‧山中酬江州崔使君見寄》。
〔註820〕《白居易詩集‧卷第二十一‧崔湖州贈紅石琴，薦煥如錦文。無以答之，以詩酬謝》。
〔註821〕《白居易詩集‧卷第二十六‧寄劉蘇州》。

自君拋我去，此語更誰聽？〔註822〕

一日不見如三月，一月相思如七年。

明朝齋滿相尋去，挈楃抱衾同醉眠。〔註823〕

元稹：

去時芍藥才堪贈，看卻殘花已度春。

只為情深偏悵別，等閒相見莫相親。〔註824〕

款款春風澹澹雲，柳枝低作翠襱裙。

今朝何事偏相覓？撩亂芳情最是君。〔註825〕

何事相逢翻有淚，念君緣我到通州。

留君剩住君須住，我不自由君自由。〔註826〕

可以看出，元白在描寫與其他友人的關係時同樣用到了親密語辭。雖然數量、深度不如彼此之間，但表面來看是區別不大的。這所體現出的是友情詩歌的曖昧表達傳統，非只元白為然。不過，深度等維度肯定是有其區分價值的。非僅唐代，在整個中國古代，元白詩文所表達的彼此之間形式上已涉曖昧的友情都是最為突出的。倆人若真結有斷袖之契，契誼表現無非就是如此。對於大多數懷具同性戀情感的作者而言，直接使用分桃、斷袖等典故詞還是過於直露了。既然普通友情為了文學效果可以採取曖昧的表現形式，則特殊感情正好可以藉以婉轉表達。既抒發了胸臆，又不直言明說。兩全其美，合愜心懷。

南宋詩人楊萬里在《讀元白長慶二集詩》中曾經寫道：

讀遍元詩與白詩，一生少傅重微之。

再三不曉渠何意，半是交情半是私。〔註827〕

「私」者私情，與男女之私並列的男男之私，也即斷袖同性戀。不只楊萬里，任何讀者只要願意就都能讀出。但又無法完全肯定，只好在交情與私情之間徘徊猶豫。這就是詩歌文學的精妙之處：既給讀者以廣闊的想像空間，也給

〔註822〕《白居易詩集・卷第三十一・嘗新酒憶晦叔二首》。

〔註823〕《白居易詩集・卷第三十三・長齋月滿寄思黯》。

〔註824〕《元稹集・卷十六・憶楊十二巨源》。

〔註825〕《元稹集・卷十八・早春尋李校書》。

〔註826〕《元稹集・卷二十・喜李十一景信到》。

〔註827〕《誠齋集》卷十，（南宋）楊萬里著，臺灣商務印書館，1986 年影印文淵閣《四庫全書》本。

作者以悠遠的抒懷空間。兩相碰撞，自會激發出多種體認感思。這時，讀者以最能觸動自己感情的方式進行理解自無不可。具體而言，某些讀者把元白誼契視為同性相戀是完全可以的。元白既然不吝表達，就應當想到解讀的多樣性。他們泉下有知，身為通明曠達之士，對於任何喜愛自己的讀者都會欣然頷首、視為知音的。

洪孫誼契比元白

洪亮吉（1746～1809），字稚存，號北江。孫星衍（1753～1818），字淵如，又字季逑、季仇。身為常州同鄉的二人是清代乾嘉年間的著名學者，詩文亦負時譽。唐代大詩人元稹、白居易並稱元白，洪孫二氏追摹先代文宗，洪亮吉乃有詩云：

> 偶讀開成少傅詩，七年我亦長微之。
> 神仙共掛蓬萊籍，風月追吟楊柳枝。
> 一代才名何必愧，九原交誼本堪師。
> 江州司馬通州倅，料理頭銜似往時。

此詩作於乾隆四十四年（1779），詩序：「《長慶集》樂天自序：長微之七年。今亮吉春秋三十四，而季逑年才二十七。與微之小於樂天同，二人之交亦不減元白。所不逮者，或名位耳，其他尚可企及也。」〔註828〕

元白並稱，固然是由於他們的詩歌成就相垺，不過二人之間的相知相契也是一個重要的促成因素。而洪孫之交亦是文字傳情，終生誼契。乾隆三十九年江南鄉試期間，他倆在南京結識，一見如故。第二年寒食節時，洪亮吉在南京所作《寒食詩二首寄孫大星衍》已表達出了深切思念：

> 曉聞粥鼓官齋側，瞥眼今朝是寒食。
> 園空無人草木幽，我今不來誰與愁？
> 華年作客情如昨，綺語銷除愁不作。
> 傷春擬復共孫郎，寶馬日高馳郡郭。
> 含情清淚一飄灑，已被鶯燕窺相思。
> 小樓西角簫聲永，有客傷春愁觸省。
> 可憐五夜起徘徊，明燭滿堂吟瘦影。

〔註828〕《吳會英才集·卷四·讀〈長慶集〉寄孫大》。

臨街已聞折柳聲，苦到明日成清明。〔註829〕

　　半年之後，洪亮吉應縣令林光照之聘赴江蘇句容，孫星衍之父時官句容教諭，星衍隨父在容，兩人遂得會聚。「文讌殆無虛日，又遍遊茅山、棲霞。」〔註830〕期間洪氏詩云：

　　　　將至句曲，酌酒與孫大別

　　　　共被吟宵雨，添衣念曉寒。

　　　　故人應話別，尊酒足餘歡。

　　　　夢逐嚴更轉，詩留隔歲看。

　　　　雲溪春水闊，隨我把魚竿。

　　詩注：「時擬同孫大旋里。」〔註831〕寫此詩時洪孫是自句容至南京遊觀，拜訪大詩人袁枚後曾雨夜共宿承恩寺，故詩中有「共被吟宵雨」之句。

　　　　小除前一日與孫大城北痛飲，即送歸句容度歲

　　　　一旬歸客狂難已，十日醉眠呼不起。

　　　　酒徒無人止爾我，兀兀共把深杯傾。

　　　　我憐歲月去不回，日晚聊折牆頭梅。

　　　　牆頭梅花贈行客，明日東西復南北。

　　孫星衍和云：

　　　　小儒不答風射耳，愛我如君合心死。

　　　　三更惜別各不知，欲去顛倒前相持。

　　　　幽魂如絲墮空闊，側聽鄉語離多時。

　　　　菰蒲蕭蕭夢中過，骨冷猶疑枕君臥。〔註832〕

　　　　句曲與孫大別

　　　　長亭有春草，可以復遠行。

　　　　我今別君歸，憔悴無歡情。

　　　　君知我心如皎日，我念君情比明月。

　　　　落拓君真與世殊，狂名我更從人乞。

　　　　君憐別語方離口，我念征人復回首。

〔註829〕《吳會英才集》卷三。

〔註830〕《洪北江先生年譜》。

〔註831〕《鮚軒詩》卷第七。

〔註832〕《鮚軒詩》卷第七。

曲岸初生黯黯波，曾城已隔青青柳。〔註833〕

憶孫大

所思終不見，日夕對衡宇。

沿門柝聲響，夢醒時人語。

燭爐暗不光，薄帷風自舉。

古井時一聲，知零前夜雨。〔註834〕

在容期間由於返鄉及他事，洪孫並未一直在一起，暫別思憶，思緒難平。他詩如：「酒邊雙淚落，身外一花開。」「明朝一雙淚，真欲墮花前。」「我自懷人不能寐，高吟時復振窗紗。」「塞年不復營妻子，岐路翻成戀友朋」「書來幾回讀，淚落忽不止。」〔註835〕不「營妻子」而「戀友朋」，不知「戀」到了怎樣的程度？反正「淚」字頻現，長夜難眠。

乾隆四十一年四月，因林光照離任，洪亮吉惘然離開句容。《五鼓出句容東門，聞孫大已先期走送不值卻寄》云：

君乘殘月來，我逐荒雞起。

華陽門邊後先出，豈意違君復數里。

溪橋東西路還判，別夢隨君已零亂。

君今驚魂不自招，我逐暗影徒飄搖。

哀笳三更復五更，憶君出城還入城。

悲來無端念死生，此別惘惘俱吞聲。〔註836〕

不過這年七八月間，二人在家鄉常州又頗多文酒之會。中秋節後，洪亮吉往謁浙江學政王杰，入其幕中校文。人分兩省，洪氏思良友而賦「情」詩：

虞江舟中晝眠夢孫大

雨淚忽不停，心傷枕函重。

簾帷開虛風，秋陽暴幽夢。

徒云堅後約，待此川澤凍。

〔註833〕《鮚軒詩》卷第七。

〔註834〕《鮚軒詩》卷第七。

〔註835〕《遲孫大不至》、《自岡北至暢春園看牡丹，因憶去歲與孫大醉飲處》、《客句容署中，以縣試不得出，寄孫大》、《重至句容》、《得孫大書》，均見《鮚軒詩》卷第七。

〔註836〕《鮚軒詩》卷第八。

遠恨一以生，尋君舊詩諷。〔註837〕

台州使院雜詩寄孫大

秋衾既迢遞，冬夜淒以肅。

非因念遠人，胡為炳明燭。

明燭何搖搖，光紅忽成綠。

褰哉不能寐，深室遣童僕。

帷帳列北隅，淄塵拂茵褥。

衣裳久顛倒，書史誰復束？

昏旦一以違，鳴雞喚人宿。〔註838〕

無錫舟次與孫大別，倏忽三月，詩已代簡

一船如梭眠不尋，更覓一船東作客。

推篷見我燭爐紅，落月懸君布帆白。

錢唐江頭惡浪軒，我別郭子無一言。

東西遙遙屢揮手，淚落不落中心煩。

飛蓬無根逐風起，東去一千三百里。

離家百日不尋書，欲覓南溪北溪鯉。

山中食桃還憶君，足繭遠踏東峰雲。

貽君許覓鮑家艾，申旦入谷勞樵斤。

寒風蕭條日西馭，破樓懷人獸箕踞。

冬窮臘幽春不生，天盡海飛人復去。〔註839〕

請注意「山中食桃還憶君」這句詩，是否暗用了「分桃」之典？

冬月寄孫大

同心燭不分，懸腕書尤疾。

緣君傷遙程，知余念新別。

離床展冬夢，畫榻理宵結。

瘴嶺一月行，蠻灘百重越。

吳文三尺簟，越嶠千頭橘。

且欲寄一書，何由審虛實？

〔註837〕《鮚軒詩》卷第八。
〔註838〕《鮚軒詩》卷第八。
〔註839〕《鮚軒詩》卷第八。

詩注：「時孫大婦病甚劇。」〔註840〕洪亮吉寫此詩時孫星衍正在岳家照顧他病重的夫人王采薇。關於同心燭，《格致鏡原》卷五十引晉·張敞《東宮舊事》云：「皇太子納妃，掛同心燭。」這一用來形容伴侶關係的典故詞按說應當用在孫王身上，可詩中卻是用於了洪孫，意涵就有些微妙了。

乾隆四十一年對於洪亮吉和孫星衍來說都是遭遇重大變故的一年。這年十月二十六日，洪母蔣太夫人去世。同月二十三日，孫妻王采薇去世。母子、伉儷情深，此後每遇母親忌日，洪氏輒終日不食；孫氏則立誓不再續娶。與喪母之痛有關，洪亮吉乾隆四十二、四十三年間的詩作闕如。在此期間，他與孫星衍曾在家鄉共處，亦曾共入安徽學政劉權之幕府。由於缺少詩文反映，具體情形不便細究。

乾隆四十四年，洪亮吉北上京城，與孫星衍雖南北相分，思念之情依然熾烈。

寄季仇

鐘已動，一聲破我長安夢。長安夢，世情未了，鬢絲先種。　　書乍捧，故人遲我華陽洞。華陽洞，丹沙填壙，碧山成冢。〔註841〕

華陽洞位於句容茅山，係道教著名洞天，洪孫二人曾經偕遊於此。

七夕露坐憶孫大

瓜果筵虛薄露零，懶看河鼓說精靈。

思君永夕空濛望，南斗光中第一星。〔註842〕

結交行寄孫大

浮雲變滅安足論，爾來友者洪與孫。

九天仙人不嫌謫，一代交道殊能敦。

非惟文藝擅儕輩，亦覺至性流真淳。

我交數子〔註843〕止可生，不若交子兼幽明。

我交數子皆許身，不若許子兼心魂。

誰言刎頸交，我弔成安君。

誰言投漆堅，我訪雷與陳。

〔註840〕《鮚軒詩》卷第八。

〔註841〕《更生齋詩餘·卷二·憶秦娥》。

〔註842〕《卷施閣詩》卷第一。

〔註843〕黃景仁、趙懷玉、汪端光。

乃知天生爾我為交道，不獨文雄詩傑垂千春。〔註844〕

客感寄孫大

燕臺春日試飛蓬，無盡山川不定蹤。

何止與君交一世，此心無昧總相從。〔註845〕

憶遠行寄孫大

波淼淼，星搖搖，約君不來莫已朝。

吳帆停，越車駕，約君不來春已夏。

春光九十靜掩關，幾年春閒君不閒。

曾云萬里宵征路，卻恨君閒我難住。

十五已作同巢烏，南枝北枝名對呼。

十九更作尋源魚，曉行雖遠莫復俱。

東流水深，南枝有陰。

千里與萬里，兩心同一心。

朝心徘徊莫心怨，幾日春魂自凌亂。

莫剪疏桃入戶枝，春花開上橫門扇。〔註846〕

　　乾隆四十五年歲末，孫星衍應陝西巡撫畢沅之聘入其幕府，經他介紹，第二年夏天洪亮吉亦至西安。自此直到乾隆五十二年年初，二人同客畢幕長達五六年之久。畢沅幕府是清代名幕，為乾嘉學術的繁榮做出了重要貢獻。而在另一方面，諸幕賓的男風之好也在幕主的寬愛下得到了充分滿足，選色徵歌，名士風流，相關記載見本書第299～301頁。或是因為不再年輕的緣故，洪孫之間雖然相契如舊，不過一往情深的詩歌似乎不再多寫。乾隆四十八年暮春，孫星衍因事進京，洪亮吉的送別詩是感情流露比較多的一首：

　　　　癸卯三月十六日孫大將入都，並車送至灞橋，折柳為別。因憶己

亥〔註847〕春孫大送我石城〔註848〕東畔，至此已五年矣，感而賦此

　　　　石城東畔牽衣處，灞岸西頭折柳時。

　　　　人世五年重惜別，春風兩度費吟詩。

〔註844〕《卷施閣詩》卷第一。

〔註845〕《卷施閣詩》卷第一。

〔註846〕《卷施閣詩》卷第一。

〔註847〕乾隆四十四年，1779年。

〔註848〕石頭城，南京的別稱。

才人學道狂應減，村酒澆腸醉始知。

今夜驪山正圓月，未嫌清夢逐君遲。〔註849〕

乾隆五十二年，洪亮吉和孫星衍一同進京參加會試，孫中洪罷。五十四年，鄉居的洪氏在《有入都者，偶占五篇寄友‧孫比部星衍》中懷念自己與故交的文字之契：

自君居京華，令我懶作詩。

作詩與誰觀，誰為定妍媸？

唯我與子心，膠漆難喻之。

我工子開顏，我拙子不怡。

或時作一篇，我心如亂絲。

置君於我旁，齊者即以治。

別君居三年，作詩少千首。

以此厚怨君，君能識之否？〔註850〕

據此，同客畢沅幕府時洪孫為對方應曾作詩多首，但二人詩集中目前所見無多。或許有些詩不便示人，只是在私下互相欣賞吧。

乾隆五十五年，年已四十五歲的洪亮吉復上春明，這次終於春闈得售，和三年前的孫星衍一樣高中榜眼。此後三年，分別在翰林院和刑部任職的洪與孫復又相聚。終於不再漂泊作客，洪氏乃將家眷接到京城，而孫氏「獨居」十七年後也終於娶妾潘氏。這幾年中，同做京官的兩人表現得像是一般老友，平淡而溫暖。《廿二日侵曉偕孫大至豐臺看芍藥》詩寫道：

馬聲嘶過柳梢頭，宛轉雲容清淺流。

十畝竟從人外闢，萬花如向鏡中浮。

狂思海國春三月，夢斷江城尺五樓。

小坐不妨遲日出，滿汀濃綠撲簾鉤。〔註851〕

乾隆五十七年，洪亮吉外放為貴州學政，三年後返京，孫星衍則已外放為山東兗沂曹濟兵備道。自此以後，二人未再長相聚處。不過短時相見、異地相思，洪孫交誼始終延續。嘉慶元年，洪氏《感舊》詩云：

忍向三生石畔過，此情除有劫能磨。

〔註849〕《卷施閣詩》卷第三。

〔註850〕《卷施閣詩》卷第八。

〔註851〕《卷施閣詩》卷第十一。

愁中花月催人老，夢後樓臺易主多。

紫燕已聞移舊棟，白雲猶是宿層阿。

惟將一掬東風淚，和雨和煙逐逝波。〔註852〕

　　此詩所感完全就是戀情，從樓臺易主、紫燕移舊來看，是否說的是孫星衍已離開京城，所居易主？果若如此，則兩人之間曾經就是切實的斷袖同性戀了。所以此詩語辭恍惚縹緲，讀者是不可能完全坐實的，只有洪氏自己知道舊人是誰。

　　嘉慶二年，在七夕這樣一個特別的日子，洪亮吉《七夕夜坐，戲擬古別離詞寄孫大山東》云：

中歲念師友，懼或成晨星。

晨星今亦稀，惟剩一啟明。

啟明之東我則西，天末回首常淒迷。

一回思君一回切，願減光明作殘月。

一月相隨得旬日，不然此滅彼復生。

君為啟明我長庚，昏旦相代東西行。

我持此語思上告，織女黃姑愁未報，

南極老人先大笑。〔註853〕

　　七夕節可謂古代的情人節，此日洪之所思卻是同性友人孫星衍，於是自己趕緊以戲諧來衝淡深情。

　　嘉慶三年，二人相會於山東兗州。四年，洪亮吉流放新疆。五年自戍所返鄉，孫星衍有詩相慰。六年，洪氏《別友》詩寫道：

謫下蓬萊又幾春，形骸疑假復疑真。

天荒地老重相見，君是前身我後身。

意外相逢是昨宵，可憐知復在明朝。

十三夜月難連曉，魂斷溪南長短橋。〔註854〕

　　是年洪亮吉已經五十六歲，所寫詩情則很纏綿，所以詩名為指向模糊的《別友》，而未明言密友是誰。但稍一覆按，我們就能知曉的。嘉慶二年，孫星衍在山東治河時因故得咎，第二年其母親去世，遂去官回南，長居南京。

〔註852〕《卷施閣詩》卷第十七。

〔註853〕《卷施閣詩》卷第十八。

〔註854〕《更生齋詩》卷第四。

所以，詩中「謫下蓬萊」是指孫星衍返自山東，距洪寫詩的時間恰是「又幾春」。

嘉慶七年，孫星衍來信邀請洪亮吉買宅共住南京，洪在《清明日憶女紡孫卻寄》中不禁設想：「他時卜宅烏衣巷，門外山光即六朝。」〔註855〕可雖然都已年過半百，二人還需為養家奔波，「同居」之議並未成實。七年二月，洪亮吉赴安徽旌德主講洋川書院。二十五年前，洪孫同客劉權之幕府時曾經過此縣境。舊地重至，洪遂作詩《山館靜坐憶孫大星衍》，感慨「舊遊十輩今誰在？最少如君白髮侵。」〔註856〕

嘉慶八年冬，洪亮吉過訪孫星衍於南京，孫時將重赴山東。洪氏《送孫大星衍仍兵備山左》寫道：

> 葛仙祠畔早披襟，〔註857〕不信居然莫景侵。
>
> 兩世逮君皆皓首，〔註858〕一生於我伴長吟。
>
> 知交出處關成數，天地分明鑒寸心。
>
> 良史異時商合傳，莫叫廊廟愧山林。〔註859〕

所謂「商合傳」，就是要像元白那樣一並留名於青史，可與本文開頭乾隆四十四年的那首詩相呼應。

這年年底，洪亮吉自常州往遊句容。舊情歷歷，舊人兩分，《宿乾元觀有懷孫兵備星衍》云：

> 百轉千回歷鬱岡，跨驢前事渺難忘。
>
> 曾攜天上神仙侶，來憩山中宰相堂。
>
> 今日故人分出處，更憐余子半存亡。
>
> 蓬萊海水都清淺，畢竟誰尋駐景方？〔註860〕

嘉慶十一年，孫星衍在山東督糧道任上寄書洪亮吉，殷勤囑問近況，洪氏《得孫大星衍書卻寄》再申前情：

> 半世相知爾最深，話來出處互相箴。
>
> 官疲絕似風前鐸，身退應同爨後琴。

〔註855〕《更生齋詩》卷第五。

〔註856〕《更生齋詩》卷第五。

〔註857〕在句容定交。──原注。

〔註858〕君祖母年近百齡，尊甫年已七十五，君鬚髮盡白又數年矣。──原注。

〔註859〕《更生齋詩》卷第七。

〔註860〕《更生齋詩》卷第八。

　　一輩漫誇頭腹尾，百年無幾去來今。

　　浮生齒髮終須朽，要使心交識此心。〔註861〕

　　十三年，洪亮吉「六十三翁鬢已皤」〔註862〕。冬十月，他進行了一生中的最後一次遠遊，沿長江西上漢陽。《江行雜詠》詩尚在暢想與孫星衍若能「同居」南京的愜意：

　　一意將謀建業〔註863〕居，快心先食武昌魚。

　　百錢飽啖非難事，卻笑馮驩便曳裾。〔註864〕

　　十四年夏五月，洪亮吉病逝於家鄉常州。兩年之後，孫星衍自山東糧道任上以病辭官，復居南京，嘉慶二十三年正月去世。

　　洪亮吉對於自己的詩歌創作相當重視，詩作既多編排且細。相對而言，孫星衍的詩歌水平雖與洪不相上下，但他未做完整的保存和細緻的編排，現存《芳茂山人詩錄》缺失較多。而即便如此，其中所表達的與洪亮吉的交深誼契仍能給人留下深刻的印象。

　　草庵攜酒與王七至城上飲，有懷洪大

　　草有百回綠，顏唯二十紅。

　　看水曾雙立，登城空爾思。

　　款關非故客，斷樹復新枝。

　　因君還置酒，浮蟻上深卮。〔註865〕

　　寄洪大

　　莫去危闌北，斜當萬里天。

　　盧堂零竹雨，孤屋羃茶煙。

　　斷雁沉遙札，長踦上故箋。

　　此時愁把筆，清淚透衣綿。

　　昨夢月先墮，星芒燭四更。

　　影過花徑失，魂入鵲群驚。

　　落枕吟聲苦，循衾暗露生。

〔註861〕《更生齋詩續集》卷五。

〔註862〕《更生齋詩續集‧卷五‧戊辰元日發筆》。

〔註863〕建業，南京的舊稱之一。

〔註864〕《更生齋詩續集》卷九。

〔註865〕《芳茂山人詩錄》第三。

明朝碧山外，白道認孤行。〔註866〕

得洪大書

故人書來不能奉，心如波濤忽驚湧。

持書怪我顏色移，急視淚眼翻昏眵。

書中愁多一月並，手不拆書心已省。

嘽童起立復坐思，發視卻寄城南詩。

苔衣綠暗不能浣，藉草只憶扶肩時。

君家小童亦孤矯，並載從予攝山道。

君今憶我愛及烏，童亦依人似飛鳥。

酒徒午日各自歸，歷歷夢我長河湄。

明鐙作花不一語，暗室起步空千回。

菖蒲割腸榴血色，艾葉療愁不堪食。

知君背客獨棹月，酹我千觴屈魂側。〔註867〕

下面兩首詩雖未明言所送、所思為何人，但很明顯，此人應是洪亮吉。

送別

城開見春草，極此萬里天。

何不斷征路，青青分道邊。

離程斷還接，放手何能及。

看盡陌頭人，雙辭復雙立。

君行路多岐，我心有因依。

東風吹楊枝，百葉盡向西。

鞭聲鳴空林，知君去煙底。

淚冷不得銜，風吹落眼尾。

呼君莫回頭，前有百里程。

波明單騎影，華晚獨吟聲。

獨吟還獨宿，夢識青山曲。

一夜鵲聲飜，驚魂落溪屋。

酌我綠玉醪，開君瑤華音。

〔註866〕《芳茂山人詩錄》第三。
〔註867〕《芳茂山人詩錄》第三。

窺杯見愁顏，投杯感孤心。〔註868〕

夜坐寄友

明星搖空天，暗螢泣幽草。

虛簾閉秋情，風枝聽梳掃。

之子隔衡宇，使我鬱懷抱。

東林月華遲，北牖夜涼早。

沉憂對缸花，腹語中自擣。

人生盡如此，彭咸亦須夭。

保此青霞心，毋令坐枯槁。〔註869〕

而尤需注意的是孫星衍的這兩首《秋夜曲》：

月色如流煙，林光若團霧。

露腳飛著青羅寒，幽蟲四鳴不知處。

前日一書回，今日一書回。

一回開書一回瘦，窺鏡但識雙蛾眉。

憶君去時葉初下，別後梧桐落如雨。

清霜作秋天改容，況復紅顏坐離苦。

倚床欲奏鴛鴦弦，君今聽曲何處邊。

微風淒淒不能傳，更長睡短那可眠！

海棠向夕愁清寒，桂花搖風飛滿欄。

幽魂初醒夢不返，恍惚凝睇青雲端。

青天冥冥雁聲苦，君今不歸何處所。

雲雖來兮不可攀，月雖明兮不能語。

寒鐙霏微背羅幃，照見壁上蠨蛸絲。

書來字字有離別，此恨不訴君當知。〔註870〕

此詩是以女子的口吻寫出，孫星衍可能完全是在虛寫，也可能是以夫人王采薇的口吻在寫，不過還有可能是在易性自寫。據洪亮吉《鮚軒詩》卷第八，乾隆四十一年秋天，洪孫二氏在常州頗多往還。八月，洪往赴浙江學政王杰幕府，與孫在無錫相別。此後數月，洪氏作有《台州使院雜詩寄孫大》等「情」

〔註868〕《芳茂山人詩錄》第九。

〔註869〕《芳茂山人詩錄》第一。

〔註870〕《芳茂山人詩錄》第二。

詩，而《秋夜曲》正是作於「別後梧桐落如雨」的深秋。詩中有「一回開書一回瘦」、「書來字字有離別」之句，這與《得洪大書》中的「心如波濤忽驚湧」、「持書怪我顏色移」頗多對應。果真是自寫的話，必須要有變異的成分，不然孫星衍簡直就是在明示他與洪亮吉具有同性戀關係了。這種委婉的變性抒情是詩歌創作的一種特色形式，男性作者既要表達出他的特殊感情，又不便表明自己是誰，於是就以女性的身份來言說。此種方式對於表達斷袖愛戀之誼是再適合不過的了，《秋夜曲》就是可能的一首例詩。

當年同在句容及家鄉期間，洪、孫二人都年輕狂放，他倆曾一同「醉臥古冢」，還曾「信宿山齋，中宵賭酒。或冬月解衣入蓬壺洞，行數里，深不可測，燭盡而出」〔註871〕。如果真的產生了超乎密友關係的特殊感情，並非難以理解的事情。此後年齡增長，契誼常在，不過就未必還是可能的斷袖之誼了。洪亮吉曾將彼此雙方比為元白，孫星衍對此認定也是於心戚戚。在洪氏於嘉慶年六年寫作《別友》詩的前後，孫氏《贈洪太史亮吉》、《次韻答洪稚存太史亮吉》分別寫道：

> 秉燭論心已有期，尊前霜鬢認依稀。
> 我驚駒隙三年速，君自龍沙萬里歸。
> 折檻風流成盛節，埋輪心事有危機。
> 不知此後方元白，可仗文章定是非？〔註872〕

> 酒痕猶染舊時襟，相對居然鬢雪侵。
> 結綬蕭朱曾接踵，抽簪元白又聯吟。
> 及身易定千秋業，經世難灰一寸心。
> 只恐未移麋鹿性，便遊廣夏憶長林。〔註873〕

當初洪孫曾共約定，後去世者當為先逝者撰寫墓誌銘。洪逝在先，孫星衍義不容辭，既為作傳復撰碑銘，碑文開頭即謂：「洪編修與星衍生同里，客同方，先後同入詞館，交凡三十年。嘗言吾兩人誰後死作誌銘者，又戲言恐相狎相謗也。」〔註874〕所謂「相狎相謗」，也即因關係親昵而受人懷疑，認為超出了一般的朋友之交。孫星衍坦誠說出，雖然是在坦蕩地表示否認，但這也同時說明，在他與洪亮吉所作詩歌當中，有一些確實文辭曖昧。在清代社會，不平

〔註871〕《芳茂山人詩錄》第二、第七。
〔註872〕《芳茂山人詩錄》第四。
〔註873〕《芳茂山人詩錄》第四。
〔註874〕《授經堂重刊遺集》卷首。

等的、賞狎性質的男風同性戀具有一定的表現空間，像孫星衍在陝西期間曾經賞愛優伶郭芍藥，洪亮吉對此曾有明確記載，暗示二人曾經同室共宿。〔註875〕而同性戀若是發生在身份平等的良人士宦之間，則理學社會當中它是沒有顯露之地的，不可能公開宣示。但此種戀情有其發生的生物學基礎，士宦之間必然存在，並且這種相對平等的愛戀較之賞狎性質的同性戀總體上會更加真摯深刻。既然愛而不可明言，那就只能是將戀情混合於友情，在「相狎」的契誼中寄託相戀之思。這樣講並不是說洪孫之間肯定曾經相戀，不過就詩歌表現而言，他倆若果曾戀過，也只能是寫出《句曲與孫大別》、《憶孫大》、《得洪大書》這樣的作品了。

清人詩歌中的主僕深情

　　清代是一個等級身份制的社會，對於主僕之間的地位差異，《大清律例》做有明確規定。不過，日常生活中的近距離接觸畢竟可以成為感情交流的一個促進因素，親密的主僕關係同樣也是存在的。而若能達到同性相戀的程度，則親密關係也就達於了頂點。不過通常情況下，這種最深切的情誼在清人詩歌中雖有出現，卻不便於明言，而是借比較一般的親密關係來進行表達。當然，在對這種一般親密的描寫中，字裏行間或多或少總會出現一些引人聯想的詞句。

　　按作者來分，清代主僕詩歌有的是由主人來寫，有的是由主人的朋友或他人來寫。按內容來分，除去描寫日常的生活狀態，遣僕、悼僕之時也易成詩。諸僕言行乖巧，惹人憐愛，自能動人詩情。

　　就日常生活而言，清初朱彝尊所寫的這位吳時來在一般僕事之外看來還能演唱詞曲，於是被比作了擅唱新聲的漢武帝的男寵李延年：

　　　　計甫草索贈吳僮時來

　　　樽前須記，記取小名兒。時來方見你，年便周三五。看秀屬依然，媚是天生付與。騷人苦吟，不足添他憔悴。　　南北相攜萬里，且緩作五湖歸計。鎮日筬栽藤角，洗硯收龍尾，鈔詩更會人意。問伊故里，可有個延年女弟？〔註876〕

　　道咸年間，書畫家韓榮光有一侍僕色黑而得寵，韓以「黑牡丹」稱之，

〔註875〕見本書第300頁。
〔註876〕《曝書亭集·卷第二十四·有有令》。

作詩賞曰：

玉漏沉沉夜未央，遙聞青瑣散天香。
錦屏十二開雲母，香國三千擁墨王。
霧氣曉迷鵁鶄觀，御煙濃染袞龍裳。
一簾花影春陰駐，不事通明奏綠章。

草就清平筆未乾，筆花開向玉欄干。
為留翰墨因緣在，莫作雲煙富貴觀。
知白何妨甘守黑，純青誰道不成丹？
瑤臺月下相逢處，願得君王刮目看。

沉香亭北霧霏霏，重過華清了夕暉。
虢國朝天工淺黛，太真入道悟元機。
《霓裳》曲散邊烽起，鈿盒塵封舊誓非。
南內無人雲壓欄，不勝惆悵想仙衣。

含情獨自倚黃昏，疑是亭亭倩女魂。
雨過淡雲籠月影，日烘香玉長煙痕。
鸝鶹勺小傾春釀，蝴蝶叢深認漆園。
聞說繁華金谷地，至今猶有劫灰存。

盧家少婦出青樓，筆掃雙眉漆點眸。
薄霧春衫裁燕尾，凌波羅襪著鴉頭。
朝雲暮雨渾如夢，淡月疏煙為鎖愁。
莫遣夜深燒燭照，朦朧春睡倚香篝。

染就香羅制錦裙，踏春油壁軟輪車。
香風回舞同飛燕，大體橫陳笑媚豬。
鵲鏡團圞當欄照，鴉鬟綵髻捲簾梳。
收將花片調松麝，遠寄朝雲一紙書。

深閨待字恰青年，誰搗元霜了宿緣。
姜女舊居原即墨，瑤妃小字稱非煙。
泥中詩婢偏逢怒，鏡裏香鬟尚見憐。
隔著簾櫳天樣遠，可堪春樹暮雲邊。

江郎才調更清奇，直把花枝作筆枝。

早卜黑頭當富貴，肯緣俗眼買胭脂。

素衣化盡留京洛，烏帽歸來憶武夷。

春水一池朝洗硯，片雲將雨又催詩。〔註877〕

　　此詩的描寫對象明明是一男子，可其中卻頻現淺黛、倩女、少婦、飛燕、朝雲、瑤妃、香鬟、胭脂等女性詞，調笑諧謔，則主人韓榮光對他「黑牡丹」的另類喜愛生動可見。

　　樊增祥和易順鼎（字石甫、實甫，號琴志）都是清末民初的著名詩人，經常互相唱和。樊氏《乙庵〔註878〕以五絕句贈石甫僕，繼作》詩的風格近於韓氏詩：

攜手高樓看雪歸，紅氍毹上看娥眉。

知君情思如春草，處處相逢步步隨。

錦弦二十八條紅，四種琴材調不同。

彈遍梅花香繞指，八王頭腦不冬烘。〔註879〕

少小工詩學玉溪，妖紅豔粉使人迷。

老來約束遊仙夢，莫化陳倉碧野雞。

錦瑟從來念五弦〔註880〕，鏡占釵卜惜流年。

無郎居處春多魘，乞與犀珠鎮夜眠。

宋玉心傳一脈秋，銀河隨地限牽牛。

世間誰更癡於汝，懷抱千秋萬世愁。〔註881〕

　　僕從雖然盡心侍主，有時因為回鄉養親等原因還是得離開。在惜別之時，主人自會想到他的各種好處。乾隆間羅聘《遣僕》詩寫道：

敗葉風前不戀枝，山童欲遣意遲遲。

夜深記讀秋聲賦，念爾垂頭伴我時。

圖書事事待收儲，名字多應去後呼。

世上豈無蕭穎士，誰知爾是愛才奴。〔註882〕

〔註877〕《菽園贅談・卷之二・黑郎黑兒》。
〔註878〕沈曾植，號乙庵。
〔註879〕余號天琴，君號琴志，君姬人曰花琴，近復醉心琴客。——原注。
〔註880〕是兒二十五年矣。——原注。
〔註881〕《樊山集外》卷五。
〔註882〕《香葉草堂詩存》。

詩中蕭穎士為唐代散文大家，《新唐書》卷二百二氏本傳曾載：「有奴事穎士十年，笞楚嚴慘。或勸其去，答曰：『非不能，愛其才耳。』」

乾嘉慶間孫原湘《遣童》：

> 翩翩小史最神清，五載相隨萬里行。
>
> 同出盧龍看海色，並騎邊馬聽秋聲。
>
> 聰明解奉王褒約，喜怒能知穎士情。
>
> 今日遣歸休灑淚，有人頭白倚柴荊。〔註883〕

詩中王褒為西漢辭賦名家，名文《僮約》的作者。此文風格詼諧，詳盡列出了僮僕應為之事，見《藝文類聚》卷第三十五。

前面易順鼎也曾遣僕，經過其友葉德輝的勸說，侍僕又重被收納。葉氏以詩記事，直接用到了男風典故。

> 寶甫有青衣〔註884〕被放，余為乞環，作詩媵之
>
> 君家奴子勝崑崙，只恐蛟龍見欲吞。
>
> 昨夜驂鸞乘客散，今朝笞鳳怕人論。
>
> 新詩誦慣心牢記，賣券書多鼻涕痕。
>
> 應是前身蕭穎士，愛才才肯與深言。
>
> 難求無價寶崑崙，欲語何須半吐吞。
>
> 不返豈同黃鶴去，盡歸當與艾豭論。
>
> 琴堂鄭律多生意，蓮幕孫梯記舊痕。
>
> 一曲回心君聽否？春陰乞護替花言。〔註885〕

詩中「艾豭（猳）」意即漂亮的公豬，據《左傳》定公十四年，衛靈公的幸臣宋朝曾被稱此。「蓮幕孫梯」則指著名學者孫星衍與優伶郭苭藥同室共宿事，見《北江詩話》卷四。據此，易順鼎與他青衣俊僕的關係性質也就明白無隱了。

朝夕相隨的僕侍若因患病等原因去世，主人回憶過往，有時也會誌感以詩。康熙間彭孫遹《豎奴陳德隨予之嶺外客死，念其二十年勤舊，因有此作》：

> 迢遙南越行，跋涉高凉使。
>
> 我僕亦已痛，奄然即長寐。

〔註883〕《天真閣集》卷三。

〔註884〕青衣是對僕婢的稱呼。

〔註885〕《崑崙盦詠集》卷上。

　　昔我未第時，一心相隨侍。

　　辛勤二十年，樸誠終無貳。

　　客死亮可哀，追思有餘喟。

　　匪值闇蓋恩，豈曰泥塗棄。

　　招此南方魂，遂爾首邱志。〔註886〕

　　此詩的表述比較板正，只有「一心相隨侍」可以引人聯想。乾隆間童鳳三的《悼僕》詩感情流露就比較多了：

　　爾初託跡我初官，世味都新辨苦酸。

　　短燭幾經傳夜永，薄綿曾此度春寒。

　　圖書拼了前生業，鐘漏誰知靈夢殘。

　　隔歲潞河雲水闊，可憐同渡獨歸難。

　　臂指居然肺腑親，敢言穎士是前身。

　　更無結習同儕輩，恐使瑕尤及主人。

　　水國空思秋撥棹，路歧剩有淚盈巾。

　　遙憐三泖荒阡隴，願託毘伽證宿因。〔註887〕

　　童僕名叫陸喜，隨主人過江時失足落水，得病而亡。詩中短燭、薄綿、宿因暗示著主僕共寢的可能性。童氏友人畢沅的《陸郎曲為童梧岡作》云：

　　客愁零亂如秋葉，翰林主人意不愜。

　　涼雨聲中悼陸郎，蕭齋清夢空驚厭。

　　鬒齡小史玉山同，家住吳松東復東。

　　九峰屧染橫雲翠，一幅帆懸潞水風。

　　生來命蹇將誰愬，失身誤逐青衣隊。

　　曾向侯家作豎奴，典琴為伍真生悔。

　　自悔飄零滯上京，雪鴻蹤影託蓬萍。

　　朱門早決抽身計，青眼偏饒擇主明。

　　主人恰遇金閨客，清才雅擅無雙格。

　　前身合是杜樊川，傷春花底經淪謫。

　　華堂絲管逐番新，水調聽殘閱幾春。

　　酒痕紅到櫻桃面，不數歌筵窈窕人。

〔註886〕《南淮集》卷二。

〔註887〕《慎獨齋吟賸》卷一。

短衣窄袖工裝束，常奴那比方回僕。

感恩詎復計辛勤，識性應知到心腹。

星軺往歲粵西行，蠻箐瑤溪毒雨冷。

七旬眠食資調護，親切真逾骨肉情。

零陵江水清無底，失足波濤起尺咫。

一片倉黃急難心，濡泥那顧灘流駛。

萬里風霜往返俱，恐教寂寞悵離居。

烏絲手畫供摹帖，紅蠟宵擎伴校書。

家居兼荷千金託，自憐顧影勝衣弱。

誰知蕙質望秋零，瘦骨纏綿儕病鶴。

一經齋後寓初移，夜月丁香發幾枝。

我來訪舊齋頭過，猶見匡床獨坐時。

折腳鐺邊聊自訴，黃花晼晚風光暮。

只言消受主恩深，福薄豈真緣藥誤？

一朝短夢醒黃粱，玉折蘭摧幾斷腸。

千古才人傷穎士，三生詞客笑雲郎。

昨夜露華澄碧宇，牆根絡緯啼無主。

茂陵孤館病文園，起擁單衾淚如雨。

半幅冰綃繪玉兒，〔註888〕霏霏好句寫相思。〔註889〕

擬憑山谷余成傳，〔註890〕重續虹亭《本事詩》。

人生有情類如此，夜夜招魂勞剪紙。

紅豆枝前十二時，青楓江上三千里。

勸君珍重宰官身，過眼空花本不真。

鬢絲禪榻秋燈畔，一卷《楞嚴》了宿因。〔註891〕

畢沅與童鳳三曾經一同任職於軍機處，為乾隆二十五年庚辰同科進士，彼此相知甚深。詩中「茂陵孤館病文園」指的是漢代文學家司馬相如，他與卓文君的愛情故事人所共知，則陸郎是被比作了文君。對於童陸關係，亦為童氏友人的李調元曾明確指出：「山陰童梧岡鳳三，庚辰在京，與余交最篤。梧岡

〔註888〕時以遺照索題。——原注。

〔註889〕梧岡有詩題卷端。——原注。

〔註890〕程二魚門為作小詩。——原注。

〔註891〕《靈巖山人詩集》卷十七。

有青衣〔註892〕，病歿於京，思之不置，同館諸公皆有題詠。始終無沈休文之
懺，可謂篤矣。」〔註893〕沈休文即南朝文學家沈約，他在《懺悔文》中曾經
自述：「淇水上宮，誠無云幾。分桃斷袖，亦足稱多。」〔註894〕據此，童鳳三
對於自己的分桃之好、斷袖之情是坦然接受的，與陸喜雖無夫夫之名，但已
有其實。

李調元是乾隆二十八年癸未科進士，曾以三首詩傷悼自己的四位僕侍：

悼僕朱貴

捧劍從余久，擔囊稔爾辛。

死為無主魄，生是愛才人。

黃耳悲千里，青衣負一身。

城南亭上望，不忍見孤磷。〔註895〕

傷二僕

此莫非王事，賢勞豈汝身？

如何觸炎熱，忽爾化飛磷。

衣被余空馬，棺衾委路人。

蓋帷無以報，一日兩酸辛。〔註896〕

悼僕宋通

天津東岸是儂家，一帶垂楊江路斜。

生小海濱漁艇上，誰教萬里到三巴？〔註897〕

李氏所悼人數不少但敘寫簡略，畢沅弟子洪亮吉曾以長詩追念故僕窺
園云：

自余為諸生，汝即侍左右。

皖江隨學使，姑熟依太守。

兩年居白下，一載住京口。

逮擢明經科，相從浙東走。

窮冬遭大故，九死返林藪。

〔註892〕即陸喜。

〔註893〕《雨村詩話》卷四。

〔註894〕《沈隱侯集》卷一。

〔註895〕《童山詩集》卷八。

〔註896〕《童山詩集》卷十五。

〔註897〕《童山詩集》卷三十五。

汝也痛哭隨，衣穿露跟肘。
經年墾廬內，料理及糧溲。
一僕乘間逃，蓬門汝兼守。
余心感其義，待汝乃不苟。
除喪來日下，百事益紛糅。
春秋兩闈試，十上九顛踣。
屈指十五年，所值苦不偶。
親知久相棄，汝乃誓不負。
落落十數州，商量覓升斗。
遊梁才匝歲，客陝時最久。
中謀金半百，為汝歸娶婦。
南下不半年，長饑婦先詬。
跟蹡復追及，訴室有病母。
汝才工料事，兼復習科蚪。
每寫百幅書，人疑出余手。
余交遍區宇，能一數某某。
孫黃暨崔趙，識我交最厚。
不來同我憶，來即具尊酒。
各能諳食性，默為理菘韭。
武昌城郭外，客歲歷申酉。
地也南北衝，村墟雜花柳。
平生汝頗謹，苦被僚僕誘。
到此亦有由，都緣婦奇醜。
妄心希外遇，或可副箕帚。
放艇夜渡江，時時逐雞狗。
衙推頻乘隙，間值墨尿毆。
有時方縱笑，遭我出行陡。
厲色一禁之，鞭笞願甘受。
扶屙方就道，風雪復連婁。
余來幸通籍，解汝顏色愀。
遣歸迎眷屬，兼為覓糧糗。

汝時雖已病，聞語尚抖擻。

今年附舟至，面色益昏黝。

殷勤覓醫藥，病早醫乃後。

短至節氣長，時時伏床嘔。

屏除諸食品，日僅啖菱藕。

沉屙由自取，將死乃一剖。

彌留三兩日，作札呼汝舅。

瞠目不得言，頭從枕邊叩。

卅年為一世，誰識汝不壽？

汝行雖廝僕，汝義實兼友。

汝不善攝生，吾行又誰咎。

急為馳惡耗，書至月已九。

汝母哭定癡，汝父顏亦叟。

伶仃遺弱女，學語未離乳。

一棺雖草草，必為枕邱首。

除夕酹一杯，傷心汝知否？〔註898〕

　　洪氏此詩作於乾隆五十六年（1791），窺園已患難相隨二十載。娶妻生女之後，他年齡已大，與主人的關係趨於平常。而在此之前，當他年輕之時，主僕之間則未必尋常。乾隆四十四年，洪亮吉「除喪來日下」，在京參加順天鄉試，未中，困頓落魄。《童窺園從予八年矣，體弱善病。今年予秋試被落，忽爾辭去。念事傷離，不能無作，命沽酒歌此調以送之》云：

　　衣薄還如紙，最淒涼前宵瑲瑲，今宵送爾。八載追隨無別事，傷病傷離傷死。總誤爾，朝饑飲水。苦訪蟲魚摩篆籀，但論才爾便成佳士。休更作，朱門使。　　無家我共僧居寺。只蕭蕭，寒雲丙舍，尚堪南指。入夢總從吾父母，醒處怕逢妻子。況薄命久無人齒。明日出門誰念我？就飄蓬斷梗商行止。爾去矣，淚流駛。

　　傷感已如此，傷情仍未盡，洪亮吉於是復填一闋《重九日陶然亭作》：

　　車馬長安道，有誰憐中秋雨暗，重陽花少。尺五閒亭三徑柳，亭徑尚餘秋草。更難得，紅塵似掃。半舫斜陽新月影，借圍蒲穩夢仙人島。算懷抱，此時好。　　玉山莫向壚前倒。只空囊，俸錢難

〔註898〕《卷施閣詩·卷第十一·歲除以酒炙酹亡僕窺園並繫以詩》。

假，酒錢輸了。門外鐘聲催客去，衣上薄寒清峭。料理是鋪糟代飽。

無數樓臺凝醉眼，訝籬頭果大星辰小。歸尚有，未棲鳥。

窺園雖為僕從卻「論才爾便成佳士」，見主人對自己如此用情，遂不再動離念。《童得前詞泣不忍去，復成此闋》喜云：

暗裏驚聞泣，一聲聲無端惹我，青衫又濕。多病經旬誰得似，欲共候蟲秋蟄。爾似燕，舊巢還入。典盡衣裘頻擁絮，更同扶瘦影當風立。渾不怕，霜華襲。　　八年侍我肩差及。笑囊空，新詩屢付，傭錢未給。費爾一杯村落酒，為我解除狂習。說月好，今宵初十。樓上三更雲氣淨，看星辰如豆天如笠。吟正遠，催歸急。〔註899〕

在清代文人中，洪亮吉對僕侍的關注、關愛是比較突出的，其詩文集中的相關記寫有十餘處。年輕時的窺園顯然是我們最需注意的一位，孤館相對之際，主僕之間或有不便明言者。後來洪亮吉中進士、成翰林，生活逐漸優裕，所蓄僕從增多，甚至還有以歌唱見長者。嘉慶十年，他在《十五夜乘月自考溪放舟，經澀灘、九里潭諸勝，二鼓仍抵桃花潭上。醉中作，即呈同遊諸君子》中寫道：

樽前一人為我歌，激得怪響生山阿。

舟人呼客客不聞，座上玉山先醉倒。

「為我歌」後詩注：「青衣陸郎善歌。」〔註900〕美色在前，聲情並茂，那麼酒闌人靜之後呢？前面童鳳三的青衣亦名陸郎，二人不只是姓氏相同吧？

洪亮吉與僕侍的歡洽關係至老不歇。嘉慶十一年，他年已六十歲。《二月初四日將解維，楊兵備煒復約至城北，歷遊放生池及水雲庵，至日暝乃返》詩寫道：

狂攜筆硯題凡鳥，老逐兒童放紙鳶。

尚有玉梅迎客語，欲從此地證空禪。

「題凡鳥」後詩注：「是日就近訪友人不值，因命奴子輩至城頭放紙鳶。」〔註901〕花甲主人與幾位少年俊僕在一起放風箏，眼光逡巡，心思或已倘恍飄忽。

孫星衍是洪亮吉的終生密友，洪氏在其《北江詩話》中曾經明言孫氏的男

〔註899〕《更生齋詩餘·卷二·金縷曲》。
〔註900〕《更生齋詩續集》卷三。
〔註901〕《更生齋詩續集》卷四。

風之好。嘉慶元年，在自貴州返回北京的路上洪氏《寄王大令復》詩云：

> 何因祖客筵前酒？轉憶孫郎帳下兒。
>
> 幾許笙歌兩行燭，昵人魂夢憶多時。

「帳下兒」後詩注：「來書言及舊僕吳順已作孫郎帳下兒矣。」〔註902〕按：乾隆五十七年，洪亮吉自京赴黔任貴州學政，舊僕吳順應是不便跟隨，遂乃轉進了孫家。此事本身也屬平常，可洪亮吉卻要「昵人魂夢憶多時」。這不禁讓人想到，吳順當初在洪家並非只是做一般的服侍，後來去到孫家，孫星衍待他也不同於常僕。朋友之「妻」亦可「妻」，其洪孫之謂乎？

道光年間，名士張際亮亦有篇幅不短的遣僕、悼僕之作。《僕洪士同隨余一年，謹慎無過，於其歸以詩送之》云：

> 本非蕭穎士，愧爾解憐才。
>
> 將母難同去，思余可再來。
>
> 片帆楚江水，匹馬薊門臺。
>
> 從此天涯客，無人勸醉回。
>
> 送我杭川住，翻憐汝病歸。
>
> 清寒同惜別，涕淚莫沾衣。
>
> 孤館看殘臘，當年怨落暉。
>
> 寄書曾未到，惆悵雁仍飛。〔註903〕

張氏《哭僕》詩描寫沉痛：

> 貴溪楊家渡，午漲飛帆晴。
>
> 悲哉我健僕，失足隕其生。
>
> 十日屍不獲，祭禱徒紛營。
>
> 金盡速我去，欲發哀難平。
>
> 哀汝從入越，崎嶇邁阻兵。
>
> 宵探會稽壘，曉走剡曲城。
>
> 山重煙雨暗，白晝烏猿鳴。
>
> 淒然默自傷，凍餒還交并。
>
> 宛轉顧二僮，強笑師忘情。
>
> 其時困且迫，百計艱歸程。

〔註902〕《卷施閣詩》卷第十七。
〔註903〕《思伯子堂詩集》卷十三。

互脫臂上衣，乃賦蘆中行。

愁霖閱信次，重九至義亭。

是日各登高，遊子廢持觥。

一飯出質劑，再宿同飄零。〔註904〕

黯黯金華道，汝去吾遄征。

蕭蕭玉山風，汝返吾歡迎。〔註905〕

方期苟富貴，有日勞汝誠。

烏虖竟至此，使我涕泗橫。

我本力疾驅，鼓舵畏長鯨。

深憐芒屩破，累月披榛荊。

遄回始放舟，告戒無時停。

何圖瞬息間，血肉饞蛟爭。

何以報汝家，何以慰汝靈？

癡立對逝水，悵望思殘形。

人生不得意，變慘嗟誰令。

前塗載馳驅，一僕瘦伶俜。

夢或見汝影，坐誤喚汝名。

而汝豈有知，暴骨泥沙輕。

天高浩歎息，萬族歸沉冥。

回首送落暉，霜笳咽寒汀。〔註906〕

　　張氏此詩寫於道光二十一年（1841），當時他是自浙江去江西。主僕困頓一至於此，一僕竟致溺水殞命。而境況愈苦，情愈真切。一主二僕衣食相共，貧賤不離，已似朋友兄弟。我們知道，張際亮是《金臺殘淚記》一書的作者，對道光年間京城優伶相公的方方面面載寫頗詳，他自己與美貌優伶也頗多交往，見本書第886～890頁，則其男色之好應無疑義。但與相公交好費鈔且暫時，能夠朝夕相處的還是侍僕。從張氏詩作來看，其僕對他完全是忠心耿耿，傾意相隨。個中原因，不只因「義」，亦當為「情」。

〔註904〕自嵊縣至壽昌七日，主僕皆典衣以食。而九日在義亭，二僕見余無衣可典，乃各私質其敝衣以食余。——原注。

〔註905〕至壽昌從鄉人黃翁假得錢，乃遣僕回至金華、蘭溪、永昌取回質衣。而余先行，於玉山待之。——原注。

〔註906〕《思伯子堂詩集》卷三十。

關於清代的主僕同性戀，總體來看相關詩歌數量不多，意涵明確的則更少。但這並不能表明實際發生的數量也少，康熙間柴桑曾謂：「泣童割袖之風，盛行於今。執役無俊僕，皆以為不韻。侑酒無歌童，便為不歡。」〔註907〕俊僕與歌童並列，而清代吟詠歌童的詩歌數量顯然要大大多於俊僕。這說明主僕同性戀就是一種生活，而優伶同性戀則是一種風雅。生活相對是平淡的，無需去多做摹寫。但平淡之中深情自在，這種不多說出的感情為清代的等級身份制提供了多樣性，讓它表現出了溫暖的一面。

明清豔情小說中的同性歡愛

明清豔情小說是以描寫各種性愛活動為特色，異性之間為主，不過同性歡愛亦不少見。尤其明末專寫男色的三部小說即《宜春香質》、《弁而釵》、《龍陽逸史》當中，細節之逼真足可亂人心目。下面本文從十個方面加以總結。

一、過程

完整的歡愛是一個連續的過程，首先，環境氛圍和歡愛對象要能動人情慾。《宜春香質》中的孫宜之這樣勾引自己的鍾先生：

> 小孫到先生床上睡了，將袴兒扯落，作醉後脫落模樣。面嘴向裏，屁股向外，上腳灣在床上，下腳拖在床下，獻也瑩白屁股，沉沉睡去。先是假睡，人有了幾分酒意，不知不覺睡著了。先生回歸房，揭幬，見一人醉臥，臉嘴朝裏，屁股朝外。迫而視之，其潤如玉，其□如蛋，其白如雪。映著大紅袴子，更覺可愛。鍾拿燈床裏一照，但見桃花映面，綠鬢生煙，醉態嫵媚，卻是孫宜之。先生伸手去摸他一摸，其滑如油，比小韋又勝十倍，春興勃然。……〔註908〕

《弁而釵》中的文雅全以女裝誘引愛侶雲天章：

> 思量已定，打點夜飲。俄而黃昏，俄而更次，酒肴既設，銀燭輝煌。時深秋矣，內衣紅縐紗襖，外穿白縐紗衣，蓋以油綠披風，甚是標緻可人。文生道：「弟今搬演一齣佐飲，何如？」雲生道：「怎好相勞？」文生道：「何妨。」遂改妝，做西施病心，宛然一西子也。
>
> 雲生見他冶容豔色，雅致翩躚，也有幾分動念，卻不露出。文

生戲完，不脫女服，竟來伴飲。目逆而送，似羞顧影徘徊，似怯凝眸無語，似思目送歸鴻，似恨撥雨撩雲。引得雲生十分火起，忖道：「此人今夜真有些作怪，他從來無此天嬌嫵媚之狀，今何作此光景？殆欲以身報我也。不可不可！」文生挑之許久，見天章雖似動念，卻是堅持，又挑道：「兄離家許久，可寂寞否？」雲生道：「某原未有妻，在家在外一樣。」文生道：「家中還好尋野食，客邊卻無此物，怎生得過？」雲生聽他言及於此，情根勃興，崛然難制，推故道：「夜深了，睡吧。」就脫衣上床睡了。文生忖道：「今日要完這段公案。」忙脫衣上床，假三分酒意，竟鑽到雲生頭邊，道：「知兄寂寞，特來伴宿。」……〔註909〕

兩男一旦性致滿滿地入港上床，接下來的歡愛大體可分前戲和性交。前戲大致包括愛撫、親吻和口交，豔情小說中這方面的描寫是比較簡略的。撫摸不多出現，親吻通常是一筆帶過。

就以手去摸其情根，熱如火，硬如鐵。雲生急以手推之，而文生不放，以手戲弄之。雲不能忍，道：「奈不得了。賢弟高情，莫說我輕薄。」就以手撫其情穴。〔註910〕

藍應賢忙跪下央道：「吾兄休要見棄。」磕了一個頭起來，就與井泉親嘴。井泉故意的閉一口氣，憋得滿面通紅，像大有羞慚之色。〔註911〕

童自大此時色眼迷離，情興勃然。忙就拉過來，摟著脖子親了個嘴。那小廝真是行家，更會湊趣，就吐過舌頭。童自大從未經此趣，覺酥麻。〔註912〕

被稱作品簫的口交描寫有幾處比較細緻。

翰林脫衣上床，得芳把頭伸入被內，摸著那鐵般硬的孽根，一口含著就呷。呷得翰林渾身癢麻難當，叫道：「心肝，你上來吧，癢殺我了。」〔註913〕

〔註909〕《弁而釵》情烈紀第二回。
〔註910〕《弁而釵》情烈紀第二回。
〔註911〕《怡情陣》第六回。
〔註912〕《姑妄言》卷之十三。
〔註913〕《弁而釵》情貞紀第一回。

　　井泉把雞巴吞在口裏，著實嗚咽有聲。白琨看了井泉的雞巴，笑道：「你吃我的雞巴，吃得這般有趣，我快活上來了。我又要泄了，你快吐出來。」井泉正吃得興頭的，那裏肯吐。白琨一陣快活，那精便泄在口中。井泉把嘴咽了幾咽，就似喝了一個生雞蛋一般。〔註914〕

　　宋上門說：「你且給我品一品簫如何？」姜夠本看見宋上門的陽物肥嫩，即時兩手捧過陽物，滿口大腮品將起來。品了一會，宋上門放了一個屁，姜夠本吐出來說：「我在前頭品簫，你斷不可在後邊打鼓。」宋上門說：「一管簫吹雄兵百萬。」姜夠本吐出來說：「兩片唇能調理陰陽。」二人笑了一會，又品起來。宋上門說：「你品得有甚麼韻調？」姜夠本吐出來說：「雖無絲竹之韻，也有齟齬之音。」二人笑了一會，又品起來。正品之時，只覺那陽物在口裏跳了幾跳，如同熱腸淌油，流一滿口。那姜夠本一滴也不肯吐出，如吃蜜一般，一嘴掃乾。〔註915〕

而白公子不但給姜夠本品簫，且還舔肛：

　　姜夠本說：「你拿出來，我給你品一品簫。」白公子說：「我先給你品一品。」白公子遂把姜夠本的陽物，將舌頭裹住龜頭，咿唔之聲聞於窗外。姜夠本說：「我的屁眼癢癢了，你給我括括。」白公子遂吐出了陽物，舌尖伸到屁眼裏邊，如吃蜜喝油的一般吸入。〔註916〕

　　前戲是性交的鋪墊，接下來的同性交歡方是正菜大戲。其基本模式是先苦後甜，尤其對於初次經受者。《宜春香質》風集第一回：

　　李尊賢將小孫放倒春凳上，扯去袴子，面朝春凳，屁股朝天，唾一口殘唾，朝小孫屁眼上一注。小孫道聲「怕人」，李屌已到屁門。屌大眼小，甚是枯澀，多方攻擊，不能入爐。小孫道：「疼得緊，不弄罷。」李道：「好味在後。我怕你疼，不敢急進，所以耽擱工夫了。若是動蠻，快活多了。」小孫道：「左右是疼，索性進來罷。」李道：「如此，你將自手扳住屁膀臀肉，像努屎的一般，著力一掙，我便進來也。」自己屌上又搽了些唾沫，舉屌當門，叫聲狠

〔註914〕《怡情陣》第八回。
〔註915〕《桃花艷史》第一回。
〔註916〕《桃花艷史》第二回。

勢。孫著力一掙，李乘勢就進。小孫把腳一縮，叫聲慢些，已進去
了一半。小孫道：「怕人子，裏邊脹得緊。」李再是一挺，已奇到
根，遂大抽大弄。小孫不勝排闥奪壁之苦。李緊抽慢拽，愈進愈力。
久之，覺屁眼內滋潤清溜，進出如意，浸浸然有水從中來。漸覺麻
癢有趣，不禁豚為聳而腰為顛，身為扭而腳為湊。又久之，目閉息
微，口呻氣喘，神魂飄蕩，樂而忘身。李尊賢知其得趣，著力狠抽。
小孫已入趣鄉，叫：「親哥哥，真有趣！」舉身掀騰，亂蠢上來，掉
轉頭來與李接唇呷舌。

《弁而釵》情貞紀第三回中，年幼的得韻是風翰林的貼身侍僕。他初經風
雨難免吃痛，而由於操行者是自己的主人，無法推拒，忐忑顫抖的一種情態惹
人憐惜：

翰林道：「我與你耍子。」得韻不敢推辭，又不敢應承，又不
敢作聲，喘吁吁的只是顫。翰林道：「不妨，我擡舉你。」得韻只不
回語。翰林把他橫推在床上，替他脫去褲子，摸其龍陽處，其熱如
火，嬌嫩肥白。以他兩腳架臂膊上，拓些唾沫，一卵直奇到根。其
內暖潤細膩，不可明狀。得韻未經大敵，實是難當，只是家主公擡
舉，怎敢妝腔？咬著牙根，任他橫衝直撞。燈影之下，進進出出，
興愈不淺。翰林見其情動，覆轉其身，自己上了床，將他兩腳扛在
肩上，如奇肩女人一樣，把枕頭替他墊了臀，大抽大弄，間不容
縫。又抱著與他親嘴呷舌，又叫他把雙腳環在背上，兩手狠狠掰
緊。翰林掰得一身生汗，而陽精亦隨出焉。得韻喘氣不息，竟其事
無一語。

而如果同性伴侶之間相交已久，則交歡的發生就很是自然隨意了。《繡榻
野史》卷之二中，趙大里和契兄東門生的妻子金氏歡媾之後沉酣入夢：

卻說東門生經過大里門首，只見大里精赤條條的把兩腳擱起在
醉翁椅上，呼呼睡去。東門生搖了兩搖，不動。一時間軀硬起來，
就放些饞唾，射進去。這時大里正睡去，不能夠醒。東門生抽了一
歇，自忖道：「這個人頭巾雖戴，像日日作少的。比前我戲時，倒寬
了，怎麼弄都不醒。」又抽了一歇，大里方才驚醒。見是東門生，
便說：「你幾時回來，怎麼偷我？」東門生回說：「你偷我家的扁食，
我便偷你劈開的饅頭也不妨。」大里笑道：「不用偷，這是你走的熟

路，一發了了事罷。」便把腳拍開，屁股連聳幾聳。弄得東門生倒在他身上，方才走起揩了。

二、蕩逸

趁人熟睡時與其歡好，其情其態實屬放蕩恣逸。《賽花鈴》中也有一段睡「奸」描寫：

> 紅生也就上床，何馥早已沉沉睡去。便輕輕伸手，將他小衣去下，自卻捧足居後。而何生竟若未之覺者。把手去撫摸，只覺渾身細膩，光滑如脂。紅生此時，意蕩神飛，不能自禁。將把靈犀湊進，又恐驚覺，只得款款而入。那知寬綽有餘，已成熟境。那海棠枝上，早已漏泄春光一二分矣。〔註917〕

比一般睡「姦」更進一步的是醉「姦」：

> 張生一飲而盡，便頭重腳輕，伏枕而睡。此鍾生所造迷魂酒也。鍾生至，見張生沉睡，呼之不應，搖之亦不醒。乃解衣就寢，以手摸之，溫潤如玉，至龍陽處，津津有水。鍾子大駭道：「此物奚宜至此？」因以手鑽探其穴，甚覺有趣。側身而進，舉孽根裔之，滑溜順利。猛一撞，張生夢中一動。鍾急住馬，張亦復睡去。鍾增之以唾津，以指潤其情窟，再抹其孽根，舉身而裔之。著力一挺，已過半矣。見張不動，又是一裔，俱已到根。大抽大弄，張生竟若不知。〔註918〕

> 白公子也不肯相強，二人又吃起酒來。姜夠本又吃了幾杯，遂不覺酩酊大醉，仰在椅子上，竟自睡去。白公子見他已醉，說道：「今日晚間這般美品，好不得我受用受用。」遂掩上房門，扯下他的褲子，露出嫩生生、光淘淘的兩塊腚睡。白公子掀起他的兩隻腳來，將陽〔物〕對準了他的屁眼，加上漿水，弄之大吉。姜夠本在醉夢中醒來，亦就半推半就，任其抽扯。〔註919〕

而《宜春香質》中的祁龜不但醉「姦」且還下藥迷「姦」：

> 不知祁龜正是此意，怕伊人愛不肯，故酒中下有慢酥藥，睡倒便發。祁龜爬過這頭，替伊輕輕脫去袴子，露出肥淨瑩膩的屁股，

〔註917〕《賽花鈴》第五回。
〔註918〕《弁而釵》情俠紀第三回。
〔註919〕《桃花艷史》第二回。

十分動火。輕輕著上唾沫，舉屄就毬。一挺已進一半，再一挺，已
齊到根。〔註920〕

有些片段描寫雖無性交的細節，但情境渲染之下，色情氛圍也很濃烈。

西門慶見他吃了酒，臉上透出紅白來，紅馥馥唇兒，露著一口
糯米牙兒，如何不愛。於是淫心輒起，摟在懷裏，兩個親嘴咂舌
頭。那小郎口噙香茶桂花餅，身上薰的噴鼻香。西門慶用手撩起他
衣服，褪了花褲兒，摸弄他屁股。因囑咐他：「少要吃酒，只怕糟了
臉。」書童道：「爹吩咐，小的知道。」兩個在屋裏正做一處。……
那平安就知西門慶與書童幹那不急的事，悄悄走在窗下聽覷。半日，
聽見裏邊氣呼呼，「趷」的地平一片聲響。西門慶叫道：「我的兒，
把身子調正著，休要動。」就半日沒聽見動靜。〔註921〕

羊振玉一把摟定道：「你這油嘴小冤家！你曉得我家裏做不得
這勾當的，故意刁難我麼？我偏要與你了了去！」於是扯到廊下，
褪了褲兒，將那雪白屁股如式起來。正弄得幾抽兒，只見蜜邊箕輕
輕掩在側邊道：「你們快來瞧，兩隻狗子戀做一塊，快拿些水來！」
羊振玉罵道：「抗牢的，還不輕些！半夜三更的，攪死了人。」蜜邊
箕道：「待我撮個頭兒罷。」巴不著連忙來拽他道：「不要惹厭。」
扯得去，不上一會兒，又趲來道：「老羊，所說的東道，不要忘了。」
羊振玉道：「你這涎臉花子，奈何死人！說有是有了。」蜜邊箕道：
「既有了東道，我兒們好好的入搗，不要入脫了肛門，不干我事。」
須臾了事，各散回家。〔註922〕

何馥看畢，笑道：「東君固為情薄，然玉樓君去，豈復有人同
耶？」二人話得興濃，適值何半盧不在館內，即於太湖石畔，竹蔭
之下，解去褻衣，恣意諧謔了一會。其情款款，絕妙男女歡媾一般，
初不知為二男相並也。〔註923〕

是夜，新庫吏吃了夜膳，弄了一個十六七歲的門子睡著。那莫
拿我輕輕將直楞鑿斷了一根，鑽進去，取了幾個元寶。卻要出來，

〔註920〕《宜春香質》雪集第一回。
〔註921〕《金瓶梅詞話》第三十四回。
〔註922〕《一片情》第十一回。
〔註923〕《賽花鈴》第七回。

被那門子起來撒尿，只得悄悄伏著。門子撒了尿，鑽入被中。那庫吏睡中道：「我的肉，怎麼屁股凍得冰冷？」把手搿著，即去弄他後庭。門子道：「我盡著你弄就是。明日要做一條紅縐紗褲兒與我穿穿，可肯麼？」庫吏道：「王四官的肉兒，我怎不肯。」兩個足耍了一個多時辰，然後睡去。〔註 924〕

《宜春香質》風集第一回中有一大段由遊戲引入的性交描寫：

一日先生不在家，大家學生打伴耍子，猜枚打牌。頑了一會，李尊賢看得孫小官中意，便道：「我們如今猜個狀元拳，聽狀元發放，叫他做甚麼子也要做，不許違拗。違拗，罰界方搗屁眼三下。」大家道：「便是個的。」一齊賭勝，卻是小孫做了狀元，李尊賢做了呆子。小孫罰他放散頭髮，挽五個丫髻奉酒，又叫他妝女人唱曲，弄得李尊賢屁出。完了再猜，卻是李尊賢做了狀元，小孫做了呆子。李尊賢道：「我也不罰你跪，也不罰你放散頭髮，我只要你妝做娼婦行徑，陪我吃酒，親嘴呷舌。」小孫一一如此。三猜，李尊賢道：「如今狀元便肏榜眼的屁股，榜眼便肏探花的屁股，一個壓一個下去，何如？」小孫道：「使得。」有的道：「若不肯的怎么？」李尊賢道：「不肯的罰他吮屌。」大家笑道：「便是如此，便是如此。」這遭又是李尊賢做了狀元，卻好小孫是榜眼。李尊賢道：「等我替榜眼會了同年著。」叫小孫脫袴子如此。……

《姑妄言》卷之十四中有一大段放縱的群交描寫，其中奇姐是一位兩性人，作為牛耕的妻子，她在陽興舉發時丈夫也得伏於身下：

過了幾日，奇姐的那肉發興起來，又叫了眾男女到跟前，道：「今日再弄個新樣兒。」叫丫頭們將紅氈鋪在地板上，上設錦褥，擡過一條春凳來放著，又叫取一壇酒來，道：「這做罰酒。」吩咐道：「都脫了著。」眾人齊脫光，奇姐道：「今日先男後女。」指著金三道：「你不濟，用你不著，你只好等人弄，你就頭一個爬在春凳上。」他只得爬著。奇姐又指著一個小子，名李四混名叫做疙瘩頭，說道：「你就弄金三。」你道怎麼叫做疙瘩頭，他的陽物只得一虎多粗，有六寸來長，一個龜頭像個大蛋一般，眾人起他混名叫疙瘩頭。那金三道：「我造化低，不叫我弄人罷了，還叫我捱這大疙

〔註 924〕《風流悟》第四回。

瘩？」眾人笑道：「這只怨你的臁子不爭氣，不要怨人。」李四道：「你不要怕，我多用些唾沫就是了。」他搽了，往糞門中一頂。那金三雖是弄熟了的，但這頭子大得利害，他咬著牙，「哼」的一聲，才被他弄了進去。出了一口氣，道：「夠了，我受得了。」那奇姐又指著一個道：「你就弄李四那小子。」他就插上。一個個挨次弄上了，只剩牛耕、奇姐、王彥章三個。奇姐叫牛耕道：「你弄孫五。」牛耕也弄了進去。又叫王彥章道：「你的本事好，服事你相公。」王彥章不敢造次，用了許多津唾，慢慢的頂入。奇姐笑道：「該我弄你了。」兩手摭著屁股，也不用唾，對準往裏狠狠一下，進去半截。王彥章道：「奶奶也略用點唾沫是呢，幾乎把我的弄裂了。」奇姐笑道：「前日你把我也弄夠了，我這算報仇。」王彥章道：「料道弄不死我，我捱著，奶奶索性弄到根罷。」那奇姐往裏幾下，弄沒至根。大家一齊抽動起來。不多時，早有幾個完事的伏著不動，那不曾泄的還亂抽亂拱。又過一會，只有王彥章與奇姐不曾完。奇姐扳著王彥章的胯骨，王彥章扳著牛耕的胯骨，搗個不歇。奇姐往下一送，王彥章也往下一送，兩人的力弄得那牛耕快活非常，哼聲不住。多時，奇姐興過，說道：「都歇了罷。」拔了出來。王彥章雖未足興，不敢不遵，也只得拔出。眾人挨次起來，那疙瘩頭往外一拔，金三兒一個大屁，異常響亮。眾人大笑道：「好東西。」金三笑道：「你們笑甚麼？這叫做放炮收兵。」

三、姿勢

歡愛之時會有各種各樣的姿勢體位，俯仰坐抱，不一而足。

　　浪子十分興動，麈柄直豎，道：「你便仰面睡下，如婦人一般的幹你，卻不有趣？」當下陸妹仰面睡下，豎起雙股超在臂上，將麈柄投進去，鬧了一會。浪子道：「好快活，好有趣。」〔註925〕

　　鍾生快活之極，又將小孫反轉臉來，兩腳架於肩膊，枕頭掂了腰，替他親嘴呷舌。一抽一迎，一送一湊，雖淫娼宿妓未過是也。〔註926〕

〔註925〕《浪史》第二十八回。
〔註926〕《宜春香質》風集第二回。

　　客將迎兒二足加於肩上，效展鷺之形，習舞鸞之勢。迎兒遍體酥麻，傾心顛倒。客快心滿志，加意溫存。〔註927〕

　　陸長子將伊人愛兩腳拎起，直挽在兩脅下，懸空掇弄。伊人愛只得兩手按床，將豚迎上湊他。〔註928〕

　　得芳脫了衣服，跨在翰林身上，以麈根送入自己〔屁〕眼內。兩手按蓆，一起一落，緊送慢拽，弄得翰林騷癢不過，在底下亂迎上來。〔註929〕

　　趙生掉臉向裏，恰好屁股朝著翰林。翰林以右腳插入趙生右腳底下，略屈些。以左腳踏住趙生右腳脛上，以右手掰定頭頸，扯其左手，以左手潤唾沫於屁眼，即將左手推其屁傍骨，側身而進。〔註930〕

　　翰林覆轉其身，跨馬而上，把自己大腿開在趙生大腿外，雙膝著蓆，以雙腳尖掉轉反勾趙生雙腳，以雙手扳開趙生穀道，著力狠肏。〔註931〕

　　玉仙把個屁股突將起來，沈葵用個上馬勢跨將上去，麈柄上著實放了些作料，輕輕弄進去寸許。〔註932〕

　　子昂愈覺興狂，即令翻身轉來，推起雙足，從前插入。於是玉臂緊摟，芳唇屢接，彼既突圍馳驟，此亦縱體沉酣。其綢繆之態，浹洽之情，宛與婦人無異矣。〔註933〕

　　未央生道：「這個容易。飽將手下無餓兵，正經的同我睡了，那手下的丫鬟任憑你睡。」書笥聽了歡喜不過，倒爬上身去，澆了一回本色蠟燭〔註934〕，方才下來。〔註935〕

　　三思止穿上衣，坐在醉翁椅上。老白走到面前，把兩腳擱在肩

〔註927〕《宜春香質》花集第一回。
〔註928〕《宜春香質》雪集第一回。
〔註929〕《弁而釵》情貞紀第一回。
〔註930〕《弁而釵》情貞紀第三回。
〔註931〕《弁而釵》情貞紀第四回。
〔註932〕《龍陽逸史》第十一回。
〔註933〕《春燈鬧》第二回。
〔註934〕澆蠟燭，指被動者處在上位。
〔註935〕《肉蒲團》第八回。

上，抽將起來。三思極會幫襯，把老白乾得魂不附體，不能寧耐，一時泄了。〔註936〕

毛坑蛆將富新的褲子褪下，不住撫摩他的嫩股，摩與翹然。把富新推起，頂入糞門，按他坐穩，抱在懷中一遞一口吃著幹。〔註937〕

潘三樂極，便關了門，下了捲窗。得月坐在身上，鬥了筍，一拍就合，大頑起來。潘三抱著得月坐在身上，兩臉相偎，索索的動。〔註938〕

也有的姿勢過於誇張，只能說是出於文學想像。《宜春香質》月集第五回中，宜男國國王與男后鈕俊歡愛之際，敵兵攻入王宮，二人趕緊乘馬逃走。

國王與鈕后欲待穿衣，兵已逼至。遂披上身衣，鈕前王後，雙乘戰騎往後戴門逃出。兵馬漸遠，二心少安。鈕后道：「國破矣，如之奈何？」王道：「得卿白首，為田舍翁足矣。」因以手摸鈕后後庭，道：「餘興未已，卿伏鞍完之何如？」鈕后道：「陛下如此恩愛，敢不一惟王命？」因鞠身受刺，馬上顛簸敦敦，倒也有趣。

可鈕后很快還是成為了俘虜，眾軍士將其輪姦。

鈕后與國王交姤，淫興未盡，正好湊趣。一連弄了十數人，便覺有些承受不起了。忽一軍人道：「你們背用機關，我要當場撖戲。」把鈕后仰睡凳上，著二人高扶鈕腳，一人穩扶鈕身，道：「我齎個轅門射戟你們看。」露出陽物有七寸餘長，大則一握不能盡。鈕后看了，甚是寒心。那人叫聲：「擂鼓，看我射戟。」如野馬上槽狀，撲至鈕前，一屌直毪到根。毪得鈕后生汗直噴，魂飛魄散。那軍人如和尚撞鐘一樣，足足撞了千餘，叫聲：「我這一箭要中戟心。」盡力一送，其屌直射到肚臍，其熱如火。

四、技巧

同性交歡也是需要技巧的，而主動、被動方各有側重。前者是如何勁猛持久，後者是如何騷浪求索。勁猛者如：

和有展龜溫火之法，替小官撥弄，不用津唾。慢慢漸進，或全

〔註936〕《濃情快史》第七回。
〔註937〕《姑妄言》卷之十八。
〔註938〕《品花寶鑒》第五十八回。

或半，則緊抱熟寢。至一覺醒，然後行事。次日小官神疲力倦，雖極耐戰者，一連五日，必自求免。〔註939〕

六郎道：「我有一個朋友，物雖不大，不知怎的放進去，我便渾身作癢了。」三思道：「這卻難得。」六郎道：「這也不奇。還會得身軀不動，此物自能跳動。這眼兒只要他挂緊了，裏面水是亂流出來，酸癢之極。」〔註940〕

騷浪者如：

陳經濟自幼風月中撞，甚麼事不知道。當下被底山盟，枕邊海誓，淫聲豔語，摳吮舔品，把這金宗明哄得歡喜無盡。〔註941〕

得芳等翰林要緊，他偏慢；翰林要慢，他偏緊。翰林奈不過，覆身跨馬，著力搗送。得芳爽利之極。〔註942〕

錢員外弄得感爽利了，猛可的一個寒噤，泄了若干。正要打點拿了出來，秋一色把個屁眼牢牢夾住。停得一會，兩個又發作了，這一回倒比頭一次又有工夫。〔註943〕

這小官生得模樣雖不為十分美麗，他那眉目之間有一種媚態動人。他還有一件絕技，枕席之上，舔呷迎送，比那淫極的婦人還騷浪幾分。〔註944〕

《宜春香質》花集中，小官迎兒（單秀言）精於後庭媚人之法，一般男子根本招架不住：

迎兒道：「公勿動。吾能令汝快活，賽如抽送。」公綽依言不動。迎兒運氣加工，屁股如驢鼻呼吸。吸得客屌似屌似吮，似摩似弄，心淫魄顫，膽怯體酥，惟叫快活爽利而已。

迎兒摸著鐵生此物，正是壯熱洪巨時候。將屁股對著，慢慢迎進，運氣〔將〕屌層層包裹，睡在鐵生懷中。鐵生睡醒，見有一人睡在懷，急要轉身，被屁股將屌吸得不能展，動不得。著力狠撥，

〔註939〕《宜春香質》花集第二回。
〔註940〕《濃情快史》第六回。
〔註941〕《金瓶梅詞話》第九十三回。
〔註942〕《弁而釵》情貞紀第一回。
〔註943〕《龍陽逸史》第六回。
〔註944〕《姑妄言》卷之十。

倒愈鑽進去幾分，鐵甚驚異。迎兒已醒，運動真氣，一收一放，催火入管，如抓如撓。鐵生被他弄得心癢神疏，不消一個時辰，其泄如注。鐵生爽利之極，迎兒再運工夫，鐵生之屌復舉。呼吸多時，其樂又泄。一連三次，鐵生快心滿欲，道：「睡者何卿？吾不能再戰矣。」迎兒道：「是我單秀言奉陪。」鐵道：「怎麼迎官身上有這一般妙物？如今放他出來吧。」迎兒道：「我還捨不得哩。」又運氣呼吸一番，鐵生又泄，迎兒始慢慢放鬆。鐵恐有污穢，誰知一點也無，乾乾淨淨。

迎兒與善於「展龜溫火之法」的和相公相交，一場大戰，亦獲全勝：

此時上床，和亦用前法。但略加指點，便有採迎，已頗異之。既直搗黃龍，抱而欲寢。單運氣呼吸，如風箱抽掣，一緊一鬆，一開一合。如狗餂殘盤，鰍行泥潭。和生龜癢難當，忖道：「這小奴才，原來曉得逆流搬運法。待我大展靈龜，看他怎麼招架。」忙催氣進火，大展靈龜。火到，此物長近一尺，大如棹腳，馬口如餓鴨搶食，在此眼內亂丫。迎兒著了一驚，暗道：「原來他也曉得展龜自戰法，非透關追髓不能勝他。若不先鎖其馬，神氣到關，他必走矣。」因瞑目運用。忽爐緊如箍，龜頭欲動不得，急欲掣退，就象生根在屁眼內一般。忽然一股熱氣衝入馬口，直渡重關，一進一出，宛如交感。和生管內如笓如撓，似癢似麻，骨辣毛疏，魄搖魂蕩。將至五更，一個噤聳，叫聲「妙哉」！一泄如傾。神昏力疲，昏昏欲睡。怎奈此物撥之不出，被迎兒復進氣到管，呼吸片時，和屌復硬，大為轉運。屌管中如以舌餂，似用手揉，心上一拎一拎，不知手足放在何處為好。臉上慾火直噴，只得緊抱迎兒，一連幾揉，陽精又潰。和道：「我再不堪領戰矣。」迎兒道：「相公風力甚高，何便怯戰？」和道：「卿前姑遜一籌。」迎兒道：「承讓。」退氣放屌，如物包裹者。然出屌瘙然如綿，斯亦不振矣。

在迎兒的迷魂大法下，和相公屢獲高潮。其實作為主動者，和的快感更應是在操弄中得到。在豔情小說中，為了體現出主動方的床功出眾，更多被寫到的還是被動者的高潮狀態。

此時酒性正發，翻來覆去，椿得小孫膽顫心搖，淫水如泉，快活欲死。只將屁股亂扭亂湊，也湊不來。弄至五更，興將決，其抽

愈急，屁眼中愈爽利，四肢都軟癱了。口中冷氣直噴，哮喘不定。〔註945〕

又移時，身不自由，間欲迎湊。王知其得趣，覆轉其身，狠抽猛撞。撞得鈕生淫水浸浸，淫聲括括，心搖目眩，聲顫氣微。屁股亂聳亂顛，腰肢亂扭亂歪。鏖戰既久，股中騷癢欲甚，境界欲妙。因叫：「親夫大王，怎麼弄得我裏面只管癢？」王聽此言，快活無極，連叫：「愛卿，我替你殺癢！」盡根拔出，直頭搗入，一連五六百樁，樁得鈕生魂飛魄散。湊又不是，不湊又不是；扭又不是，不扭又不是。如螞蟻走在熱磚階上，只好亂滾，那裏做得把柄？只覺此中酥酥溜溜，爽利得緊。骨竦毛竦，心蕩神怡，意可會，口不可得而言。到酣美處，自己扳湊奉承，回首接唇，叫親叫乖，百般恩愛。國王快情滿慾，一泄如注。而鈕之淫漿隨厥物流被褥者，透席下三層。〔註946〕

得芳爽利之極，叫道：「相公狠禽些。我裏頭不似痛，不似癢，不似酸，不似麻，不知怎的樣方好，甚是難過得緊。」翰林知他情急，故意停身不動。得芳哀告道：「親親相公，急殺我也，狠弄一弄罷。」翰林聽了他甜言美語，挺身著力狠禽。弄得屁股內騷水如噴珠而出，連翰林身上都是。得芳聳臀奉迎，百意百從。〔註947〕

天章進退有度，擊刺多方，弄得文生口□蹲沓不已。其中情波淋漓，洋溢中外。雲更左衝右突，文不覺以足加雲之臂，尋加雲之肩。猶謂不能盡雲之情根，而足且懸於雲之眉□。既而兩足一起一落，勢如牽鑽。雲泄泄而文亦融融，相扶而起，嬌無力矣。〔註948〕

五、語言

既然是明清小說，語言上自有不同於現代的特色。其中有些段落裏韻文、雅詞頻現，可內容卻是香豔的性事。雅俗並陳，對比鮮明。

伊默默無言，商神酣氣壯。玉壺溫暖，恣商敲擊。既而雨潤菩

〔註945〕《宜春香質》風集第一回。
〔註946〕《宜春香質》月集第二回。
〔註947〕《弁而釵》情貞紀第一回。
〔註948〕《弁而釵》情烈紀第二回。

提，兩情欣暢。昔猶故作羞澀，今則逞嬌媚矣。〔註949〕

國王惜玉憐香，隨隨振盪，覺門略開，又進少許。鈕生不能當，王為之從容哨諜，而枯澀者頓潤澤。再益銖錙，大約銳進者已半渡矣。更施以雨露，眼中忽生秋波。王之厥物亦壯堅突熱，遂再不能作溫存狀，策馬直搗黃龍府。〔註950〕

翰林不敢造次，款款輕輕，溫存著意。彼憐此病，含羞隨隨舒玉股；此愛彼嬌，舉身怯怯展腰肢。情沾肺腑，即欲勉持而不定；嬌啼婉囀，卻疑流鶯而又非。輕輕點化，堪並垂楊搖曳；盈盈露滴，好參淇竹淋漓。雁含珠，半吞半吐而不捨；急三槍，或進或退而不停。既而雨潤菩提，花飛法界。而趙生十五年之身，一朝失矣。〔註951〕

鍾款款輕輕，緊提慢拽。少焉，張孽穴中情波四溢，噴如珠霧。鍾更頓首徹尾，其情波之釀以白者，逆流而潤，歷尾閭而沾於席。其情波之洵以湧者，則隨鍾子之枝幹而涓涓以出，即隨鍾膽淋漓而下。鍾乘其意喻喻之時，突曳兵而出。張茫然如有失，欲即收而納之，而鍾且逡巡蒙茸閫域，微踐門庭。張生屁股內癢麻不能禁，舉身搖盪，或起或落，時顛時播，不復知此身之為元戎矣。〔註952〕

但見：五體投蓆，腹背相附。馬走吳宮，桃夭鬥紅。俱笑日兔奔月窟，摽梅含翠共搖風。搖風嬌影隨流動，鵲繞枝棲；笑日香浮隔岸豐，鴻來渚道。瑤島鷺翔，衝破玉壺開竅妙；芳叢蝶亂，潛遊金谷覓花心。既而一葦翹然，道岸直渡。闢彼悟門，時進時止。頂灌甘露，熱心乃死。此中酣適，彼亦快活。二人歡喜，作禮而退。相與枕蓆乎榻中，俄而曦輪之已駕。〔註953〕

匡子以手撫之，其滑如油。至龍陽處，則隙隙有孔，不似太乙抱蟾矣。略著津唾，頓開覺門。匡漂杵而進，李倒戈相迎。癲狂溫柔，較婦人而更美；扭簪曳搖，雖娼妓而不如。匡耐於戰，而李亦

〔註949〕《宜春香質》雪集第二回。
〔註950〕《宜春香質》月集第二回。
〔註951〕《弁而釵》情貞紀第三回。
〔註952〕《弁而釵》情俠紀第五回。
〔註953〕《弁而釵》情烈紀第二回。

勇於受。順受逆來,各有所樂。摘凡曰:「簸之揚之,糠秕在前。」
人儴曰:「汰之淘之,沙礫在後。」相與一笑,而終事焉。〔註954〕

　　這一個高聳聳突起尊舡,那一個急溜溜亂抽厥物。這一個卻像
銜著瞎老鼠,那一個分明戴了緊箍兒。這個兒巴不得一銃緊關皮場
廟,那個兒恨不得一篙直入水晶宮。〔註955〕

　　有一隻曲子名為《江兒水》,單指後庭情趣:

　　玉貌雪為膚,且休誇馮子都。前開後聳強如婦。情投意孚,神
交體酥。六龍飛轡何須顧,耳邊呼。這般滋味,勝卻似醍醐。〔註956〕

　　你當我是個「親戚故舊」,所以把我急急的「感謝歡招」。我見
他們這樣「渠荷的歷」,我底下已突然的「園莽抽條」。你差不多要
對我「稽顙再拜」,我心裏也有些「悚懼恐惶」。我見你們這頓「具
膳餐飯」,算起帳來,就嚇得你「駭躍超驤」。他兩個只管的「箋牒
簡要」,全不顧你當完了「乃服衣裳」。你且叫他去「骸垢想浴」,然
後同他上了「籃筍象床」。拿出你那個「驢騾犢特」,索性與他個「適
口充腸」。頑得他「矯手頓足」,你自然「悅豫且康」。〔註957〕

而如果是用俏皮、玩笑話來說性事,則可謂俗中之俗了。

　　蓉官夾了一個肉圓颯捵到唐和尚嘴裏,和尚囫圇吞了。蓉官又
夾了一個,和尚又吃了。蓉官道:「兩個卵子十八斤,吃葷的不用,
吃素的便請。」富三、聘才大笑起來,唐和尚也笑道:「我吃不要緊,
你若吃時,可受不住了。不要說是十八斤,就是四兩重一條的,你
可吃得下?」說罷伸手過來,把蓉官捏了兩把。蓉官瞪著眼睛,將
他氈帽除下,在他光頭上摸了一摸,道:「你們看,像是什麼?」唐
和尚道:「狠像雞巴,你愛不愛?」蓉官又將他的氈帽折攏道:「你
瞧這個又像什麼?」富三道:「蓉官總是這麼淘氣,別叫唐老爺打你。」
唐和尚連忙陪笑道:「不妨,不妨!頑笑罷了,什麼要緊。」便歪轉
臉來,湊著蓉官耳邊說道:「就像你那後庭花。我這腦袋又在你的前
面,又在你的後面,給點便宜與你,好不好?」蓉官把氈帽與他帶

〔註954〕《弁而釵》情奇紀第二回。
〔註955〕《龍陽逸史》第六回。
〔註956〕《歡喜冤家》第二十三回。
〔註957〕《品花寶鑒》第八回。

上，說道：「好個賊禿。」〔註958〕

奚十一好不快活，便夾了一條海參送與琴言。琴言按住了氣，站起來道：「請自用罷，我已吃不得了。」奚十一笑道：「別樣或吃不得，這東西吃了下去，滑滑溜溜的，在腸子裏也不甚漲的。」琴言聽了，也懂得是戲弄他，不覺眉稍微豎起來。〔註959〕

豔情小說中雖有文言，不過大多是用白話寫成的，有些用詞、短語與現代幾乎一樣，彷彿出於現時人之口。

這侯林兒晚夕幹經濟後庭花，足幹了一夜。親哥、親達達、親漢子、親爺，口裏無般不叫將出來。〔註960〕

客人如狂蝶採花，迎兒如新花向蝶。花心恣採，花枝搖動。〔註961〕

伊人愛毶到快活處，叫：「親哥哥，奫得好！是這樣奫。狠奫些，我魂都被你奫飛了。」〔註962〕

伊人愛股中脹熱如火，道：「親親哥哥，我裏頭要得緊，盡根吧，不要騰倒我了。」〔註963〕

伊人愛心飛神蕩，道聲：「親親，饒我吧，弄不得了。」〔註964〕

翰林快活難忍，掰定小燕道：「心肝，我要丟了，你著實把屁股聳上來。」〔註965〕

奫得趙生哼哼喃喃，叫：「親哥哥，奫得好，奫得快活。」〔註966〕

六、憑物

歡愛需用特定器官來完成，於是身前身後之物受到了特別的讚美和關注。身前之陽物：

〔註958〕《品花寶鑒》第三十三回。
〔註959〕《品花寶鑒》第三十六回。
〔註960〕《金瓶梅詞話》第九十六回。
〔註961〕《宜春香質》花集第一回。
〔註962〕《宜春香質》雪集第一回。
〔註963〕《宜春香質》雪集第一回。
〔註964〕《宜春香質》雪集第一回。
〔註965〕《弁而釵》情貞紀第二回。
〔註966〕《弁而釵》情貞紀第四回。

　　俊卿道：「相公這卵兒是怎的樣？」陸妹道：「比著吾的還大三分，白如玉，溫潤有光彩。放在毛裏，有趣得緊哩。」〔註967〕

　　露出大屌有六七寸長，一握大。小孫拿了道：「此物大，弄了要疼。」李道：「小屌龠來不爽利，大屌一龠，龠得屁眼裏又癢又脹、又酸又麻。抽一抽，爽利一爽利，快活得沒法哩。」〔註968〕

　　這根屌真是妙物，又大又熱、又硬又肥、又堅又久，弄得其實爽利、爽利。〔註969〕

　　形如舂杵，橫量著足有尺二三。狀若擂槌，眼估時約來斤十四。比方說，卻像那大鼻子的胡兒。仔細瞧，分明是小嘴兒的和尚。〔註970〕

身後之美穴：

　　客道：「吾閱人多矣，未有如子後庭之異者：宛如處女，不異嬌娃。穴中溫潤緊湊，似猶過之。」〔註971〕

　　小白狼道：「大哥，這後庭可有什些好處，為何人們都這樣愛好？」吳來子道：「七弟你有所不知，這事的好處，一言難盡。是緊暖淺軟嫩乾甜，不比那□□□□□，濕滑無味。」〔註972〕

　　貞卿抱住道：「小哥哥，我的玉莖在內，緊緊箍住，甚是有趣。進出之美，令人不可形容。那婦女俺也有弄過了，起初撮住甚是有趣，及將我陽物放在裏邊，粘津津滑蹋蹋，越抽越鬆，又費許多力，下下不能暢美。今與你設誓盟神，永不相離。」〔註973〕

　　人說巴英官屁股裏頭像個皮袋，口邊像鐵箍。算他十三歲起，到如今大約著一千人沒有，八百人總有多無少。裏頭長了一層厚膜，就如爐子搪上泥一樣，憑你怎樣，他也不疼。〔註974〕

同性歡愛時，陽物對前列腺的刺激會使被動方興奮異常。這在當代人的文

〔註967〕《浪史》第二十三回。
〔註968〕《宜春香質》風集第一回。
〔註969〕《宜春香質》風集第一回。
〔註970〕《龍陽逸史》第五回。
〔註971〕《宜春香質》花集第一回。
〔註972〕《玉閨紅》第四回。
〔註973〕《杏花天》第一回。
〔註974〕《品花寶鑒》第五十八回。

學描寫尤其耽美小說中是一個經常性的情節，而古代則似未見。不過在《弁而釵》情貞紀第四回中，風翰林的一段話對當代所謂的「二道門」描述詳細。此門若開，則後庭之樂會達到一個新的高度。

> 趙生道：「此中安得有佳境？」翰林道：「此中有七寸是無糞的，七寸上有一竅，要大便方開，否則緊閉。所以完事時令緊縮穀道，以閉其上竅，便無穢物出。其七寸中，亦有淫竅，必須抽弄千餘，內中作癢，其淫竅自開，騷水隨出，美不可言。弄得疼者，是外頭肛門耳。其內原是寬綽，若要得趣，必須暢弄一番，其樂自見。」

談到身上之物的使用，古代不同於當今，沒有什麼專門的潤滑用品，於是唾液的作用便就凸顯了出來：

> 那經濟推睡著，不理他。他把那話弄得硬硬的，直豎一條棍，抹了些唾津在頭上，往他糞門裏只一頂。原來經濟在冷鋪中，被花子飛天鬼侯林兒弄過的，眼子大了，那話不覺就進去了。〔註975〕

> 邵囊一團高興怎麼丟得手，抽出塵柄，多搽些津唾，也管不得弄開他的屁眼，盡著力氣著實一送，齊根進去。〔註976〕

> 原來這鄧東是個積年拐小官的主顧，幫襯在行。把龜上多抹了些津唾，輕輕的在那肛門口攪了一攪。劉玉打上一個寒噤，鄧東便款款放將進去。〔註977〕

> 玉仙先把手去探個馬看，平空叫起來道：「官人好大本錢，這個小小屁眼裏，如何放得進去？」沈葵道：「不要慌，多做些饞唾不著，自然一溜就進去了。」〔註978〕

《繡榻野史》卷之二中，東門生以趙大里的精液做潤滑，著實可謂物盡其用：

> 大里道：「你兩個成親前一夜，還來弄我作別。我興動，前頭精也流出，他將一半吃在口裏，一半抿在我臀裏，就一發滑通通的了。」

〔註975〕《金瓶梅詞話》第九十三回。
〔註976〕《龍陽逸史》第二回。
〔註977〕《龍陽逸史》第五回。
〔註978〕《龍陽逸史》第十一回。

腸液也是一種天然的潤滑劑，豔情小說中稱之為腸油、脽油、丫油、騷水，分泌充沛者方可謂為美臀：

> 公緯依言，微踐門庭，哨喋搖盪，津津然有水自中來。公緯屌隨淫泉而進，抽送遂有聲，若毯之汩汩者。〔註979〕

> 弄得小燕或扭或搖，叫死叫活，丫內騷水漬漬，如源泉湧出不止。……小燕盡力一夾，翰林拔出了卵。淫水、騷精約有半杯，隨卵流出。翰林怕是惡物，看來都是淫涎，對小燕道：「這都是你的騷水。」〔註980〕

> 翰林提出龜頭，猛撞到根，那屄股內淫水窗得隨卵而出，涓涓不斷。翰林又掰定趙生，把卵在屄股內一頓揉，揉得趙生屄股裏騷癢難當，騷水直流，道：「我要死也。」忙迎肇不止。〔註981〕

> 宋上門遂脫下褲子，露出又嫩又白的小屄股。姜夠本看見，一時高興，遂笑嘻嘻說道：「人家都說你那屄股裏有水，果然真麼？今日我且試一試才好。」宋上門笑說道：「何嘗是水，原來是油。」姜夠本說：「我嘗嘗你那脽油的滋味如何？」宋上門說：「給你嘗嘗自不必說，你且給我品一品簫如何？」〔註982〕

> 到口酥將海裏娃的腔用兩手捧過，龜頭對準這海裏娃的屄股，「突」的一聲，連根頂進。只覺光滑如油，抽扯毫不費力，快樂異常。〔註983〕

陽物、腸液等都是自身所有，至於交歡過程中的身外之物，春藥自然是助性之優選。

> 鍾生道：「今夜索性盡一盡興。」開拜箱取了一丸春藥，捽在小孫屄眼中，自家也搽了一丸。替小孫脫了衣服，將屄插在小孫屄眼裏，相抱而睡。〔註984〕

> 祁想道：「今番窗得他爽利，下遭方肯替我弄。」因撥出了屄，

〔註979〕 《宜春香質》花集第二回。
〔註980〕 《弁而釵》情貞紀第二回。
〔註981〕 《弁而釵》情貞紀第四回。
〔註982〕 《桃花豔史》第一回。
〔註983〕 《妖狐豔史》第三回。
〔註984〕 《宜春香質》風集第二回。

以春藥安指甲內，捽入伊屁眼中，自亦以春藥搭馬上。靜移時，忽
伊足自為伸縮，腰扭豚顫。祁龜知其情已動，又耐半時，伸縮鼓動
尤甚。祁龜執燈照之，有水如油，自屁眼中流出。伊之股中騷癢，
撞著祁龜這張硬屌又大又長，十分塞得緊滿。如渴得漿，如□得
□。〔註 985〕

　　江采道：「他新年十七歲了，他學我戲法，被我哄他，在沒人
所在要弄他，他也只得從了。又把春藥兒搭在他後庭內，使他癢
極，又把自己的春方本事著實弄他。幹得好了，所以待我倒是真
心。」〔註 986〕

《龍陽逸史》第十九回中有這樣的一段描寫：

　　所以拐小官的要學這些乖，一完事就要抽了出來。若是停了一
會，決然弄得個不乾不淨。這范公子多放了一歇，那龜頭上就像戴
了個金盔一般。你道是什麼東西？叫做後庭花。做小官的便有這件，
只是自肯輯理，便沒有得帶出來。這個所在，就見范公子是個呆骨
朵了。看了這個後庭花，只道是什麼好寶貝，拿在手裏，把個舌頭
亂咶。花四郎落得捉弄呆子，道：「有滋味的麼？」范公子又細摹細
嚼了一會，道：「滋味倒好，只是有些不正氣。」花四郎笑道：「若
是正氣的，也沒得到你口裏。」

　　一般讀者初讀此段文字一定會一頭霧水，不知「後庭花」為何物。原來，
肛交有其特殊性，不注意的話會有穢物黏粘。為了避免敗興，現代人是採用事
先排淨的疏的方法，而有些明清人則是用堵，將一片阻隔之物放入肛道，其形
似花，故名。

　　紫菜軟而韌，很適合做「花」之用。據《繡榻野史》所寫，使用此物是京
中賣藝兼賣身的優伶小唱「祖傳的家數」。該書卷之四中，東門生準備和他的
妻子金氏、契弟趙大里一同歡愛，事前飲酒助興。

　　金氏忙叫塞紅頓些酒來吃幾鍾，有些興。塞紅盛一碟熱水泡濕
的紫菜、一碟新鮮的海毬肉兒，擺在琴桌上。裝一壺揚州有名的鄉
販細花燒酒，立在旁邊伺候。金氏見這紫菜，「嘮」聲一笑。大里
問：「怎麼笑？」金氏道：「這紫菜，晚頭你用得他著。」大里道：

〔註 985〕 《宜春香質》雪集第一回。
〔註 986〕 《濃情快史》第二回。

「這個我做少老了，自信也不消用的。只是一個餘桃〔註987〕，怎麼教得你這樣明白？」金氏指東門生說：「三年前他不在家，我在門上看看，見兩個頭髮披肩的小官坐地。我因他模樣生得就像女兒一般，開口問說：『你兩個是那裏來的小官，怎麼坐在這裡？』他回說：『我們是浙江寧波人，進北京去的。』我又問：『小小年紀，進京去做甚麼？』他說：『趁這年紀，進京去做小唱，把屁股去賺錢哩。』就把祖傳的家數細說了一遍。你前戲我的屁乱時節，我依他用了，果是沒有齷齪帶出，真個妙的。」大里聽說，對東門生道：「你要乾淨，我靠在凳頭上，多塞些進去。」金氏道：「我算你們饒我不過。」自家也塞起來。一碟紫菜剩得沒多兒，三人只得把海毸肉吃了兩三壺酒。脫了衣服上床，……

作為被動承受的一方，不少龍陽小官是以柔媚取憐，有人甚至會把陽物包裹起來，以免在床上妨礙大老官的操弄，這時用到的憑物是巾帕之類。

園童齒漸長，其陽亦漸鉅，每與人交合，其陽先堅矗於前，殊不雅觀。故園童之媚人者，先以綢綾手帕汗巾之類，束其陽於腰，不使翹突礙事，亦一好笑也。〔註988〕

只見那小夥子，把一個紅綢做的裹肚，將那難巴臕子押起了，如無此物的一般。也學那婦人的做作，仰天睡著，把兩隻腳兒高高撅起。見自的丈夫伏在那後生的肚上，抽這樣一二十抽，就去親個嘴。撧這樣二三十撧，又去親個嘴。做盡了百般溫存，千般軟款。〔註989〕

而對於具有特定審美情趣者，整套的女裝就具有性的吸引力。《弁而釵》情烈紀第二回，文雅全在戲班中是做戲旦，一日回到寓處，契兄雲天章道：

「我與賢弟恩愛極矣，吾欲賢弟不卸女妝，取樂一番可乎？」文生道：「此何難哉。」遂取女衣穿起，較臺上更妙。文生道：「我可像個女人麼？」雲生道：「若居昭陽，應教六宮粉黛無顏色，豈止像而已。」文生曰：「此吾兄情人眼中西施耳。」語頗近狎。天章令文生仰面橫睡床上，以兩足蹬床廳柱，立而獵之。嬌羞萬狀，五色無主。……攜手解衣而睡，其後或男或女，百意百從。

〔註987〕東門生的家僕兼男寵，曾在京中做小唱。
〔註988〕《海陵佚史》上卷。
〔註989〕《別有香》第十回。

七、詭交

　　一般講同性歡愛，指的就是兩男之間的肛門性交。但大千世界，總會出現各種異狀，虛虛實實，似假似真，出乎尋常的意料。《載花船》第十一回，粲生與內監尹若蘭相交，此樂彼惑。原來尹監女扮男裝，其實是一個女人：

　　　　卻說粲生見尹監醉後沉睡，偷解衣裙，顯出雪股。興不可遏，急跐上床，潤以津吐，把具狠頂數下，不能進門。粲生想道：「今上不愛男風耶？此監果爾童身耶？」又想道：「高宗時他尚年幼，所以未經御用。當今又是女主〔註990〕，自然完璧，我何幸享此！」又用力猛頂幾下，一滑，始入龜頭。

　　　　尹監痛極驚醒，叫道：「是誰無禮？」粲生道：「莫要高聲。不才酒後興濃，有犯尊體，萬乞俯就。」尹監將欲轉身，被粲生壓定，動側不得，道：「何苦人至此耶！將以爾為才流，必能檢束身心，故不避狎昵。今作偷兒行徑，何無廉恥。」粲生道：「情急矣！勿多責。俟事畢，請罪罷。」遂又把具抵進寸許。尹監道：「痛極難忍，君竟不我憐耶？且須暫緩。」粲生興發，又聞尹監言詞和婉，料不至變臉，又用力數頂，竟爾盡根。尹監不覺失聲道：「內如刀割，誠何以堪！再不略緩，吾其死矣！」粲生少為停止。尹監咬牙熬定，暗想道：「備極痛苦，情趣何在？吾即終身不嫁可也。吾既以其後供情事，則前將焉用之？僅給小遺已耶？」尹監因在呆想，伏身不動。粲生徐徐抽提，尹監道：「可已矣，何又作進出計？」粲生道：「不如此，何以盡興？」尹監道：「不堪寔甚，尚有何興？」粲生又加唾沫於根，不甚滯澀，抽至百合，尹監覺痛亦少定，乃忍而不動。粲生因香肌雪色白，嬌啼動人心，約三百合後，方事畢而起，代為抹拭潔淨。……

　　《癡婆子傳》中，寺僧如海習慣於同性後庭之戲，竟認為與女子也是這樣，經過「予」也即風騷少婦阿娜的提醒方才醍醐灌頂般恍然大悟：

　　　　海即解予之裙帶，於是二人同登禪床。孰意海日與群小歡，初不解婦道之特異也，亦以戲予之後庭。海先以唾抹予後，然後挺陽而入之。予如裂肌，而陽物已沒龜棱。予痛甚欲啼，海詆予曰：「勿響。隔房予師在焉，恐渠聞之而亦來也。」予愴極，海復欲入之。

〔註990〕女皇帝武則天。

予大不堪，急轉身而陽出焉，緊以兩手掩之。海以兩手扳之，及扳開之時，予復以手曳衣而掩之。海情急，曰：「子黃花女乎？何痛若斯之甚也？」予且痛且笑，曰：「我非黃花閨女，爾乃遊腳僧人，未識婦道耳。」海驚之，曰：「婦之道有異乎？」予曰：「爾起，予與爾言。」海尤疑予假此為脫身計，必不起。予以手牽海之手探之，始信。海俯首視之，樂甚，即以唇親之，曰：「妙哉！此何物也，我未之見也。」予誑曰：「此小法門也，小僧掛單往來於其間者。」海即起予兩足，架於肩上，而以小僧進之。彼初知婦道，情甚急，速進出者數，已汩汩流矣。〔註991〕

《姑妄言》中，牛耕的新婚妻子奇姐是一位二形人。「他下身那一段肉，長得有一虎還粗，長有六寸，間或硬起來時，只有圓滾滾一段沒頭沒腦的物件。到了下半月便不能硬，稀軟的蓋住陰門。」三朝回門之夜，夫妻角色發生了轉換：

他丈人家的這些親戚多敬了新姑爺幾杯，有些醉了，晚間上床睡覺。他前一連兩夜，因愛奇姐過甚，弄了八九次，乏困了，故不覺得。這第三夜不但弄不得了，且又沉醉。睡不多時，他的糞門是夜夜離不得人弄的，過了兩宿，此時又癢起來。他已醉了，見有人同他睡著，當是每常小子們陪侍他。想要弄弄奇姐，把個屁股盡著向奇姐跟前拱去。奇姐不知其故，忙向後退縮讓他，他又蹶著就了過來。不見動手，口中模模糊糊的道：「我屁眼裏癢得很，你怎麼不弄，倒躲開了？」奇姐牝中昨夜乍得了些甜頭，正想其中的妙境。這初一是陽氣發生之始，他淫情一動，那一段肉也便大硬起來。聽得牛耕說要弄的話，雖不懂內中的緣故，想道：「他既說要弄，我何不試他一試？」前日牛耕弄他時曾用唾，他也學擦了些，摟著他糞門，一頂而入。只見牛耕把屁股亂拱，他也用力連頂，直弄到根，一陣狠搗，覺得弄他的屁股比牛耕弄自己的陰戶還有趣味。那牛耕每常叫這些小子弄他，但以僕弄主，未免蹋蹋踧踧，只不過殺癢而已。今遇了奇姐的這段奇肉，又粗又長，而且又硬，大肆衝突，弄得他有無窮的受用。

忽然醒來，見是自己的新洞房，卻又有人弄他，心中大疑。回

〔註991〕《癡婆子傳》卷下。

頭一看，竟是新娘子大弄新女婿。他忙用手摸摸他屁眼中，乃是新娘子的陰門上的那一塊肉門簾。叫他拔了出來，問他原由。奇姐方告訴他是胎中帶下來的一段肉，上半月能硬，下半便軟。牛耕大異，忙下床，剔明了燈，拿過來照著。細看了一會，道：「我前日不好問你的，我先還疑是你的病。後來我同你弄，礙著他，又不見你說疼，我當是拖的一心子，原來是這樣個奇物。」拿陽物同他比比，奇姐這肉比他還魁偉許多。心中喜不容言，不但是娶了一個美婦，且又得了一個美夫。從新上床了，他倒仰臥了，把屁股墊高，叫奇姐上他身來，拿那肉送入後庭。他自己用兩手扳著腿直豎，整弄了半夜。弄得牛耕哼成一塊，屁眼中丫油抽得一片聲響。丫頭們聽見，還只說姑爺弄得姑娘這等受用，那知反是姑娘弄姑爺。他兩口子這個恩愛真是少有，互為夫婦，果是一對奇夫妻。夜間或牛耕先弄奇姐，或奇姐先弄牛耕。他二人：

夫妻不須拘次序，誰人興動即先來。〔註992〕

《綺樓重夢》中，丫鬟雙雙的下身只有一竅，生理上比奇姐還要奇異。主人賈小鈺與她交歡時，那種感受的複雜性實在難以言表：

到了晚上，這夜輪該娟娟、躚躚、春荁、芳蕙值班，上了炕就叫那新來的丫頭陪睡。誰知摸了一摸，竟是沒有前竅的。便叫拿火來。娟娟把蠟燭一照，只有後面一個窟窿，比別人的略開闊些，前面是光光的。眾人都笑道：「奇怪，你難道不溺小便的？」他紅著臉回說：「外面是總共一竅，裏邊卻分個前後兩處的。」春荁笑道：「是了，他父親是做戲旦的，自然用著後竅；母親是用前竅的。如今合成一孔，南北〔註993〕兩便。二爺好運氣，買了一個丫頭，卻帶了一個兔子來哩。咱們把炕慢放下，由著二爺上前落後，一箭雙雕罷。」不一會，內外房都睡靜了，只聽得這丫頭哭著求告道：「二爺開恩饒了罷！往前還疼得略差些，往後更疼得受不住了。」小鈺笑道：「我替你取個名，就叫做雙雙，派你明兒在外房該班罷。」一面叫芳蕙上炕去換了他下來。可憐路也走不動，捱牆摸壁，掙到外房，和一個丫頭同睡了。眾人都來瞧他那話兒，笑道：「果然奇怪，又不是石

〔註992〕《姑妄言》卷之十四。
〔註993〕同性戀與異性戀、肛交與陰道交。

女，又不是二雄人，不知將來會受胎不會？」〔註994〕

《蟫史》卷之十八，鱙魚精連尾生與解魚、珠兒歡媾，賊人梅颸彩在旁觀摩：

> 魚捧尾生頤，笑而不欲入被。尾生曰：「魚兒豈懼吾耶？」魚昵聲曰：「懼不敢也，愛亦不知。」尾生擁之臥，炊息如無，潛龍殊不可拔，魚私謂珠言不信矣。頃之，覺有絲縷中貫者，凝神會之，氣自外鑠，情乃旁融。魚之身，漸黏乎仙腹；仙之骨，將據乎魚腸。俯仰自如，進退維谷，魚若遺若忘，亦醉亦醒。時則尾真無尾，連則皆連。回身嚮抱，呼仙父皆斷續之聲；降心相從，玩魚兒盡往來之態。尾生問曰：「兒甜乎？」魚對曰：「父毒矣。」爰喚珠弟，闖然而來，珠遂奪柄。魚讓之，尾生接珠，而自與魚耳語曰：「彼譃浪，吾挫折之。若湛汪之澤，以待善承之人耳。」魚曰：「速遣之，兒不欲望梅矣。」尾生暗令珠兒去，徑接魚，始如鱗游之瀲灪，繼乃腹脹之膨脖。魚亦傾筐倒篋，出性命償之矣。尾生感其誠，虛與委蛇而後已。魚問曰：「澤未下也，意有餘乎？」尾生曰：「志得意滿，而喜心溢焉。吾所為澤，不似常人之敗血泛濫也。」梅呼尾生曰：「先生之拏群兒也，形氣之故，可得聞乎？」尾生曰：「納氣於頂，斂形在根。存想妍質，摩挲妙門。但息半谷，莫窺中原。俟彼肆志，與之銷魂。」梅忻然曰：「謹受教矣。」珠吃吃笑曰：「一噴一醒，然再接再厲，乃何可當也？」

這段描寫晦澀詰屈，不過我們還是能夠看出，連尾生的身體器官會顯現出魚類的一些特徵。而在下面《弁而釵》中，文雅全自盡之後其魂靈被慈航大士聚形成人，復與契兄雲天章歡會時既淨且柔，更具妙處：

> 到北京尋了下處，事情少寧，雲生曰：「一路風霜勞碌，今得息肩，少敘舊可乎？」文曰：「何不可，只恐相逢不認舊時身耳。」雲曰：「認得，認得。」文曰：「你認，你認。」戲弄之際，淨若無塵，柔若無骨，瑩同美玉，燦若明珠。異香陣陣襲人，似不從娘胎中來者。交媾既久，愈覺精神。雲恍不知身在人世焉，對文云：「許久不親玉質，不意光潤色澤一變至此！」〔註995〕

〔註994〕《綺樓重夢》第三十九回。
〔註995〕《弁而釵》情烈紀第四回。

八、同異

　　就同性戀和異性戀的關係而言，在明清豔情小說中，兩者總體上是一種交叉共容的關係，不相排斥。床笫之上，二男一女的「柳穿魚」式的「一團和氣」是典型表現：

　　　　東門生笑道：「我要晚頭三個大家同床，做個故事兒耍子。真是一世快活的事，又得了了舊緣。」大里問道：「怎麼的？」東門生說道：「你的屁股從那醉翁椅上弄過，又好幾時不弄了。今晚你照舊扒上他身上射氈，我卻扒在你背上戲了氈。這叫做一團和氣，好麼？」大里和金氏一齊應道：「使得、使得。」〔註996〕

　　　　商生拽之同寢，文不肯。商道：「你與他為夫婦，我與你乃舊知，玩形弄影，何所不可？」拽之登床，為之解衣，三人同寢。商令伊將屌撞文氈內，以文手扳伊屁股，自卻與伊龍陽。魚龍角觸，玉石迷離。事畢下船，盡歡而罷。〔註997〕

　　　　〔妓女〕衛湘卿早已明白了，說句笑話道：「韓相公與裴相公一同睡了，我倒打個官鋪相陪罷。」韓濤只不作聲，把手搖著。衛湘卿又道：「既如此，韓相公起來，索性脫了衣服，大家睡做一床，做個柳穿魚罷。」韓濤就走起來，把上下衣服都脫去了，三個人睡做了一頭。

　　　　裴幼娘睡到半夜，漸漸酒醒，將手到外床一摸，卻摸著的是衛湘卿，便覺高興。兩個正動得手，只見韓濤又把那件東西，向屁眼裏放將進來。裴幼娘只做不得知，這個抽一抽，那個送一送，三個人弄得個好耍子，那裏割捨得丟手。弄了半個更次，不想韓濤先自泄了。這裴幼娘只顧前面的快活，不曉得後面的完帳多時了。韓濤就把個帕兒替他收拾乾淨，到了天明，兩個梳洗出門。〔註998〕

　　　　時奶與裴兩情相戀，酣戰正濃，那肯放手。林不得已，上狎裴郎，三人做一柳穿魚之戲。林從背上兜緊，裴更□力下注。奶喜道：「得林郎一臂力，使我麻斷了半截腰。」忽裴歡已過，林猶狠推。裴道：「哥且住，放出我居間人來。」林笑釋之。復與奶酣戰數百合，

〔註996〕　《繡榻野史》卷之四。
〔註997〕　《宜春香質》雪集第三回。
〔註998〕　《龍陽逸史》第一回。

極盡顛鸞倒鳳之勢。移時麻來均泄，奶笑道：「君果是仙郎妙手，不

枉了神告姻緣。〔註999〕

也有一些男性，他們男風之好過深，對於妻妾無甚性趣，遂把妻妾作為誘餌來誘引男子。而美男為吃香餌便就上鉤，可畢竟不便過於直接，於是就出現了各種醉「姦」的情形。《鬧花叢》中，王瓊娥出嫁前曾與龐文英有私，婚後被丈夫陳次襄發現了隱情。次襄卻不惱怒，反讓瓊娥將文英邀至家中，三人同飲。

文英不覺醺然沉醉，便將兩手摟定瓊娥，親了幾個嘴，瓊娥急得滿面羞慚。那次襄卻徇自己之所好，那裏還管什麼妻小。遂又斟滿一杯送過，文英舉杯，一吸而盡。竟頭重腳輕，蹲倒桌邊，昏沉睡去，再推不動。次襄忙同侍婢扶到床上，移燈照時，但見兩腮暈紅，竟如胭脂點染。又輕輕的把褲子去下，露出白雪雪的臀兒。次襄一見，魂蕩意迷，把後庭涶沫塗滿，緩緩搦進，僅入寸餘。幸值陽具不甚修肥，又喜文英大醉，所以聳動移時，不覺盡根。急急抽到數百之外，即便泄了。覺道此內緊暖，比那婦人更覺有趣。

瓊娥呆著臉，看到出神之處，不覺一陣熱烘烘，從小肚下流出。一把扯住次襄，再三求歡。次襄道：「你有舊情人兒在此，何須尋我。少待片時，自有樂處。他若醒來有言，幸汝為我解釋。」瓊娥笑道：「安有自己討了便宜，反把妻小償債？」次襄一頭笑，一頭走進房去睡了。俄而文英翻身醒來，覺得便門隱隱作痛，忽然想起道：「我被那廝侮弄了！」心下勃然大怒。只見瓊娥忙以杯茗遞至，便回瞋作喜道：「瓊娥姐，你為何還在此處？汝夫怎敢以酒哄醉，侮謔斯文。明日與他計較，不知該得何罪！」瓊娥移步近身，勸解道：「拙夫只因醉後觸犯，罪有難逃，所以特命妾來肉袒以謝。」文英雖則萬分著惱，然以瓊娥低聲俏語，態度風流，禁不住春興勃然，向前抱住。那瓊娥並不推辭，便即解衣就榻。……瓊娥嬌聲問道：「若乃踐踏至此，不識可以償拙夫之罪乎？」文英笑道：「卿既納款於我，我當姑恕其罪。」〔註1000〕

《春燈鬧》第二回中，真生已知姚子昂請酒的目的，而他也有自己的目

〔註999〕《別有香》第五回。
〔註1000〕《鬧花叢》第六回。

的，歡飲之後遂假裝沉醉。

真生佯作醉態，便即靠在桌上，鼾齁睡去。子昂帶著三分酒意，頓覺春興勃然，霎時間按納不住。也顧不得真生醒來發惱，喚著〔丫鬟〕靈芸，一同扶到榻上。真生裝做沉沉睡熟，任從子昂解衣卸褲。只見遍身肌膚，潔白如雪，溫柔細膩，香氣襲人。子昂亦便急忙忙的卸除衣服，鑽進被內，就從背後伸手抱住，把些津唾塗抹丫口，即將塵尾緊緊頂進。原來真生側身向裏而睡，兩股夾攏，憑你用力亂頂，那裏得進分毫。真生卻作夢中驚醒，忽地翻身向外，推開子昂，大怒道：「我與汝斯文體面，怎麼將酒灌醉，摟抱戲狎，豈是讀書人所為！」子昂陪著笑臉道：「因為斯文一脈，必須體肉偎貼，深入不毛，方是知己好友。」真生道：「若要從汝不難，第須依我二件。一要指火設誓，道是一身之外，悉聽隨意取用，無所吝惜。二要婢女靈芸，伴我同睡，方才依你。」子昂欣然大笑道：「依得，依得。」

「體肉偎貼，深入不毛」之際，「柳穿魚」之戲便同時開始上演了。

又見其妻雙手扳了文英的屁股，亂顛亂聳，口裏無般不叫。正在看得動火，次裏也不由分說，竟扒上床去，將龜頭往文英大便處一頓亂頂。文英不勝退縮，直至抽弄移時，略堪承受。三個一串撞起，彼往此來，互相抵當。足足兩個時辰，恰才休歇。自後三人乘間邀歡，不必細述。〔註1001〕

三個人一頭睡著，便令真生覆身僵臥，掀起臀兒，子昂伏在背上，就將肉具頂入。幸喜不甚修偉，一聳盡根，往往來來，接連抽送。真生初時亦覺丫口艱澀難容，以後漸漸滑溜，覺道丫裏又酸又癢，就像婦人一般的，口內哼哼不絕。子昂雙手拄在席上，緊緊頂進，一口氣便有六七百抽。只覺丫內火熱，含住龜頭，十分有趣。遂又盡力衝突，自首至根，緊一會，慢一會，連連抽聳，不計其數。靈芸睡在床內，那裏忍耐得住？口裏咬裏被角，只把雙手摩弄牝戶。牝內騷水直流，兩腿俱濕。等得子昂弄完，將及三更天氣，真生肉具堅硬已久，遂即扒在靈芸腹上，推起雙股，急忙插入。〔註1002〕

〔註1001〕《鬧花叢》第六回。
〔註1002〕《春燈鬧》第二回。

　　另有一些男性，他們的男風之好極深，對於妻室全無性趣，又不給她們任何出路，則妻室的悲苦實難言喻。《杏花天》中，父母雙亡的傅貞卿入贅藍家，新婚之夜，他與妻子珍娘交接的目的竟是為了讓她厭懼性事，毫不在意珍娘的感受：

　　　　這貞卿雖不喜女色，今日見了這般美人，不得不動情，淫興火熾，厥物硬提。遂將珍娘金蓮兩分於肩上，玉莖硬投牝戶。珍娘逡巡難受，呻吟諮嗟，忙呼痛疼。貞卿奮力抽疊莽送，不顧嬌花嫩蕊，那管揉殘玉質。珍娘受苦不勝，方言道：「傅郎忍心，容奴稍寬，免其縱提。若再鼓勇，奴不能忍也。」

　　　　貞卿酒後並無惜玉憐香之意，暗想道：「趁此初逢，與他下馬利害，日後決不要我為之。好去任情，加些龍陽的工夫。」下面力不能支，聲聲敬求，苦苦哀憐。上面耳若不聞，下下深投，重重狠突。把個柔肢嫩體，未遭風雨的佳人，才入鴛幃，弄得月缺花殘，粉褪蜂黃，猩紅涓涓，喘怯喃喃。

　　　　弄有一更時候，珍娘微覺戶內苦去甜來。此時貞卿也就泄了，二人並枕交股而寐。睡至半夜，二人重醒轉。貞卿又鼓勁兵，珍娘哀求莫急。貞卿仍投玉莖於情穴，弄了一會。珍娘暗想道：「先前苦楚，這次到底美多苦少。」戶內美津津，口中亦噴噴將有淫語。貞卿將勁兵驍牝，想初狎之時戶緊滯扣，這次液黏滑鬆，無暢樂之趣。在下的暗自暢快，在上的漸覺少歡。這貞卿不知己物中和，反憎珍娘牝大，也不完局。

　　　　珍娘這會知味，恨是初御，正淫性初萌之時，亦不敢放情縱意。故爾忍□暗道：「狠心種，何不將前初交之力，用在我這得意之時？」這貞卿是諳練後庭中之趣，故不下心於婦人裙下之能，遂斂唐雲楚雨。已而陽烏飛空，紗窗獻旭。二人起身櫛沐，珍娘行走步大，牝戶微痛。貞卿見珍娘妝罷，果然姿容絕世，暗自道：「任你百般玉貌，我傅貞卿是不喜的。」

　　婚後沒過多久傅貞卿就回到己宅與契弟花俊生歡會，直露表達對妻子性器的厭惡：

　　　　俊生道：「哥哥，你戀新婚，忘了舊好。」貞卿向前摟抱道：「久別勝新婚，興熾情狂。」命俊生褪下褌襠，俯身獻股。貞卿莖刺入

內，進出無計。俊生百般肉麻，引得貞卿魂消，遍體悚然。霎時雨收雲散，俊生著褌問道：「尊嫂姿色，比弟若何？」貞卿道：「賢弟尊臀緊妙，拙荊之牝，弟實不喜，故有其興與吾兄歡樂。」俊生道：「聞尊嫂丰姿月貌，果有十分，是兄修來之福。」貞卿道：「他無益於我。」兩下言論，至晚方回藍宅。〔註1003〕

為了逃避婚姻枷鎖，傅貞卿乃攜花俊生外出貿易，後來橫死在了外地。

從傳統的陰陽觀念來看，男風同性戀是有違陰陽之道的，相關評論有時相當嚴苛。《野叟曝言》第七十三回中，主人公文素臣的長篇議論談到了男男不能通感的問題：

素臣道：「男女之能通氣，兩男之不能通氣，還另有緣故，待弟細細說來：男女構精，則陽氣直達於牝，由牝而前，達於腹，於心，於肺，於舌，後達於腎命、脊背，以至於腦、鼻。陰氣直達於卵，由卵而前，達於心、腹、肺、舌，後達於腎命、脊背、腦、鼻，由鼻、腦、舌、肺而灌溉四肢百骸，無處不到，始為交通，始為致一。若男與男構，則雖如閩中之契哥、契弟，終身不二，而契哥之陽氣不過入契弟之糞門而已。糞門雖與大腸相通，而大腸之下竅，謂之幽門，非大便不開。若使陽氣能通入大腸，則大腸之糞亦必直推而下矣。有是理乎？大腸中臭穢粗濁之氣盤屈而下，陽氣即入大腸，亦不能上達大腸之上。更接受胃海中飲食未化之物，層疊推下，陽氣更無從上達。若腸氣可由大腸入胃，則大腸臭穢之氣，亦必時時衝入胃中，直達於口矣。有是理乎？惟大腸專司輸泄，氣不上行，大腸下竅又有幽門關鎖。故契哥之陽氣只在糞門中停留時刻，仍隨陽精瀉出，萬萬不能上達於胃海，通於喉舌，而傳佈於周身也。至契弟糞門既有幽門關鎖於上，即或稍通，而大腸中純是重濁臭穢下降之氣，又何來清揚之氣，足以由糞門而上達於契哥人道之中，而成為一氣乎？氣既不能交通，而血又何能凝合乎？」

時雍連連點首，道：「此真千古創論，人身至理。弟雖積之終身亦不能解，豈惟勝讀十年書乎？但大腸專司輸泄，故陽氣不能上達。小腸亦專司輸泄，陽氣又何以上達？豈大腸所輸泄者，重濁之物，能阻隔陽氣；小腸所輸泄者，輕清之物，不至阻隔陽氣乎？」素臣

〔註1003〕《杏花天》第一回。

道：「此理固然。但小腸若能達氣，即大腸亦有萬一可達之氣矣。弟所謂達氣者，乃達於小腹腎命，非達於小腸也。男女陰陽二道，各有兩竅，一名精竅，一名溺竅。溺竅達於小腸，專輸小便；精竅通於小腹腎命，直透心肺脊腦。溺竅惟小便時始開，猶之幽門必大便時始開也。若溺竅常開，必遺尿不禁矣。有是理乎？精竅，則交媾時即開。形動興發，男女陰陽之氣互相注射，俱由腹達心肺，由腎命達脊腦。不由溺竅，何慮小腸之輸泄乎？」時雍稱奇贊妙，眾人亦俱厭心足意。

這段議論談不上有何道理，但其結論是時人願意聽到的。玄虛奧澀，反會使欲信者更信。

九、強暴

同性之「交」並不必然產生「歡」的結果，同性強暴能讓我們看到權力、金錢關係下性的異化。《弁而釵》情奇紀第一回，李摘凡初入南院，不願以身媚客，結果老闆燕龜立刻就給了他一個下馬威。

那兩三個小官，把摘凡推上板凳，屁股朝天，腳手都捆定了，對燕龜道：「爹爹，捆停當了。」那燕龜又吃了幾盅酒，脫了褲子，露出那硬硬錚錚的孽根，約有六寸餘長。唾一口唾沫在手指上，照摘凡屁眼裏一搭。摘凡被他捆得展動不得，只是哭。燕龜性情至狠至惡，那顧人生死！挺著雞巴，照摘凡屁眼中就是一贪。摘凡「哎喲」一聲，已贪進去了一半。再是一挺，竟自到根。那裏管王孫公子，便狠抽蠻弄。摘凡疼得死去活來，動又動不得，說又說不出。又氣又惱，又悔又恨。贪有千餘，漸覺不疼，屁眼內漸漸有聲，滑溜如意。摘凡歎道：「不意我有此孽債，這也是前世冤孽。」自解自歎，隨他抽弄一回，丟了。燕龜道：「你如今肯麼？若肯便饒了你；不肯，我叫一二十人弄你個小死！」摘凡道：「業已如此，則索從命。」

《姑妄言》卷之六，陽物粗大的晶變豹用自己的愛妾做誘餌，將男旦嬴陽誘至家中，「責斥」他欲圖不軌，嬴陽被嚇得不知所措。

轟變豹渾身脫光，笑對那妾同眾丫頭道：「你們都不許去，在這裡看我老爺試新。」他走近前，摸著嬴陽的屁股道：「你不許動。」嬴陽知道有個性命相關的局面，也不看他的大小，低頭閉目伏在凳上。那轟變豹吐了一口唾沫抹在糞門上，又自己擦些，垂著首，捏

著陽物，對準糞門就頂，那裏進得去。還不曾進得些須，贏陽已覺火燒火辣。那轟變豹不得其門而入，發起性來，憑身用力往裏一下，擡進去了一個龜頭。只聽得贏陽大叫一聲「哎呀，我死！」就不做聲。那轟變豹那管他死活，幾送到根，任意抽送起來。

半晌，只見贏陽透過一口氣來，渾身亂顫，聲氣也顫篤疏的哭道：「不得活了，不得活了。」那妾同丫頭們看得毛髮都豎起來，替他害疼，又不敢上前來勸。那轟變豹笑嘻嘻只是搗，一面說道：「你只當在衙門裏捱夾捱打，那難道是不疼的麼？」他本有半夜的本事，喜得是初試此竅，只要了半個更次就完了。他把陽物拔出大半截來，猛然一擡到根，忽一下拔出那個大喇叭頭子，將他髒頭帶出有五六寸來，鮮血長淌。那贏陽先已被他搗得一陣陣發昏，眼中金蒼蠅亂冒，被這一下，疼得迷了過去，跌倒在氈上，聲氣全無。轟變豹哈哈大笑，一個丫頭忙將一塊細帕替他把陽物拭淨，他就精赤條條坐在椅上，說道：「這沒福的奴才，當日要好好的依從我，何等不妙，今日一般的也被我弄了。」

《品花寶鑒》第十九回，紈絝子弟奚十一對相公行強時竟然還用到了器械。

他有個木桶，口小底大，洋漆描金的。裏頭丁丁當當的響，倒像鐘的聲音。上頭有個蓋子，中間一層板，板底下有個橫檔兒，外頭一個銅鎖門，瞧是瞧不見什麼。他看上了那人，要是不順手的，便哄他到內室去瞧桶兒。人家聽見裏頭響，自然爬在那桶邊上瞧了。奚十一就拿些東西，或是金銀錁子，或是翡翠頑意等類，都是貴重的東西，望桶裏一扔，說你能撿出來，就是你的。那人如何知道細底，便伸手下去。原來中間那層板子有兩個孔兒，一個只放得一隻手，摸不著，又伸下那隻手。他就拿鑰匙往鎖門裏一撥，這兩隻手再退不出來，桶又提不起來，鞠著身子。他就不問你願不願，就硬弄起來。要他興盡了才放你，你叫喊也不中用，已竟如此了。即放開了，也無可如何。

十、女性

豔情小說中的性主要是與欲連接，重點並不在情。就同性戀而言，有此行為的女性本來比男性更重情的，可在小說當中，這些女子的追求更是圍繞著「慾」而展開。對於她們而言，同性性行為只是一種暫代，是男人不得與交時

的不得已而為之。《杏花天》第六回：

> 這珍娘被玉鶯說的淫火大熾，戶內粘津滑滑滾流。玉鶯亦不言
> 其人姓名，講的自己情興焰熾，陰中騷液汪汪。恨不得奔出書房，
> 摟著悅生肏入牝內。二人淫興大動，珍娘道：「丫頭，都是你來。我
> 苦守一年多不動情，被你今日把我芳心引動。」玉鶯道：「我們兩人
> 摟著弄弄，何如？」遂爬上珍娘身上，珍娘兩腿分開，你顛我迎。
> 兩美火盛情湧，磨磨擦擦，哼哼叫叫，齊齊急了一身香汗。兩人酥
> 軟爽快而倦，下身並枕而睡。

《春燈鬧》第三回：

> 你道是什麼東西？原來是一根煮熟的胡蘿蔔，約有八寸餘長。
> 一般樣也把腳兒蹺起，雙手捏著蘿蔔，急急抽送。正在爽快之處，
> 不堤防靈芸忽地伸手摸進，忍不住笑道：「歪剌貨兒，這時候怎不睡
> 著，反來與你老娘廝混。想你聽著那廂弄得高興，也有些熱不過了。
> 快些扒上來，待老娘與你射一個快活的。」靈芸也不回言，急忙鑽
> 進被內，便把兩隻腳兒高高豎起，憑著老婆子把那蘿蔔塞進牝戶，
> 霎時間就有一千餘抽。靈芸覺得酸溜溜，癢希希，十分有趣。連聲
> 喚道：「俺的親親媽媽，快把那蘿心肝射死了我罷。」老婆子聽見她
> 淫騷愈發，也顧不得手腕酸軟，便又著著實實抽了一會。隨後靈芸
> 也與宣嫗弄了更餘天氣，方才住手。

《姑妄言》卷之八：

> 一日他偶然過去，見有許多黃燭，是阮大鋮買來熬暖臍膏用的。
> 他心有所觸，拿了一塊到自己房中，用火烤軟，搓了一根圓棍，晚
> 間睡下拿來消遣。過了幾日，覺得短細，遂漸加添，極粗極大，盡
> 陰門容得下而後止。把一個嫩而且緊的物件，弄成了個寬大無〔比〕
> 的東西。雖覺出進有些意思，但他生得嬌軟，手腕未免酸痛，不能
> 長持。那待月是他貼心的牽頭，竟叫他同臥，將燭棍用帶子束住，
> 繫在腰間，同他交媾。他也繫了，同待月戲耍。兩人也不像主婢，
> 竟似一對雌夫妻一般恩愛。

有時同性歡好是一個開路的引子，女子情慾被勾起後她便不再拒絕男子
了。《巫山豔史》第九回：

> 兩個並頭睡下，素英戲道：「嫂嫂，你這兩日花星照命，我若也

變做了男子，不枉今宵同衾共枕一番。」一手勾了月姬的粉頸，一手伸去摸他陰戶。但覺光軟如綿，好似出酵饅頭一般，挖個指頭進去探探，緊暖柔膩。素英道：「果然有趣！妙得緊，怪不得男子愛他，我也動情起來。」月姬笑笑，也伸手摸他小牝兒。素英將手掩定了，不容他摸。月姬頑道：「我偏要摸一摸兒。」素英被強不過，只得放開手，任他撫摩。月姬嘖嘖稱讚道：「好東西！生得豐隆光潤，柔滑如脂，不知那個有福郎君來享用哩！」月姬一頭笑，一頭扒上身邊道：「我的親小姐，你動也不要動，待我弄你一個爽利。」遂腿壓著腿，不住的亂迭。素英笑罵道：「好個浪淫貨，這樣騷得緊。」口內雖如此說，下面不知不覺也有些發作，微微流出水來，默默暗咽涎唾。月姬知他已動情上鉤，輕輕咳嗽一聲。李芳在箱中，聽得咳嗽暗號，輕輕頂起箱蓋，鑽將出來。悄悄走到床邊跨上去，伏在月姬背後。月姬驀地裏掇起素英兩隻小小金蓮，笑說道：「待我做個故事，與姑娘耍一耍。」此時素英已調得心內火熱，神魂無主，憑他做作。月姬挽手，扯過李芳，貼近身來。李芳亦興動多時，不管生熟，挺著陽物伸將過去。……

《姑妄言》卷之五中的情節更曲折，素馨為了促成姚步武與桂氏之合，先去引動桂氏的兩個丫鬟，再引桂氏：

這日晚間，素馨上來，在西間屋裏同香兒、青梅在一床睡。三人睡了一會，香兒笑問他道：「你來同我們受這孤淒做甚麼？」素馨道：「我可憐見你們這些時熬狠了，來同你們樂樂，消消你們的火氣。」香兒笑道：「你的同我的一個樣兒，你還要人替你消火呢，怎麼替我們消法？」素馨道：「我自然有個道理。」就伸手去摸香兒的陰戶，拿個指頭伸進去替他摳挖。香兒笑道：「這個消法我自己會，不勞你教，摳得有甚麼趣？」素馨拿出手來，道：「有，做個有趣的你試試。」遂爬起身，將他屁股墊高，上他身來，牝蓋對牝蓋一陣撞，撞得瓜答瓜答的響。又合著一陣亂揉，揉得那香兒淫心如醉，嘻嘻的笑道：「不好了，我的裏頭難過，你下來罷。」素馨那裏聽他，揉了多一會。香兒情急得很了，一把摟緊他，乖乖親親的亂叫。也就渾身一麻，陰中流出許多清水，盡著笑個不住。素馨又爬到青梅身上，青梅看了香兒的樣子，急得淫水直流。見他上身，兩

足高蹺，抱住了他，親哥心肝叫得震耳。他三人嘻嘻哈哈頑到三更方歇。

且說那桂氏一覺睡醒，忽聽得西屋裏嘻笑之聲。側耳靜聽，只聽得說笑，又聽不出說甚麼。心中疑道：「這丫頭們有何樂處，這般歡喜？」猜測不出。次早起來，眾人都在房中伺候。桂氏問道：「你們昨夜做甚麼來？笑一陣說一陣，吵得我半夜睡不著。」香兒、青梅都望著素馨笑，素馨也笑。桂氏道：「問你們話不答應，齜著牙笑甚麼？」香兒指著素馨道：「是他做的事，奶奶只問他。」桂氏問素馨道：「你做甚麼來？」素馨正要引誘他，就笑著說道：「我昨晚同他兩個睡著，他們久不見二爺的那東西了，心裏火發得很，求我替他們毁毁火。他們受用得很了，所以歡喜得那樣笑。」桂氏問香兒道：「他怎麼樣的來，你就這樣受用？」香兒道：「奶奶理他嚼蛆。他壓在我身上，拿他的對著我的一陣混揉，揉得好不難過呢，有甚麼受用？」素馨道：「沒良心的，要不受用，你怎抱著我心肝哥哥的叫？你若沒有快活，你就賭個咒？」桂氏笑道：「你當真快活麼？」香兒道：「那是被他揉得心裏火起，情急了，也就渾身麻一下，是有的。」桂氏又問青梅道：「你呢？」青梅谷都著嘴道：「他兩個騷得很了，輪流著一個按著我，一個揉我。也沒有受用，也沒甚快活，揉了半夜，蓋子都揉腫了，這會兒還疼呢。」香兒笑道：「你沒有快活，你屁股底下那褥子上濕了有冰盤大的一塊，那水是那裏來的？」大家笑說了一會。

桂氏一個二十多歲的少婦，當日同姚澤民沒有一夜不弄，如今成幾個月才弄得一次，已情極難堪，但說不出口。今聽了這一番話，那裏還忍得住。到了下午，丫頭們都不在跟前，只素馨在傍。桂氏低聲笑向他道：「今晚你到我房中來上夜。」素馨知他是要試試的意思了，心中暗喜，偷空去約了姚步武。到晚間，桂氏叫三個丫頭都在西屋去。素馨抱了鋪蓋來春凳上鋪了，伏侍桂氏上了床。他吹了燈，又道：「我去看看院子門關好了沒有。」出去暗暗將姚步武帶進房中，在他鋪上睡著。他剛把衣服脫完，聽得桂氏道：「素馨你來。」他忙走到前，彎腰悄問道：「奶奶說甚麼？」桂氏笑著道：「你昨夜同他們怎麼弄來？」素馨趁著話頭，便爬上床來，道：「我來同奶奶

頑頑。」遂去摸他，已脫得上下無絲。素馨就伏在他身上，對著揉
起來。揉了多時，揉得他心如火燒，淫水直流，嘴裏哼聲不絕。知
他難過得很了，說道：「奶奶不要動，我撒脬尿來，包你弄個如意的。」
遂下床來，拉著姚步武，推他上床。姚步武一翻身上了肚子，將鐵
硬的陽物一送到根，大抽起來。桂氏正然難過，等他來揉，不想一
個又粗又長的東西送了進去，又驚又喜。急用手一摸，竟是個男
人。……

而如果勾引者是一位兩性人，則她自己也就兼具了男性的角色，行起事來
好不方便容易。《姑妄言》卷之十八，道姑本陽與尼姑崔命兒在一起閒談，本
陽道：

「我出家這幾年，雖不曾遇著男子，常同婦人們在一處閒話。
俗語說，三個男人沒好話，三個女人講屄話。他們這個說男人的物
件有多粗多大，那個說有多長多久。我想若遇了這樣東西，也不枉
失節一場。那心只一動，那裏還按納得住？到了萬分忍不得的時候，
尋女伴中兩陰相合，扇打一會，人叫做磨鏡子，將就解解罷了。」
命兒道：「男女幹事，全要那物件放在內中才有樂趣。女人對女人，
光撻撻對著撻撻光，有甚妙趣？」道姑道：「師太，你沒有做過不知
道，怎麼沒有趣？我覺得做起來，比那沒用的老頭弄的還受用些。
你這麼一想便知道了：婦人對婦人雖少了那件東西，都精壯有力，
亂揉亂揉還有些樂趣。你不信，我同你試試看，你嘗著了這樂趣，
才知道妙處呢。」

那崔命兒一個少年寡婦，他是沒奈何出了家，那一日一夜不想
此道。今聽了道姑這些話，火已動到十分，卻不好應他。只笑著道：
「我到底不信這事有趣。」那道姑見他雖不應承，卻是也想試試的
口氣。先自己脫光，鑽了到他的被窩，就替他褪褲。那命兒也不推
辭，笑著任他脫下。他一翻身上來，兩件光撻撻的東西對著扇打一
會。那道姑亂拱亂聳的，引得那命兒陰中淫水長流，叫道：「不好了，
裏頭難過得很，你下來罷。」他道：「不妨，等一等就有好處。」他
不扇打了，對著陰門一陣揉，揉得那命兒春心蕩漾，意亂神迷。正
在難過的時候，忽覺得牝戶中有個極粗極大、又硬又熱的東西塞得
脹滿，且頂在一個樂處，妙不容言。心中動疑，忙用手一摸，卻是

那道姑胯中一條肉根。才要問他時，被他出出進進，橫舂豎搗。命兒從來沒有經過這樣美事，連哼還哼不過來，那裏還顧得說話，被這道姑足足弄了有半個更次。命兒也丟了有四五回，方歇住了。

有的女子並不存在可能會拒絕男子的情形，這時同性歡好的目的是錦上添花，是為異性歡好增加情趣。《浪史》第三十九回：

> 一日正是暮春天氣，不涼不熱。至晚，安哥春色困倦，脫了衣服，蓋著被，已先睡著。文妃揭開帳幔，輕輕的去了被兒，只見雪白樣可愛的身兒。便去將一個京中買來的大號角帽兒，兩頭都是光光的，如龜頭一般，約有尺一二長短。中間穿了絨線兒，繫在腰裏，自家將一半拴在牝內，撲蓋上去，輕輕插進安哥牝戶中。叫丫鬟吹滅了燈燭，盡力抽迭。安哥夢中驚覺，口中罵道：「浪子臭王八，你兀的賣夜劫人。」文妃也不應聲，只管搯住，一面親嘴，一頭抽送。兩個俱各動興，弄了一更。浪子叫小丫鬟，拿著燭兒揭開帳幔，安哥方知是文妃，道：「妹妹，你莫不是奪吾風情？」文妃搯定，將安哥腮邊一口，道：「心肝兒子。」安哥笑道：「兀的倒是你，弄得我好也。你是女人，倒像得男兒好。」文妃拖著浪子道：「你如今真浪子去毬他一會。」浪子便與安哥兩個大戰。……

文中角帽兒也就是狀似男子陽物的角先生，分為雙頭和單頭兩種。前者用於互慰，如文妃與安哥之所為。後者既可用於自慰，也可以由旁人來操弄。《姑妄言》卷之十三：

> 他二人拉著手往後邊去了。鐵氏睡了一會，一時口渴要茶吃，叫了幾聲丫頭，不見答應。只說他們去偷睡，遂起身到後邊來。聽見屋裏哼哼唧唧聲喚，悄悄一張，原來兩個丫頭學主人主母的樣子呢。葵心仰臥著，兩腿撦得開開的，蓮瓣坐在傍邊，抱著他一條腿，一隻手拿著那中等先生，在那裏一進一出的搗，是葵心口裏哼。那鐵氏忍不住笑道：「小淫婦們也會這樣作怪。」那蓮瓣聽了主母聲音，連慌把那個角先生往葵心的花心裏一插，起身跳下床來。忘記了他那蓮花瓣中也有個小先生在裏頭，「唧」的一聲，像燈節放賽月明似的，冒了老遠。那葵心也一翻身，才要爬起，他那葵花心內的先生也是「唧」的一聲冒了出來。他二人嘻嘻的笑，連鐵氏也笑得東倒西歪。

回房中來，心中有些興動。見他兩個在跟前，叫他關上了門，上床脫光。叫丫頭也脫了上床，一個人抱了一隻腿，各伸出一隻左右手，拿著大小兩個角先生，前門用大的，後戶用小，弄將起來。用手拿著更覺有趣，比童自大拴在腰中弄法更好。要深就深，要淺就淺，要高就高，要下就下，恣自家心中所愛，只須一言，丫頭自然奉命。把他二人的手腕幾乎累折，那鐵氏也幾乎樂殺，興盡而止。自此以後，把這兩個丫頭倒像活寶一般疼愛，興之所至，就叫他二人來殺火。把童自大倒似有如無，他弄也罷，不弄也罷，不似當日拘管，把那前番非打即罵的樣子全盡蠲除。

文中鐵氏是童自大之妻，河東吼婦，為所欲為。她讓兩個丫頭用角先生來性慰，同性戀的色彩其實是比較淡薄的，倆丫鬟的妙手就像是靈巧的抽推工具，童氏的快樂感受主要是來自於她的「先生」。

明清豔情小說裏的色情內容有其誇張之處，實際生活中的人們大多無法做到或不想去做。但它確實描述出了一個「理想」的狀態，這時人的性需要可謂予取予求，得到了最充分的滿足。此種狀態最突出的特點之一是異性戀和同性戀的兼容性。大多數的豔情小說是以描寫異性歡愛為主，不過同性歡愛能夠很自然地雜處其間，其中人物兩性兼愛，這是性慾得到最充分滿足的一個典型表現。而就同性歡愛本身而言，生物個體古今無異，同性性行為的基本樣式無非就是口交、肛交。不過，包括明清時人在內的古人不大使用工具和藥物，虐戀很是罕見。就此而言，古人的同性歡愛比較接近自然，比較溫和。不像今人，工業和信息文明給人帶來了巨大壓力，同時也增強了人的自主意識。他們需要更徹底的釋放，更極致的體驗，於是他們借助外物，或者把痛苦當成了快樂之源。

明清豔情小說中的雙性戀

按照臺灣大英百科股份公司《思無邪彙寶》的選書標準，明清豔情小說目前存世的有五十種左右。內容描寫雖然是以異性戀的性愛情慾為主，不過大多數作品也都寫到了同性戀，《宜春香質》、《弁而釵》、《龍陽逸史》三種更是基本上專寫同性戀。從中可以看出，當時同性戀和異性戀的關係是比較協調的，兩者時常會結合在一起，表現為適應良好的雙性戀。

可把豔情小說中的雙性戀者分為五類人物來談。

（一）同性戀少年

按照現代的一般認識，一個人少年時代同性戀心理的萌發、同性戀行為的發生幾乎也就注定了他以後對同性戀的專嗜。而在明清小說當中，少年時的同性戀經歷卻成了以後異性戀行為的啟蒙和先導。《姑妄言》卷之二十一：「毛羽健幹慣了後庭，頗知交合的奧妙，溫小姐因此將就罷了。」《春燈鬧》第一回：「文繡年紀雖止十三，卻因平日間被人刮那後庭花，是個弄慣的。也即伸手撢著靈芸的牝戶，嘻嘻笑道：『姐姐莫非要入秵麼？』」《濃情快史》第二回：「三思專與人插後庭花慣的，這些風流法度，都在行了。」按上所寫，同性性交首先是性交，同性性經歷會歷練人的性能力，激發人的性渴望，進而讓人去進行異性性交。

（二）身份低下的被動者

這主要是指家內的寵僕，他們與家主具有同性戀關係，可以穿房入室，進出無忌，因此有較多機會可以和家主的妻妾接觸。這些妻妾因丈夫另有他愛而感到孤寂，尋找到的慰藉之人卻是丈夫的男寵。《姑妄言》卷之八，郟氏、愛奴分別是阮最的妻子和龍陽。郟氏曾想：「他既寵幸得小子，我也可以寵幸得。此處無人敢來，除此小子之外，也再無可幸之人，我便幸幸也無防。」愛奴曾想：「婦人此竅津津有味，覺比我們臀後的窟味似甚美好。若美人的，自然更佳了。怎得嘗一嘗奶奶的妙味，也不枉一場相遇。」兩相有意，自然能夠成事。《別有香》第十回：「黎氏道：『我想你爹不仁，誰道他歪得我歪不得的？我愛你甚伶俐，我擡舉你，你把爹做的樣子，做一個我看。』半兒做□龍陽，久想此味。聽了這話，心下快活得緊，忙跪下叩一個頭道：『娘恕半兒無禮。』就鑽到床裏，竟將黎氏兩足呈起，下就把那莖搗將入去。」家優是特殊的一類家僕，專門為主人提供聲色之娛，也就更易得到各方的愛寵。《姑妄言》卷之七：「牛質心愛的一個戲旦，叫個胡可慍。他不在戲班中算的，只自己家宴，偶然叫他唱幾句。養在內書房中，竟作個婦人妝束，金簪珠墜，儼然一個女子。苟氏時常見他唱戲，恨不得撢到懷中，一口水吞他下肚。」後來苟氏果將胡旦「吞下肚」裏，給牛質生下了一個小胡旦。

而如果家主生性「曠達」，他會允許乃至鼓勵妻妾與寵僕的超常關係。《浪史》當中，浪子娶文妃為妻，以陸姝為男寵。他曾對陸姝講：「他是吾妻，你

是吾妾,瞧也不妨。你這個好模樣,就要幹他,吾也捨得與你。」〔註1004〕陸妹感激不盡,得與文妃交接。事後浪子又對文妃講:「陸妹便是我妾,你便是吾正夫人。三人俱是骨肉,有甚做人不起?」「你便恁地容我放這個小老婆,我怎不容你尋一個小老公?」〔註1005〕自後陸妹便稱浪子為哥哥,文妃為嫂子,三人同眠同食,不拘名分。

(三)身份平等的被動者

在有些同性戀中,主動方與被動方的身份相同,但由於年齡、性格、財富等方面的差異,雙方關係仍不平等。尤其在性關係當中,固定地一方是充當插入者,一方是充當被插入者。不過被動方的身份地位高於寵僕,因此他們與主動方妻妾的通情在一定意義上更易實現。《繡榻野史》卷之一,有一天東門生和契弟趙大里在書房說起幹婦人的趣向,(圖371)大里極贊嫂嫂的標緻,東門生笑道:「阿弟道他美貌,怎麼不眼熱呢?」大里回:「親嫂嫂便眼熱也沒用。」東門生道:「我肯,有甚麼難。當初蒼梧饒娶了老婆,因他標緻就讓與阿哥,難道我不好讓與阿弟麼?」大里大喜,表示:「哥有這樣好心,莫說屁股等哥日日戲,便戲做搗臼一般術直,也是甘心的。」是後東門又對妻子金氏講:「他和我極好的,你是我極愛惜的,你兩個便好好何妨?」有這樣寬宏大量的契兄、丈夫,大里乃與金氏通好,還順便嘗到了丫環塞紅、阿秀的滋味。

有時被動方在與主動方成交之前先已看上了對方的妻妾,這時他會很容易地答應對方的要求,以便達到自己的目的。《怡情陣》第六回:「你道井泉為何來得這快順溜呢?〔原來〕這藍應賢前年打浙江杭州府買了樂戶人家一個未破瓜的處子,名叫玉姐。年方十八,生得沉魚落雁之容,閉月羞花之貌。井泉聽得這個消息,正無門可入。如今見有一著屁股絞鬧,正中其意。心裏又說道:『我憑著這個破腔,倘或換個毬弄弄呢,也好造化呢。』」甚至有人原本不解男色,可為了與情人相聚,便不惜獻出後庭。《春燈鬧》第二回:「真生一見子昂歸信,慌忙問計惠娘,要尋一個久遠之策。惠娘道:『妾夫癖性,酷有龍陽之好。今以君之容色,溫然如玉,十倍於妾。假使姚郎得見,必然喜悅。得其所愛,而後與妾相親,誠為易易。但恐郎以貴體自珍,未必肯為狂夫所染。』真生聽說,不覺面色漲紅,沉吟半晌,慨然答道:『若得與卿綢繆無間,區區

〔註1004〕《浪史》第二十八回。
〔註1005〕《浪史》第二十九回。

鄙質，何所愛惜？』遂即商議停當。」

　　而如果主動方對於自己妻妾的獨佔性較強，這時被動方的私通行為便只好偷偷進行了。《濃情快史》第六回：「只因老白好小官，把前妻活活氣死了。娶宜兒在內料理，也為老白房事稀疏，便搭上了六郎，早已有兩年多光景了。〔每當〕宜兒打聽得丈夫或是有酒或是拜客，〔便〕著一個小丫頭約他，六郎便潛入內房暗地取樂。所以這六郎連自己家裏，再不甚回去的。」也有主動方中間愧悔的。《桃花豔史》第五回：「白公子見姜夠本雙手摟著他兩個婆子，百般羞辱，如玩娼妓一般。淫心頓熄，良心發現，暗暗的自己叫道：『白守義！你為何因好男風，將一家之人盡被這小苦瓜淫污。雖然圖一時之樂，日後必然敗壞我的門風。』」公子乃把姜夠本騙出殺死。

（四）主動者

　　主動者和被動者相依而存，在談後者時前者的情況也已進行了反映，這裡可以再談 3 點。

　　1. 有些主動者在酷好女色的同時會把身份低下的被動者當作臨時的泄欲工具，以供暫時無女時的救急之用。《別有香》第十回：「鍾生有二僕，一名報兒，一名捷兒，俱年十五六，生亦嬌媚。館中聊寂，將來泄火，即所謂弄臣也。」一日鍾生與月惜小姐歡會後第二天才能再見，可慾火尚熾，「喚報兒，報兒不應。喚捷兒，捷兒不應。生急得緊，親自走出，一手扯一個，將他兩個扯到書房裏，道：『俱靠倒。』只見他兩個各自解了褲，各自抹些唾在屁孔裏，一齊靠倒。鍾生把這兩個小廝，足足弄了兩個時辰，丟手歡道：『怎如那乖乖（月惜）的軟糯糯、香烘烘那件東西！』」《金瓶梅詞話》第七十一回，一次西門慶帶著小廝王經等進京營幹，夜宿無聊，「晚夕令王經拿鋪蓋來，書房地平上睡。半夜叫上床，脫的精赤赤，摟在被窩內。兩個口吐丁香，舌融甜唾。正是：不能得與鶯鶯會，且把紅娘去解饞」。

　　2. 有的主動者對於女色興致不高乃至於沒有興致，這時他會把妻妾當作誘餌，讓她們去引誘美男上鉤。美男通常酷好女色，被誘之後因能與對方妻妾歡會便也能夠接受現實。《鬧花叢》第六回，陳次襄在新婚之夜獲知了妻子瓊娥與秀才龐文英的姦情，他不怒反喜，讓瓊娥寫信邀請文英。「寫畢，次襄展開一看，便大笑道：『我未與他弄上手，你字中又屬意於他了。也罷，我陳次襄天生一件毛病，不喜女色，專戀龍陽。你若代我哄得到手，任憑你們便了。』」幾天後文英來訪，次襄夫婦盛宴款待，乘其醉酒而姦之。文英醒來大怒，這時

瓊娥獨至，二人成歡。「瓊娥嬌聲問道：『若乃踐踏至此，不識可以償拙夫之罪乎？』文英笑道：『卿既納款於我，我當姑恕其罪。』」當然，喜好女色的主動者也會以此方式去誘惑美男。《姑妄言》卷之十八，家財萬貫的司進朝看上了美少年富新，便把他請到自己家中讀書，又讓丫環雨棠、雪梅去色誘。「雨棠道：『你若肯依從了，不但我二人屬了你，我家奶奶同兩位姨娘都有絕世之容。你若做了我們主人的外眷，我二人替你做個紅娘，引誘主母、姨娘。他們若見了你，焉知不做了你的外室？』富新想了一想，實在心裏忍不得了，說道：『罷！講不得為你兩個，我捨了身子罷。』他兩個見他依允，心花俱開，跑去向主人報功。司進朝歡喜欲狂，忙走進，向富新深深一揖，道：『蒙賢弟厚愛，生死難忘。』富新紅著臉笑道：『弟不惜賤軀以奉兄，兄亦當以此二美贈我。』司進朝忙道：『賢弟若愛，我何敢惜。』」

3. 有的主動者會用「柳穿魚」的方式來最大限度地滿足自己的情慾。柳穿魚是指一種雜交的方式，其間主動者、被動者、妻妾女婢共臥一床，交互淫媾，花樣之多自可想見。而最基本的方式則是被動者與女子陰道交，同時主動者與被動者肛門交。《繡榻野史》卷之四：「金氏拍了腳仰睡，就有些騷水流出，大里捏鼀便戲。東門生扒在大里背上，忙叫慢動。就將金氏流出許多滑涎擦在屁股邊，把鼀直聳進去，大家搖弄。」（圖 372）《鬧花叢》第六回：「又見其妻雙手扳了文英的屁股，亂顛亂聳，口裏無般不叫。正在看得火動，次襄也不由分說，竟扒上床去，將文英大便處一頓亂頂。文英不勝退縮，直至抽弄移時，略堪承受。三個一串撞起，足足兩個時辰，恰才休歇。」它書如《春燈鬧》、《姑妄言》、《桃花豔史》、《怡情陣》、《歡喜緣》等也有相似情節，其中《怡情陣》第十回有三男四女，《歡喜緣》第十回有三男六女，進出變換，人成了性交的永動機。

（五）關係平等者

這樣的同性戀夥伴在各方面都較平等，尤其在性關係中，雙方角色可以互換。而同性戀的同時，他們還會進行異性戀。《別有香》第十回，報兒喚捷兒來偷窺鍾生與月惜的歡會。「看到那月惜豎起腳來，露出那話兒。報兒高興得極，對捷兒道：『阿弟，做你不著，借我後庭花用用。』忙扯下捷兒的褲子，拍開他屁眼，吐些津唾在內，就插將入去。……捷兒見報兒了事來張，也忙去扯退他褲子，那裏有工夫抹津塗唾，把那硬膫子就向裏頭一搠。」這兩個小廝在一起「翻燒餅」，卻是受到了男女性事的刺激。

　　上述幾類同性戀人物的雙性戀許多都是發生在家庭之內。此種現象不難理解，因為以異性戀為主的豔情小說其基本內容就是一個個放蕩的主人公如何以各種方式去滿足自己無饜的慾望。因此，家庭必然是小說中的核心場景，男主人在正妻之外要不斷物色新的對象，擴大家庭的規模。或者也可以說，豔情小說就是一夫多妻制下男性家主生活狀態的一種寫照。他們既要異性戀還要同性戀，並且經常是讓後者在家庭的範圍內存在，必然會使兩種性戀交合在一起，難解難分。

　　當然，家庭之外的男風同性戀其實也是很豐富的，這樣的同性戀與家庭並無直接的聯繫，例如發生在市井、學堂當中以及買賣性質的同性戀等：

　　《繡榻野史》卷之三，趙大里除了東門生還與他人有染，其母麻氏對東門講：「近來我兒子新搭上兩個光棍，一個是瓊花觀前姓常名奮，人都叫他做越齋，專好小官。一個是迷樓腳邊金巡漕的公子金蒼蠅，人都叫他做隘宇。想必是這兩個光棍哄去了。」

　　《妖狐豔史》第一回：「這江西地方是個淫蕩所在，時常同學之中大學生弄小學生的屁股，小學生吹大學生的肉笛，那裏有許多的工夫去念詩云子曰呢？所以男風洋洋，泛濫無阻。」

　　《姑妄言》卷之六：「他這崑山地方，十戶之中有四五家學戲。戲子中生得面目可憎者，只得去學花面。不但怨天恨地，又怨妻子陰戶不爭氣，不得個標緻子孫為掙錢之本，將來何以存濟。若稍有面目可觀者，無不兼做龍陽。」

　　而既然談到了與家庭、異性戀關係較遠的同性戀，最應關注的當然是《宜春香質》、《弁而釵》和《龍陽逸史》這三部同性戀小說。三部小說描寫了各種各樣的孌童小官的面貌，這些小官有的明言賣身，就是一些男妓。《弁而釵》情奇紀第一回：「此南院乃聚小官養漢之所。唐宋有官妓，國朝（明朝）無官妓，在京官員不帶家小者，飲酒時便叫來司酒。內穿女服，外罩男衣，酒後留宿，便去了罩服，一如妓女。」有的小官以陪侍為名目，實際也是賣身。《宜春香質》風集第二回，孫宜之請箆頭王三為自己找一位大老官，王三應道：「有一相公姓王名仲和，字謙又。開羅段店在閶門，要尋一個讀書的陪伴要子，又要標緻，又要未冠，又要有才學的。孫相公去，卻不是極合套？」孫道：「我就同你去，他若要我，便隨他去走一遭。」謙又見到小孫後甚為滿意，如獲珍寶。「次日登舟，望杭州進發，一路吟詩吃酒肏屁股，好不快活。」

　　由於《宜》、《弁》、《龍》三書的內容描寫側重於同性性交易，因此，家

庭、男女都只是書中的一些背景因素。不過從這些背景可以看出，同性戀中的買者和賣者對異性戀都無抵拒，他們已經或終究是要娶妻生子的。像南院中的嫖客多是一些未帶家眷的京官，他們把嫖小官當成了嫖娼妓的替代，小官甚至衣著舉止都在模倣妓女。再如孫宜之已被王謙又包養，可在杭州他也曾結識妓女，並且生有一子。但是，這些同性戀者的異性戀並不像《繡榻野史》、《浪史》中的異性戀那樣表現為家庭之內男女性關係的複雜混亂，這種同性、異性戀相對分離的雙性戀和前面兩相糾結的雙性戀合在一起，構成了明清豔情小說中男性雙性戀的整體。

明清時期的雙性戀顯然是宗法等級制的男權社會的產物。在這樣的社會中，上層男子有便利的條件可以女色、男色同時享受，所謂水陸兼行、南北皆好。在他們的眼裏，色不分男女，同性戀缺乏獨立存在的價值，簡直就是異性戀的一個獨特分支。而這在發生原因上可以說明的事實是：同性戀在相當程度上是一種文化的產物，是能夠後天習得的，人的性戀心理是有相當可塑性的。現代認識則與此有異：當前社會強調同性戀與異性戀的差別，傾向於在兩者之間進行明確的劃分。究其原因，一方面，現代社會是絕對先天型的同性戀在代表同性戀發出聲音，不斷強調的是同性戀者性取向的單一性。另一方面，男尊女卑、一夫多妻制已被男女平等、一夫一妻制所取代，從而已婚者的同性戀不再可以少受羈絆。這樣一來，雙性戀受到了同性戀和異性戀的雙重反對，只能是偷偷摸摸地苟且容身。但不論如何，古代的事實表明，同、異諧和的雙性戀確實是存在的，而且它的存在範圍也是可以比較廣泛的。

下面再談一談女性雙性戀的一些情況。

男性雙性戀者的同性戀離不開性，不過也能反映比較複雜的人際關係和感情體驗。相較之下，豔情小說中女性雙性戀者的同性戀則是性的色彩過於明顯，可看幾個方面的表現。

（一）為男女歡會做鋪墊。《僧尼孽海·西天僧西番僧》寫有一種「魚游勢」的性交方式：「用二女一仰一偃，如男女交合之狀。男子坐看二女之動搖，淫心發作，便即仰臥。任二女自來執莖投牝，津液流通。」此二女是在「磨鏡」，這是女性同性戀最基本的性交方式，不過此處磨鏡的目的卻是為了激發男女之間的性趣。《浪史》第三十九回，浪子的兩位夫人文妃、安哥使用了假具角帽兒：「文妃將一個京中買來的大號角帽兒，兩頭都是光光的，如龜頭一般。中間穿了絨線兒，繫在腰裏。自家將一半拴在牝內，撲蓋上去，輕輕插進

安哥牝戶中。安哥夢中驚覺，兩個俱各興動。」這時浪子來至床前，見二人風騷已極，便展開了一場浪戰。

（二）受到男女歡會的刺激而兩女歡會。《春燈鬧》第三回，丫環靈芸偷聽真生與惠娘的淫事後心中火發，見同屋宣嫗在用蘿蔔自慰，便「鑽進被內，把兩隻腳兒高高豎起，憑著老婆子把那蘿蔔塞進牝戶，霎時就有一千餘抽。靈芸覺得酸溜溜、癢希希，十分有趣。隨後也與宣嫗弄了更餘天氣，方才住手」。《杏花天》第六回，玉鶯在珍娘屋內談說自己與人偷歡的樂趣，「珍娘被說的淫火大熾，玉鶯亦講的自己情興焰熾。二人淫興大動，玉鶯道：『我們兩人摟著弄弄，何如？』遂爬上珍娘身上，你顛我迎，磨磨擦擦，齊齊急了一身香汗」。

（三）二女成事之際一女忽變為男。這可分為兩種情況，一是男扮女裝，《歡喜冤家》第四回，遊販「丘媽」為了把丈夫居官在外的莫夫人騙到手曾對她講：「我同居一個寡女，是朝內發出的一個宮人。她在宮時，內宮中都受用著一件東西來，名喚『三十六宮都是春』，比男人之物，更加十倍之趣。各宮人每每更番上下，夜夜輪流，妙不可當。他與我同居共住，到晚間，夜夜同眠，各各取樂，所以要丈夫何用？我常到人家賣貨，有那青年寡婦，我常把他救急，他好不快活哩！」莫夫人聽後心動，便請丘媽和自己同睡。一番撫弄之後，所謂「三十六宮」卻是活生生的一根陽物，兩人遂相姦通。另一種情況是男子暗中替換女子，《一片情》第九回：「余娘去了衣服上床，索氏吹了燈，同強仕卸了衣裳，摸上床來。索娘把余娘腳兒掇起，把個身子橫跨余娘腹上，道：『〔假具〕塞進來了。』強仕貼在索娘背後跪著，聽他說，便把膁子插入去。⋯⋯余娘見兩人做作，豈是不知？於是三人一同睡了。」

（四）因寂寞難耐而為之。不論深宮還是深閨，怨婦曠女都是普遍存在的，暫消怨曠的方式之一是兩女互慰。《海陵佚史》上卷，昭妃阿里虎被海陵王冷落後「憂愁抱病，夜不能眠」。侍女勝哥於是買來一件假具，「以絨繩如法繫於腰間，挺其腰而進之。阿里虎情若不足，興更有餘，抱持勝哥曰：『汝真我再世夫妻也。』嗣是與之同臥起，日夕不須臾離」。《浪史》第十一回，紅葉是俊卿小姐的丫環，一夜二人同床合被，談說心事。「俊卿道：『紅葉，你知我心病麼？』紅葉道：『怎的不知。如今年紀漸大，沒有一個男子陪伴。』兩個言言語語，惹得俊卿心癢難熬，道：『你就作了男子，可上身來。』紅葉應允，就撲蓋上去，把俊卿著實送了一會。引得俊卿心癡意迷，對著紅葉道：『你

可曾得男子滋味麼？』紅葉道：『也曾得來』，『便是相公喜歡的陸妹。』」這主婢二人一邊做著同性戀，一邊卻在想著異性戀。後經紅葉牽線，俊卿與陸妹成歡。

上述女性同性戀的幾種情形都是非自髮型的，或者在為異性戀服務，或者是異性戀的暫代，都可以說明一夫多妻制下明清社會的男權夫權特徵。在這樣的社會裏，男性掌握著絕大部分權力資源，一位男子可以合法地同時佔有多位女子，後者也就不可能獲得充分的男女歡愛。因此，當時婦女經常是由於難以進行異性戀才只好聊且去做同性戀，是不得已而為之，退而求其次。這時她們的注意力是集中在積欲的釋放上，並不想為同性戀做長期打算，投入太多的感情。

再從男性的角度看，既然女子的同性戀活動許多僅僅是暫且為之，為了使一夫多妻的家庭關係得以穩固，適當的寬容就需成為一種必要。他們會認為家庭中的女同性戀不易發展得如何深刻，女同性戀者不易全身心地投入其中以致對男性產生惡感。甚至女子之間的性行為還可以用來激發男子的性慾，這就是《僧尼孽海》中的「魚游式」。在一個明中暗裏一直在宣傳「一夕御十女」的社會環境裏，有些放蕩的家主對於此式是很感刺激的，女人們便就以此去博求男人的歡心，讓同性性行為去充當異性性行為的前戲。她們雖為雙性戀，但其中異性、同性戀顯然不成比例，後者是作為配角而存在的。

當然，雖說明清豔情小說中女性雙性戀者的同性戀缺乏感情色彩，形式也相對簡單，不過女性從中畢竟獲得了慰藉和樂趣，雖非最佳選擇但終究可供選擇。這說明，女性同性戀在相當程度上也是一種文化的產物，是可以後天習得的，它與女性異性戀可以結合為適應良好的女性雙性戀。

明清豔情小說中的同性戀詞彙

明清豔情小說作為催人情慾的文學作品通常使用的都是通俗白話，其中的同性戀詞彙也是這樣，像分桃、斷袖、男風、男色等書面語詞相對比較少見，我們所看到的多是一些當時習用的鮮活的口語詞。

（一）小官

小官的用法與現代小姐的用法非常近似，即在廣義上，它是對少年男子的親切指稱。《濃情快史》第二回：「玉妹看了六郎，道：『好一個標緻小官！得

摟了與他一幹，死也甘心。』」狹義上，小官則是指同性戀少男。《弁而釵》情烈紀第一回：「這首詩，單講一個小官情感知遇，為情而死，真是小官中的情癡。」尤其在好小官、包小官、偷小官、拐小官、刮小官、老小官、做小官、小官出身等固定搭配當中，小官的同性戀性質是相當明確的，並且他們多數都程度不等地帶有一些賣身的色彩。《濃情快史》第七回：「只因老白好小官，把前妻活活氣死了。」《宜春香質》風集第四回：「接子妹、嫖窠子、包小官，無所不至。」《龍陽逸史》第六回：「錢員外是個拐小官的，肯撒漫使錢。」《姑妄言》卷之七：「龍颺這一位老小官（年齡已大的小官），他是賤價就售。雖無銀錢，或有酒食他也樂從。」

（二）大老官

與小官相對應，大老官是小官的買用者。《龍陽逸史》第十九回：「趁著少年時節，不結識得個大老官，賺他些錢鈔，也枉做個小官。」

（三）孤老

孤老意同大老官。《姑妄言》卷之六：「至於後庭主顧，不但新孤老不能相與，就連那些舊相知看見，〔也是〕掩鼻而避。」

（四）牽頭

牽頭是大老官和小官之間的中介。《龍陽逸史》第二回：「相處小官雖是緣分所使，中間也決少不得一個停當的牽頭說合。」

（五）少

意近小官。《繡榻野史》卷二：「東門生自忖道：『這個人頭巾雖戴，像日日作少的。比前我戲時，〔屁眼〕倒寬了。』」

（六）㫰

意近小官，被動、賣身的色彩明顯，可構成：

1. 㫰兒。《宜春香質》月集第三回：「今之㫰兒越貪越爽利。」

2. 做㫰。《宜春香質》雪集第一回：「做㫰的小官，有錢時一樣嘴臉，沒錢時，又是一般嘴臉。」

3. 帽㫰。指不再披髮的㫰兒，意近老小官。《龍陽逸史》第十五回：「近來世務異常改變了，大半作興帽㫰，偏是已冠比那未冠越恁有人作興。」

4. 㫰行。指㫰兒這一行業。《宜春香質》雪集第一回：「他久在㫰行，不肯大醉，恐惹人厭。」

關於要字的讀音和含義，明代成化—弘治間陸容曾謂：「要，音少，杭人謂男之有女態者。」〔註 1006〕可見要字產生在我國南方，它早期的讀音並非同「雞」。也就是說，上面《繡榻野史》中的「作少」其實也可以寫作「作要」。後來社會上出現了「要姦」這個詞，而先前已有「雞姦」，於是「要」的讀音變成了「雞」。明末楊時偉釋要，即謂此字是堅溪切，音雞，「大明律有要姦罪條，將男作女也」〔註 1007〕。至於說要字的讀音為什麼能夠變化這樣大，這是由於它原本是一個地方自造的方言字，而方言的發音相對來講不太規範，有時是可以發生較大變化的。

（七）兔子

兔子是一種陰氣較重的動物，可以用來指孌童小官。《歡喜緣》第五回：「小吳本是我的兔子，你喜歡小吳，我就天天叫他陪你。」

（八）小朋友

在特定語境中是指小官。《歡喜冤家》第十三回：「朱子貴又愛小朋友，相與了一個標緻小官，喚名張揚，年方一十七歲，生得似婦人一般令人可愛。」

（九）小夥兒

在特定語境中是指小官。《濃情快史》第一回：「他賺得些銀子，不是拐小夥兒，便搭識婆娘。」

（十）兄弟

在特定語境中是指同性戀夥伴。《金瓶梅詞話》第九十六回：眾匠人「看見經濟不上二十四五歲，生得眉目清俊，就知是侯林兒兄弟，都亂訝戲他」。

（十一）南北

南與男同音，因此可指同性戀，也可指肛門性交。相應地，北是指異性戀，也可指陰道性交。《龍陽逸史》第十一回：「我一向聞得人說，杭州人是南北兼通的，我們就搬到杭州去。」《女開科傳》第五回：「人生在世，豈無好尚？意南而南，意北而北，任憑那慾魔注定。」

南門、南路可以指肛門，北門、北路可以指陰道。《肉蒲團》第八回：「我身邊現有救急的傢伙，為何不拿來用用。卻丟了不曾上門的南門，去走那已經閉塞的北路。」《弁而釵》情貞紀第一回：「這翰林乃是風月場中主管，煙花寨

〔註 1006〕《菽園雜記》卷十二。
〔註 1007〕《洪武正韻補箋》平聲三齊。

內主盟，而生平篤好的最是南路。」

（十二）水旱

同性性交比較乾澀，故稱旱。異性性交比較濕滑，故稱水。《姑妄言》卷之十六：「他是個淫念極重，水旱齊行的惡物。」《別有香》第六回：「別人好色，或好了水路，便不好旱路。或好了旱路，便不好水路。」

（十三）翻餅兒

指交互進行的同性性交。《別有香》第四回：「近來天道也變了，十二三歲的孩子，慾竇就開，曉得去勒罐兒（手淫）。三四個立將攏來，看那個勒得毬遠，就去背地裏翻餅兒。」翻餅兒也稱貼燒餅。《紅樓夢》第六十五回：「咱們今兒可要公公道道的貼一爐子燒餅。」

（十四）兌換

意同翻餅兒。《姑妄言》卷之十：「他二人時常兌換做那翻燒餅的勾當，所以十分親熱。」兌換也稱兌車。《笑林廣記》卷之七：「兩童以後庭相易，俗云兌車是也。」

（十五）刮童

刮可以理解為刮取、勾誘，刮童意即勾搭小官孌童。《繡榻野史》卷一：「東門生常恨自家年紀小的時節，刮童放手銃（手淫）踈喪多了。」此詞也可以說成刮孌、刮小官。《龍陽逸史》第一回：「俗語有云：緊刮婆娘慢刮孌。」《別有香》第十回：「他括（刮）得小官，誰道我括不得小官的？」

（十六）摁尾等

這是一些方言詞。《龍陽逸史》第六回：「錢員外道：『怎麼叫做摁尾？』章曉初道：『這是我這裡（福建建寧）拐小官的鄉語，就如徽州叫煬豆腐，江西叫鑄火盆，北路上叫糙茱茱一般。』」糙茱茱或作糙秫秫、炒茹茹。《巫夢緣》第二回：「他便罵起來道：『我又不是雇與人家糙秫秫的，這等可惡！』」《繡榻野史》卷一：「原來餘桃是北京舊蓮子胡同學小唱出身，東門生見他生得好，新討在家裏炒茹茹的。」

（十七）疊蓮蓬

這是一個方言詞。《繡榻野史》卷四：「這不是法聰和尚與徒弟疊蓮蓬哩？」疊蓮蓬或作打篷篷、打鬨鬨。《石點頭》第十四回：「那男色一道，從來原有這

事。若各處鄉語，又是不同。北方人叫炒茹茹，南方人叫打篷篷。」《金瓶梅詞話》第五十四回：「賊小淫婦，慣打闤闠的。看你一千年，我二爺也不擸掇你討老婆哩！」

（十八）燒苦蔥

這也是一個方言詞。《金瓶梅詞話》第五十七回：「有個憊賴的和尚，撒賴了百丈清規。打哄了燒苦蔥，咱勾當不做。」

（十九）笪荏子

方言詞。《一片情》第十一回：「羊振玉家中規矩頓忘，笪荏子舊興復發。」

豔情小說的描寫當然離不開性，對於同性性行為，古人的關注重心是肛交，從而形成了一系列的相關詞彙。

（二十）雞姦

《桃花豔史》第六回：「及至吃到二更時候，酒已半酣，康建過來摟住姜大哥，要行雞姦。」

（二十一）蒯腚

《桃花豔史》第一回：「金桃兒在亭子一旁聽了半晌，只當是一男一女在此交媾，那曉得是兩個小畜生在此蒯腚。」

（二十二）賣圈兒肉

《姑妄言》卷之七：「他雖二十多歲，還做賣圈兒肉的生意。」

（二十三）掇箱子

《金瓶梅詞話》第八十四回：「他手下有個徒弟，客至則遞茶遞水，到晚來背地來掇箱子，拿他解饞填餡。」

（二十四）柳穿魚

經常是指兩男一女同床共睡。其中，一男為老官家主，另外的一男一女為小官妓妾。《龍陽逸史》第一回：「衛湘卿道：『既如此，韓相公起來，索性脫了衣服，大家睡做一床，做個柳穿魚罷。』」

（二十五）穀膛瘋

穀膛即穀道也即肛道。有人在肛交行為中是充當被插入的角色，沉溺其中，已然成癮，這被稱作穀膛瘋。《一片情》第三回：「病患穀膛瘋，想其中有疥蟲，令人搔手全無用。想此蟲太凶，非藥石可攻，除非剝兔（陰莖）頻頻

送。」穀膼瘋也稱膼瘋、髒頭瘋，髒或作腸，瘋或作風。《龍陽逸史》第六回：「再過幾年，看看有些膼風發癢，鑽筋透骨，一熬不過。便叫別人把張颰放將進去，亂抽一通，方才矬送了些。」《姑妄言》卷之十四：「因日久受了風毒，成了個髒頭風。一時間肛門內外發癢，直癢得要死。」

（二十六）杵臼之交

杵和臼是舂米的搗器和承器，可分別代表陰莖和肛道。《桃花豔史》第一回：「你道這兩個小畜生是何等人物？原來是一對□苦瓜，在此成了杵臼之交。」

（二十七）灌腸之技

《龍陽逸史》第三回：「汪通素性不才，慣作灌腸之技。」

（二十八）背後買賣

《龍陽逸史》第二回：「近日出來的小官，個個都靠背後買賣做了生涯。」

（二十九）唾津世界

《龍陽逸史》第八回：「近有無恥棍徒，濫稱小官名色。霸居官銜，斷絕娼妓生涯。一旦脂粉窩巢，竟作唾津世界。」

（三十）齷齪營生

《金瓶梅詞話》第三十四回：「金蓮囑付平安：『等他（西門慶）再和那蠻奴才（書童）在那裏幹這齷齪營生，你就來告我說。』」

（三十一）垃圾營生

《一片情》第十一回：「你昨晚的事發了，原來你與這雜種幹那垃圾營生。」

有些涉及肛交的詞彙是用來指人的。

（三十二）卯孫

卯指兩物相連之處的凹進部分，孫是男子的意思。而在肛交行為中，孌童小官正是處於被插入的位置，故可被稱為卯孫。《宜春香質》月集第一回：「二太子掌管一切卯孫、儒釋道三教情哥、江湖漂相、門子、小官做晏職事。」卯孫或稱卯字號的朋友。《姑妄言》卷之十二：「宦萼見一個騷眉騷眼的少年，頗撩人愛。家人有知道的，說他叫做楊為英，是個卯字號的朋友。」

（三十三）圊童

圊是廁所的意思，故圊童是指小官。《海陵佚史》上卷：「童兒之少而美者，名曰圊童。與男子交好，情若夫婦。」

（三十四）屎蟲

《弁而釵》情烈紀第二回：「我乃頂〔天〕立地奇男子，豈做那挖糞窟的屎蟲。」

（三十五）盜糞之人

《龍陽逸史》第三回：「汪通生平毛病，嗜為盜糞之人。」

（三十六）屁股孩子

《株林野史》第六回：「儀行父與孔寧本是個屁股孩子，因得幸於靈公，故封為大夫。」

（三十七）屁精孩子

《換夫妻》第二回：「我只說那個小屁精孩子叫你出去幹那勾當，原何倒肯進來了？」

（三十八）後庭朋友

《姑妄言》卷之十八：「他雖相與了些後庭朋友，每以未遇一殊麗者為恨。」

（三十九）後庭主顧

例見（三）。

（四十）後路夫妻

《姑妄言》卷之二十一：「這毛羽健同劉懋彼此是後路夫妻，契厚得了不得。」

（四十一）穿腸朋友

《別有香》第十回：「我道你是甚麼朋友，在此撇不下，原來是你穿腸的朋友。」

人體後面的這個部位如此重要，這裡不妨將相關詞彙也列舉出來。

（四十二）丫

因為形似，所以丫可以指肛部。《桃花影》第九回：「抽弄移時，覺道丫內

緊暖，比那婦人更覺有趣。」相應地，丫口是指肛門。《春燈鬧》第二回：「子昂把些津唾塗抹丫口，即將塵尾（陰莖）緊緊頂進。」

丫油是指肛交時肛門內分泌出的潤滑液。《姑妄言》卷之十四：「弄得牛耕哼成一塊，屁眼中丫油抽得一片聲響。」丫油又稱大腸油、腄油、屙油。《怡情陣》第六回：「這叫做大腸油，有這東西，屁股裏頭才滑溜。」《桃花豔史》第一回：「宋上門答道：『既吃這宗錢糧，竟不曉得腚中有油的。當十四五歲時，血氣未定，上下血脈周流，腚腄所以潤致。你看那七八十歲的老屁股，□焦死皮，為的何來？只因為屁眼裏無油。』說來說去，二人都有些順腚流油的光景。姜夠本說：『我嘗嘗你那腄油的滋味如何？』宋上門說：『給你嘗嘗自不必說。』」《一片情》第三回：「到那高興田地，有一陣陣屙油淌將出來，使人潤潤澤澤，不費一毫氣力，真渾身上無一寸不是爽快的。」

（四十三）豚

因為同音，所以豚可以指臀部。《宜春香質》花集第一回：「梟薄惡曩，反臉便無情義。獻豚請擣，都為誆錢生活計。」

（四十四）陽貨

《論語‧陽貨》曾載：「陽貨欲見孔子，孔子不見，歸（饋）孔子豚。」由此，陽貨可以引申為豚或臀。《龍陽逸史》第十八回：「葛妙兒不敢違拗，只得脫下褲子，高高把個陽貨獻來突著。」

（四十五）後庭

本來是指帝王的後宮，引申開來，可以指臀部肛部。《濃情快史》第二回：「把春藥兒搽在他後庭內，使他癢極。」後庭也稱後庭花。《鬧花叢》第三回：「安童年紀雖止十七八，卻因平日被人刮那後庭花，是個弄慣的。」（圖373）

而後庭花還另有他意：為了行事時能夠比較潔淨，有些變童小官會事先將紫菜一類的片狀物塞入肛門，用來阻隔穢臭。這時，紫菜等物也被稱為後庭花。《龍陽逸史》第十九回：「所以拐小官的要學這些乖，一完事就要抽了出來。若是停了一會，決然弄得個不乾不淨。這范公子多放了一歇，那龜頭上就像戴了個金盔一般。你道是什麼東西？叫做後庭花，做小官的便有這件。只是自肯輯理，便沒有得帶出來。」後庭花的阻隔對象則被稱為木樨花，這與木樨花的顏色有關，且是以香喻臭。《海陵佚史》上卷：「童兒與男子交好，則從其

後糞門投入。第時時有不潔之物，帶於陽物痕內，俗誚之為戴木樨花。」

（四十六）木樨洞

承納木樨花的孔洞，也即後庭肛道。《龍陽逸史》題辭：「木樨洞裏，不嫌淹瘤英雄。」

（四十七）桂窟

本來是指月亮，因桂花也即木樨花，故此桂窟也可意同木樨洞。《別有香》第十回：「古怪生涯，花竅無心樞，桂窟留心□。」

（四十八）黃龍府

本來是一個地名，因黃龍的顏色形狀與人體排泄物相似，故此黃龍府也可意同木樨洞。《繡榻野史》卷二：「趙宋直抵黃龍府。」《聊齋誌異·卷三·黃九郎》：「設黃龍府潮水忽至，何以御之？」

（四十九）不毛

本來是指貧瘠荒涼的土地，也可以形象地指稱後庭肛部。《繡榻野史》卷二：「屁股是無毛的，我今弄你屁眼，這不是深入不毛麼？」《春燈鬧》第二回：「因為斯文一脈，必須肉體偎貼，深入不毛，方是知己好友。」

（五十）情窟

《弁而釵》情俠紀第三回：「鍾〔生〕增之以唾津，以指潤其情窟。」

（五十一）情穴

《弁而釵》情烈紀第二回：「雲〔生〕不能忍，道：『奈不得了，賢弟高情，莫說我輕薄。』就以手撫其情穴。」

（五十二）圓眼

《姑妄言》卷之十八：「你捨了後面的一個圓眼，就得了我們前面的五個扁窟。」

（五十三）後宅門

《怡情陣》第八回：「這是阿哥買到的後宅門，誰還攔你出入不成？」

（五十四）聰明孔

《姑妄言》卷之六：「那大老官替他把聰明孔開闢出來，此後果然技藝益發精妙，見者無不消魂。」

（五十五）錢大一竅

《姑妄言》卷之六：「他那青年之時，以錢大之一竅，未嘗不掙許多錢來。」

在明清豔情小說中，除去《宜春香質》、《弁而釵》和《龍陽逸史》這三部，其他幾十部的內容都是以女色異性戀為主，而那其中同性戀的情節和詞彙卻也如此豐富。可見明清時期的男色和女色是交互錯雜、水乳交融的，或者也可以說，當時的情色是一種「柳穿魚」式的情色。

《弁而釵》崇禎本的遞修與後印

明末醉西湖心月主人的豔情小說《弁而釵》在文學史、社會史的研究上價值頗高，正越來越受到學界的重視。其存世版本包括有日本藏本和鄭振鐸全本，此兩本係用同一書板，印行時間也較接近，故兩書漫漶不清之處也幾乎全同。蕭相愷先生據以精心整理，收入了侯忠義先生主編的《明代小說輯刊》當中。最近筆者在國家圖書館又見到了該書的一個鄭振鐸殘本，頗可補正前本之缺，縷述如下。

此鄭殘本存《弁而釵》的《情貞紀》前 4 回和《情烈紀》前 4 回以及描繪此 4 回內容的 8 幅插圖。所存《情貞紀》中有 4 處書頁殘損，計缺 21 字，而《情烈紀》則有 10 餘處殘損，計缺 1200 餘字，插圖也有破損之處。（圖 374）此本插圖較之全本明顯地更加清楚，接近初印的效果。通過仔細比對可以看出，雖然全本插圖中的線條和文字多有斷裂變形、模糊不清的地方，但兩本完全相同之處亦多，它們出於同一書板是不成問題的。也就是說，鄭殘本和鄭全本都是採用的崇禎原板。鄭全本明顯屬於後印，而鄭殘本應當也是，原因是該本文字部分也有斷板漫漶之處。但不易認讀的只有十幾個字，其他絕大多數都是很清楚的，可見刷印時間距離初印並不遠。大概估計，可以定在崇禎之末。

兩個版本在內容上存在著多種不同之處。

（一）全本文字優於殘本

由於形近、音近、音同，雕板時難免會出現錯別字。對此，全本做了較全面的改正，約有 40 處左右，如滿浮太白─滿浮大白，〔註1008〕扯孰甚焉─恥

〔註1008〕898。數字是巴蜀書社，1995 年版《明代小說輯刊》中這句話的所在頁碼，下同。

孰甚焉（818），臨青知府—臨清知府（901）。而還有11處左右的改動則需改者聯繫上下文，多進行一些思考後才能做出。如此第一次出場也—此他初次出場也（881），頭裏包頭—額裏包頭（881），改動之後文氣變得順暢，不再生硬。你有故人—你有家人（886），棘闈已近—秋闈已近（907），改動之後意義方才符合上下文。而像比看親時—點燈觀時（905），春寒賜玉人—廣寒宮玉人（905），則是將不通的文句改通。

（二）全本文字劣於殘本

1. 改錯的字與本字字形相近。約有18處左右，例：賊丈人—成丈人（875），毆辱斯文—歐辱斯文（885），特垂青盼—待垂青盼（898）。

2. 改動之後語氣生硬。例：如此一月，毫無下手處—如此一□多，無下手處（814）。其病即愈，自此後夜夜同宿—其病即時若失，夜夜同宿（820）。

3. 改動之後文意不符合上下文。例：今夕是何夕，秋向此時分—今夕是何夕，身向此時分（908）。老母多病，家兄侍奉在家—老母多病，家兄有妻在家（910）。

4. 改動之後文句不通。例：心蕩神搖—心範搖擺（799），愈覺親熱—會至親愛（909）。

第2、3、4點3種情況計有15處左右。

（三）兩本文字難分優劣

1. 改動後的字與本字字形相近。5處左右，例：有勞光降—有勞先降（798），大不過廿歲—人不過廿歲（799）。

2. 純粹地難分優劣。54處左右，例：趙生也不深留—趙生並不深留（813），料非真賊—知非真賊（878）。

上面之所以強調形近字，這是因為鄭全本的漫漶比較嚴重，不論整理者多麼認真仔細，在字形不清楚的情況下或多或少的誤認是難以避免的。也就是說，有的字實際並沒有受到改動，但因其模糊難辨，結果就被認成了與它形近的其他字。因此為了慎重起見，在做下面分析時筆者暫且忽略形近字的情況。

（一）鄭殘本和鄭全本之間有過幾次修改？

可以想到，面對鄭殘本的不足，將其修改得更加完善是事之常情。那麼劣於殘本文字的改動應做何解釋？推測只能是：經過第一次修改後，板片的殘損

情況加劇，於是遞修。但遞修者對《弁而釵》的瞭解欠深入，且態度較浮率，結果也就出現了一些前本原不曾有的錯誤。

（二）兩次修改的作者是誰？

初次修改者對《弁而釵》是很熟悉的，不但明顯的硬傷或軟傷進行了改正，就某些兩可的修改而言，現在來看雖然確實難分優劣，不過細微的區別應當還是有的。像跟尋得着麼—可尋得着麼（801），後句似較順暢一些。而還有一些改動，像料非真賊—知非真賊（878），讀者實在會覺得無甚必要，改者自己卻有可能認為改後更妥當。這種心理是只可自己意會的，相信經常修正文章的人對此能有體會。總之，初改者在做改動時曾經費過一番心思，筆者傾向於認為他就是原作者醉西湖心月主人。該主人的修板目的一方面是校正明顯的錯誤，一方面則是對自己的作品再做一次潤色，所以初改本的質量要高於鄭殘本。此後在明清易代的動亂之中書板本身開始舊損嚴重，而其所有者也變成了另外一人。此佚名新主手頭有板無書，無從核校，面對書板內容的缺殘只能是按照自己的理解進行修改。有些改動與原文雖然不同，但意思相近，這就是一部分的兩可之改。而另外一些改動則因對原著解認不深而產生了差錯，這就是全部的錯改誤改。而經過此次修改之後，書板復又殘損漫漶，再做刷印，也就產生了鄭全本。

如此，《弁而釵》由初印本—鄭殘本—初修本—次修本—鄭全本，在明末清初至少有過兩次修板、五次刷印，印數應當不小。因其與《宜春香質》、《龍陽逸史》一樣內容以男風為主，描寫多有直露的性場面，遭到禁燬是難以避免的。康熙間劉廷璣曾謂：「《宜春香質》、《弁而釵》、《龍陽逸史》，悉當斧碎棗梨，遍取已印行世者，盡付祖龍一炬，庶快人心。」〔註1009〕道光二十四年（1844）浙江禁燬書目、同治七年（1868）江蘇禁燬書目等均將是書列入，以致其清版現存極罕。但是，揆諸清代的社會現實，此書所表現的趣旨清人也是具有一定接受能力的，相關例證像題材相近的《品花寶鑑》自道光間問世後就印行頗廣。因此，筆者總感到此書的原版本及重刻本或傳鈔本還是能夠續有發現的，如此，它的缺失訛誤也就可以得到補正，而鄭振鐸先生的殘本只能把問題解決一半。

2007 年 3 月完稿

〔註1009〕《在園雜志》卷二。

再談《弁而釵》崇禎本的遞修與後印

筆者於 2008 年出版的《趣味考據》一書收錄了《〈弁而釵〉崇禎本的遞修與後印》一文，係對鄭振鐸先生舊藏之殘本、全本《弁而釵》進行比校，推斷其版本沿革情形。陳慶浩、王秋桂先生主編的明清小說叢書《思無邪彙寶》由臺灣大英百科股份有限公司出版，其中所收《弁而釵》的底本是臺北故宮博物院圖書館藏本。筆者近日用此本與鄭殘本、鄭全本進行比對，從所附插圖來看，三個版本的板框斷裂之處是基本一致的，因此它們採用的是同一書板。再比對圖像清晰度、線條流暢度，鄭殘本屬最佳，（圖 375）然後是臺北故宮本、鄭全本。由此，三本的刷印先後大致可以確定為：鄭殘本—臺北本—鄭全本。三本之間存在著諸多相異之處〔註 1010〕，縷述如下。

一、漫漶字

鄭殘本《弁而釵》存《情貞紀》前 4 回、《情烈紀》前 4 回以及描繪此 4 回內容的 8 幅插圖，其刻字比較清楚，只有 22 個漫漶字。而經過統計，臺北本《弁而釵》之《情貞紀》前 4 回和《情烈紀》前 4 回共有 328 字漫漶，字數分別為 50、1、41、29、31、10、4、162；鄭全本相應各回共有 305 字漫漶，位置與臺北本大體相近，字數分別為 17、1、24、55、51、4、0、153〔註 1011〕。臺北本的漫漶字數稍多於鄭全本，這應與漫漶的認定標準有關，也可能與書本的實際保存狀況有關。

從漫漶字的位置情形可以推測《弁而釵》的修版原因。例如鄭殘本《情貞紀》第三回中的「只好把」在鄭全本中作「只好拿」，〔註 1012〕而臺北本「只

〔註 1010〕鄭殘本所存各回有 1200 多字的殘損、臺北本《情烈紀》第四回有 500 多字的抄配，對於這些內容本文不做三本之間的比校。按：抄配內容基本上同於鄭全本，而與鄭殘本存在幾處明顯的文字差異。

〔註 1011〕鄭全本所在的《明代小說輯刊》之凡例謂：「底本明顯脫漏、難以通讀而酌情增補的文字，以方括號〔 〕標示。」這又分為兩種情況，一是底本確實原缺，如《情貞紀》第一回中的「船上便」，顯然原缺「方」字；二是底本有字空而無字畫，如同回中的「多事體」，「多」前有一個無字畫的字空（也可能是字畫嚴重殘損不全），鄭殘本中此位置處為一「許」字。這兩種情況性質其實不同，後者應屬於漫漶，無非情形非常嚴重而已，臺北本所在的《思無邪彙寶》就是按漫漶字對待。筆者認為《思無邪》的處理方式更恰當，因此在統計漫漶字時也將鄭全本的第二種情況計入。

〔註 1012〕814。數字是巴蜀書社，1995 年版《明代小說輯刊》中此詞句的所在頁碼，下同。

好」之後漫漶。這就說明，臺北本的漫漶是鄭全本進行修版的一個原因。這方面的例子再如「根尋得着麼」與「可尋得着麼」（801）、「欲露」與「發露」（801）、「問你」與「□話」（802）、「如此一月，毫無下手處」與「如此一□多，無下手處」（814）、「接口道」與「接言道」（816）、「但病入膏肓」與「然病入膏肓」（816）、「更見美情」與「方見美情」（816）、「走入」與「之□」（822，鄭全本的整理者也可能是將「走」錯認成了「之」）、「膳事老母」與「服事老母」（877）、「料非真賊」與「知非真賊」（878）、「三尺鐵」與「三尺劍」（897）、「雙眸出秋水，顏色笑芙蓉」與「雙眼比秋水，艷色笑芙蓉」（905）、「替他參明」與「幸他參明」（906）、「那段」與「這段」（906）、「所以」與「□我」（908）、「撥我」與「發我」（908，鄭全本的整理者也可能是將「撥」錯認成了「發」）、「我調」與「我詠」（908）、「簾前」與「床前」（908）、「秋向此時分」與「身向此時分」（908）、「愈覺親熱」與「會至親愛」（909）、「陞去」與「陞遷」（909）等。

二、難認字

難認字與漫漶字只有一步之差。字畫雖不清楚但勉強可認，是為難認字；實在無法辨認，則為漫漶字。在古籍整理的過程中，這兩類字的取捨讓人頗感猶豫：按難認字處理就可能認錯，而漫漶字太多又似乎顯得不太負責。不論如何，難認字的確會被認錯的。整體上鄭殘本的刻字可謂清楚，但其中也有不易辨識之處。其《情烈紀》第一回末頁殘損，最後一個字被筆者認成為「甚」，而鄭全本漫漶，臺北本作「其」。通讀上下文，臺北本正確。我之所以錯認，很重要的一個原因是「甚」與「其」形近。用三個版本進行互校，我們會發現這種錯認的情況並非個例。就臺北本而言，例如其整理者將「太山」認成了「太出」（797）、「尋得著麼」認成了「歸得書房」（801）、「朝着」認成了「□看」（801）、「講《禮記》」認成了「講書□」（801）、「蜜臘」認成了「蜜腹」（802）、「館童道」認成了「館適逢」（802）、「拍他」認成了「抵他」（803）、「反思」認成了「及思」（805）、「秋露白」認成了「秋露自」（807）、「審兄睡否」認成了「審見睡否」（810）、「盛典」認成了「盛興」（811）、「孤枕涼床」認成了「□桃涼床」（811）、「降灾」認成了「降火」（876）、「小賊頭」認成了「小賤頭」（876）、「指條路」認成了「指餘路」（879）、「合了」認成了「洽了」（879）、「晝春」認成了「盡春」（880）、「鎖畫橋」認成了「鎮畫橋」（880）、

「襟懷」認成了「禁懷」（880）、「悠揚」認成了「愁腸」（880）、「難措」認成了「難持」（881）、「汪府」認成了「江府」（881）、「他初次」認成了「地□次」（881）、「青眼」認成了「青根」（889）、「清標絕世梦」認成了「清標絕世芬」（890）、「只博」認成了「只傳」（896）、「寶劍思存楚」認成了「寶劍思有楚」（897）、「不容晦」認成了「不容悔」（897）、「他郡」認成了「他都」（899）、「皇華亭」認成了「皇草亭」（900）、「追兵」認成了「迫兵」（900）、「鶊薦」認成了「鵲□」（906）、「紀景」認成了「絕景」（906）、「玩月」認成了「元月」（906）、「誰教」認成了「請□」（906）、「痛哭」認成了「□天」（908）、「責你」認成了「賣你」（908）、「聞聲」認成了「問聲」（908）、「經生」認成了「輕生」（908）、「困于」認成了「因於」（908）、「愈覺」認成了「命□」（909）、「舊相知」認成了「書相知」（909）、「畫虎」認成了「書虎」（909）、「自謂」認成了「□調」（909）。

就鄭全本而言，其整理者將「衰柳」認成了「哀柳」（807）、「兩封」認成了「兩對」（809）、「拂塵」認成了「拂麈」（811）、「便是你」認成了「便見你」（821）、「挂的劍」認成了「用的劍」（824）、「你這貼戶」認成了「你這貼旦」（826）、「賊丈人」認成了「成丈人」（875）、「年幼免責，同監候發落」認成了「年幼免責問，監候發落」（876）、「住淮新橋」認成了「在惟新橋」（879）、「憑誰吊」認成了「憑誰忍」（880）、「慚同向」認成了「漸同向」（880）、「卜筊」認成了「小筊」（880）、「游魚」認成了「游盤」（880）、「真是」認成了「直是」（881）、「在淮新橋」認成了「在惟新橋」（882）、「特求郅政」認成了「特來郅政」（884）、「毆辱斯文」認成了「歐辱斯文」（885）、「間行」認成了「問行」（887）、「清標絕世梦」認成了「清標絕世芬」（890）、「逐日花銷」認成了「遂日花銷」（890）、「且有」認成了「日有」（890）、「特垂青盼」認成了「待垂青盼」（898）、「蛾眉淡」認成了「蛾眉渡」（905）、「愈覺」認成了「會至」（909）。當然，在考慮到整理者錯認的前提下，鄭全本遞修者因理解欠周而改動失當的可能性也是存在的，如「心蕩」與「心範」（799）、「其內原是」與「其門原是」（820）、「在那廂」與「多□□」（906）、「紀景」與「紀喜」（906）等。

而難認字的存在除去會導致錯認外，還會導致另外一種情況：在不同版本中，出現於同一位置的字之字形相近，同時兩字分不出明顯的優劣對錯，這就是比較純粹的形近字了。例如鄭殘本《情貞紀》第一回中的「有勞光降」，臺

北本、鄭全本作「有勞先降」（798），「光」、「先」這兩個字都可以講通。出現這種文字差異的可能原因是，（1）《弁而釵》的遞修者確實是將「光」改成了「先」。（2）修版並未進行，但由於後來刷印出來的字畫不清楚，結果被整理者認成了不同的字。筆者認為，面對形近字的識認差異，多數情況下後種原因的可能性要大一些，但前種原因也是不能排除的。再如「說過」與「說道」（798）、「大不過」與「人不過」（799）、「叫做」與「呼做」（801）、「方消」與「才消」（801）、「俊書生」與「瘦書生」（802）、「那更」與「外更」（807）、「嘗贊」與「賞贊」（807）、「大病中」與「人病中」（818）、「一眼覷定」與「一照，覷定」（877）、「我肯」與「我若」（877）、「此地方」與「此地乃」（879）、「望裡魂搖」與「望程魂搖」（880）、「頭裏」與「額裏」（881）、「燕額」與「燕頷」（882）、「□與」與「□交」（882）、「請問」與「請聞」（883）、「只知家門內大」與「只如家門內犬」（885）、「宇宙大物」與「宇宙人物」（890）、「缺費」與「銀費」（894）、「又連朝風雨」與「天連朝風雨」（907）、「則非情矣」與「明非情矣」（908）、「言及此」與「志及此」（908）、「何用多乎」與「何用多言」（908）等。

　　除去字畫模糊，有的字形確實是介於兩字之間，這也為甄辨增加了難度。《情烈紀》第二回中有一句話：「左右做弟不着，尋班荅入。」在鄭殘本中，「着」字之「目」刻作「口」，且中間一橫字畫較輕。因此此字既可認作「着」也可認作「若」，「不若尋班荅（搭）入」讀起來也很通順，臺北本即是作「若」。而「左右做弟不着」是「反正就讓弟弟我豁出去吧」的意思，也符合文本語境，屬古文中的「做……不着」結構，鄭全本即是作「着」。比較而言，鄭全本相對要合適一些。

三、內容比校

　　在充分排除錯認字、形近字的情況下，三個版本在內容上依然存在著一些不同之處。從中可以看出，作為一個中間版本，當出現文字差異時，臺北本既有異於鄭全本者，也有異於鄭殘本者，還有與全、殘本都不相同者。

（一）臺北本同於鄭殘本異於鄭全本

　　鄭殘本、臺北本中的「可曾尋着」在鄭全本中作「可是尋着」（801），它如「心蕩神搖」與「心範搖擺」（799）、「帶了」與「裹了」（802）、「叫一人」與「着一人」（802）、「幾家離合」與「幾多離合」（807）、「話說趙生」與「卻

說趙生」（812）、「也不深留」與「並不深留」（813）、「作別而散」與「作謝而散」（813）、「惶恐」與「惶惡」（816）、「萬勿喪約」與「萬勿爽約」（816）、「捧足而睡」與「捧腳而睡」（817）、「點頭會意」與「頭點會意」（878）、「畫春撇道」與「盡春勘道」（880）、「事事」與「萬事」（880）、「字韻悠揚」與「委婉悠揚」（880）、「老夫」與「老漢」（881）、「當場」與「登場」（881）、「秘笥」與「衣笥」（881）、「寓中」與「寓處」（884）、「故人」與「家人」（886）、「安身不牢」與「安身不得」（887）、「被眾生員」與「受眾生員」（887）、「何以為報」與「何以為謝」（888）、「可酬萬一」與「可報萬一」（888）、「軟款溫柔」與「款款溫柔」（894）、「騙他些銀子」與「賺他些銀子」（895）、「伺酒」與「伺候酒」（900）、「比看親時」與「點燈觀時」（905）、「鬆了衣服」與「脫了衣服」（905）、「春寒賜玉人」與「廣寒宮玉人」（905，臺北本「賜」字漫漶）、「知府道」與「知府□□道」（905）、「夫馬」與「轎馬」（906）、「此物」與「此餅」（906）、「徐家娘」與「徐家女」（906）、「詩以紀景」與「吟以紀喜」（906，臺北本作「□以絕景」）、「想蛾眉」與「思蛾眉」（907）、「用了」與「捐了」（907）、「到了監」與「到了京」（907）、「簾捲珍珠」與「縱□□疏」（907，臺北本「簾卷」兩字漫漶）、「棘闈」與「秋闈」（907）、「詩詞」與「詩韻」（908）、「盡述」與「盡道」（909）、「數日間」與「後聞□」（909，臺北本「數」字漫漶）等。

前面第一部分所談臺北本的漫漶引發了鄭全本的修版在總體上也是屬於臺北本同於鄭殘本而異於鄭全本的情況。在鄭全本的諸多修改中，「並不深留」等48條屬於兩可之改，「秋闈」等8條優於鄭殘、臺北本，「身向此時分」等9條不如鄭殘、臺北本。

鄭全本所在的《明代小說輯刊》之凡例謂：「對於明顯錯字、不規範俗體字，徑予改正。」因此，對於鄭全本中明顯優於鄭殘本、臺北本的形近、音近字，我們總體上應當視為整理者的徑改，如「千言聞名」與「千古聞名」（801）、「庶涂生」與「恕涂生」（810）、「塞疾」與「寒疾」（815）、「抓到頭邊」與「爬到頭邊」（817）、「催張」與「崔張」（819）、「撫令追昔」與「撫今追昔」（826）、「撫然」與「憮然」（880）、「屍股」與「屁股」（885）、「各打二言」與「各打二十」（887，臺北本作「各打二□」）、「口拈」與「口占」（889）、「聊拈」與「聊占」（890）、「輒生」與「甄生」（897）、「出銷」與「出鞘」（898）、「滿浮太白」與「滿浮大白」（898）、「如而立」與「怒而立」（898，臺北本作「□而

立」)、「盟猶有耳」與「盟猶在耳」(899)〔註1013〕、「令弟」與「今弟」(899)、「入叫」與「又叫」(903)、「納喊」與「吶喊」(904)、「美景良晨」與「美景良辰」(906)等。

(二)臺北本異於鄭殘本同於鄭全本

鄭殘本中的「照我分付」在臺北本、鄭全本中作「聽我分付」(802),它如「掙脫不得」與「推脫不得」(818)、「即愈,自此後夜夜同宿」與「即時若失,夜夜同宿」(820)、「行藏」與「行徑」(822)、「第一次」與「他初次」(881)、「許人」與「字人」(906)、「佳婚」與「佳婿」(906)、「干休」與「罷休」(907)、「手了」與「手裏」(908)等。另外,鄭殘本中的「稱呼只叫相公」在臺北本中作「稱呼之時萬□」在鄭全本中作「稱呼□□□亦」(802),臺北本中的漫漶「□」應當就是「亦」。

上述改動多數都是兩可之改,而「他初次」比「第一次」要好一些,「即時若失」比「即愈,自此後」要差一些。

臺北本也存在徑改的情形,絕大多數已在出版說明中列示,如「耳躲」、「臨青」是被改為「耳朵」、「臨清」。下面數例未被列出,不過應當也屬徑改,同於鄭全本:「幾待」與「幾時」(812)、「扯孰甚焉」與「恥孰甚焉」(818)、「竇蛾」與「竇娥」(881,鄭全本中兩字漫漶)、「何入優例」與「何入優列」(883)、「控糞窟」與「挖糞窟」(885)、「害動顏色」與「喜動顏色」(903)等。

(三)臺北本異於鄭殘本,鄭殘本同於鄭全本

第(二)情況表明鄭全本遞修者依照了臺北本修版者的改動,而這裡的第(三)種情況則表明鄭全本將臺北本的一些改動又改了回來。如「指路」與「指點」(800)、「披髮」與「束髮」(801)、「相遇」與「偶遇」(801)、「儒生」與「監生」(801)、「夾襖」與「夾領」(802)、「宛然」與「竟然」(802)、「房屋」與「房舍」(802)、「修理」與「修葺」(803)、「題罷」與「題成」(803)、「酒至數巡」與「盃至數巡」(812)、「搬古論今」與「據古論今」(812)、「妄想」與「妄念」(812)、「三大觥」與「三大觴」(813)、「叫他」

〔註1013〕「有」與「在」的形近度較高,如果字畫不大清楚,整理者也可能是將前字直接視為了後字,而非有意徑改。雖然後字優於前字,不過本質上這仍然是屬於一種錯認、誤認。

與「同他」（814）、「業已如此」與「事已如此」（820）、「杜張」與「杜忌」（823）、「巧辯」與「巧辭」（827）、「罪料不能」與「罪罰不能」（876）、「自縊」與「自絕」（877）、「他，見」與「見他」（878）、「聽見」與「看見」（879）、「驚眼」與「滿眼」（879）、「二丈多」與「兩丈多」（885）、「此後」與「其後」（887）、「止有」與「且有」（887）、「要死」與「要緊」（893）、「縱然」與「雖然」（894）、「仰視」與「作聲」（896）、「到此相會」與「道此相會」（899）、「取了」與「娶得」（905）。鄭全本作「娶了」，「娶」係「取」之逕改）、「笙歌」與「笙簧」（906）、「宮內」與「宮中」（906）、「無詞」與「無詩」（908）等。

上列臺北本的改動之中，「指點」等13條屬兩可之改。「自絕」、「作聲」優於鄭殘、鄭全本。「束髮」等18條不如鄭殘、鄭全本，其中「道此相會」等數條屬於明顯錯誤。另外，下面數條改得也不合適，不過由於存在形近的因素，故需考慮到整理者錯認的可能性：「相邀日久」與「相逢，必然」（801）、「倒不交結」與「倒不交語」（822）、「詎非」與「詎亦」（908）、「金尊倒」與「金彝劍」（909，鄭全本作「金□□」）、「揭帖」與「場苦」（909，鄭全本作「揭□」）。而在下面數例中，改動後的字屬於形近錯別字，臺北本整理者又通過加注的方式如「態（能）」特意強調識認無誤。但筆者還是認為辨識或許有錯，臺北本修版者似不至於生生將字修錯：「能起否」與「態起否」（816）、「救你」與「救低」（878）、「聽了」與「廳了」（906）、「桃源」與「姚源」（908）。再有，《情烈紀》第一回中有一套散曲，其曲牌《滴溜子》在故宮本裏接連出現了兩次，而第二個「滴溜子」在鄭殘本中作「金蓮子」在鄭全本中作「□□子」（880）。

（四）臺北本、鄭殘本、鄭全本互不相同

鄭殘本中的「喪了小夫人」在臺北本中作「殺了小夫人」，在鄭全本中作「死了小夫人」（909），「殺」字屬於誤改。

存疑：「激得那禁子」與「氣得那禁子」與「撇得那禁子」（877），鄭全本整理者可能是將「激」認成了「撇」。

「闖彼悟門」與「駕彼悟門」與「聞彼悟門」（889），鄭全本整理者可能是將「闖」認成了「聞」。

「體澤朗潤」與「□體澤□」與「豐澤朗潤」（905），臺北本整理者可能是看錯了字的位置，鄭全本整理者可能是將「體」認成了「豐」。

「忽聞戶外」與「忽門戶外」與「忽聽戶外」（908），臺北本整理者可能是將「聞」認成了「門」。

四、總結

筆者前文《〈弁而釵〉崇禎本的遞修與後印》認為《弁而釵》在明末清初至少有過兩次修版、五次刷印，即初印本—鄭殘本—初修本（改好）—次修本（改差）—鄭全本，其推斷基礎是認為鄭殘本與鄭全本的優劣差異比較明顯。而在看到臺北本後，通過三本比校，筆者首先從形近難認字中分離出了諸多錯認字，同時將前文忽略的徑改字予以了明確。如此一來，原先認定的鄭全本中改好和改差的情況就變得不那麼明顯了。鄭全本中多數都是兩可之改，這表明該本遞修者即便手頭有原版書也不強調謹依原版，如果那樣的話，大多兩可之改是沒有必要進行的。看來他的修版目的是側重於消滅漫漶，過程當中諸多修改與原文難分優劣。如果聯繫上下文時理解得更深入，則會改得要好一些；理解較粗疏，則會改得要差一些。不過這都在範圍之內，我們很難講改好是由一人進行，改差則是由另外一人進行。

但由內容比校的第（3）點來看，臺北本的一些改動又被鄭全本改了回來，這表明鄭全本對鄭殘本等初期版本也有依照遵從的一面，全本遞修者手中應當是有初版書的。而作為中間版本，臺北本的改動量也不算小。其修版的目的、方式與鄭全本相似，質量則不如全本，不當之改比較多。筆者總體上認為，臺北、鄭全兩本的修改者均非《弁而釵》的原作者。

總之，《弁而釵》崇禎本的版本順序應當是：初印本—鄭殘本—臺北本—鄭全本。當然我們也需注意到，臺北本和鄭全本中仍然還有不少漫漶，所以也不能排除兩本之前還各有一次修版，而兩本只是單純後印的可能性。如此，則該書的遞修與後印順序是：初印本—鄭殘本—初修本—臺北本—次修本—鄭全本。刷印版次可謂較多，可見該書在明末清初是屬於流行小說的範圍。

本文不但對《弁而釵》的版本沿革進行了考究修正，同時筆者認為還可從中看出古籍點校的重要性與複雜性。

文字點校是古籍整理的基礎性工作，如果底本刷印清晰，這項工作相對來講還是比較容易的。但像《弁而釵》這樣的漫漶殘損的古籍確實也不少見，其臺北本和鄭全本都收於著名叢書當中，屬權威精校本。而由本文第二部分可見，兩本在點校過程中確實出現了一些失誤，這些失誤已經影響到了對版本沿

革的判定。點校過程中以下三點尤需加以重視：

（一）廣聚版本。鄭全本出版時尚無它本可校，而臺北本是可以參考鄭全本的。若能參考，則面對難認字時就能獲得一些啟發與提示，像「□桃涼床」、「青根」這樣的錯認就可以避免。

（二）博聞廣知。像「寶劍思存楚」是出自唐駱賓王詩《詠懷》，「鶚薦」是薦舉人才之意。知道這些則「寶劍思有楚」、「鵲□」這樣的錯認就可以避免，甚至可以推測出「□」就是「薦」字。

（三）深思細究。任何字句都是處於具體的語境當中，通過仔細聯繫上下文我們也能確定形近字中那一個字正確，像「困於」、「挂的劍」顯然要優於「因於」、「用的劍」。

上述三點在理論上很容易就能總結出來，古籍工作者都知道應當如此。不過知道與做到並非同一件事，古籍點校需要學識與態度的完美結合，看似容易實際卻並不簡單，請其共勉之。

2013 年 3 月完稿

三談《弁而釵》崇禎本的遞修與後印

筆者於 2010 年在《文津學誌》第 3 輯上發表了《〈弁而釵〉崇禎本的遞修與後印》一文，後於 2013 年在《文獻》第 6 期上發表了《再談〈弁而釵〉崇禎本的遞修與後印》一文。由於所見《弁而釵》的臺北本、鄭振鐸全本都是今人整理本，因此文中諸多表述係屬推測，有待用底本核實。最近得見臺北本的縮微膠卷，亟與整理本相對照，結果發現了不少新問題，因成本文，兼談古籍點校的注意事項。

一、誤導與錯認

筆者關注《弁而釵》的點校整理本，初衷是想通過諸本比校來察考該書的版本沿革情況，在此過程中，逐漸發現點校本身也值得關注。《弁而釵》的《明代小說輯刊》本（底本為鄭全本、日本藏本）和《思無邪彙寶》本（底本為臺北本）都是精點細校本，原則上可以視為對底本的過錄。《輯刊》本之底本尚未得見，不便多談。《彙寶》本的底本膠卷製作精良，效果近於臺北本原件。經與其整理本對校，筆者發現後者的出版說明就有重大遺漏。說明

謂：「書中正文及夾批漶漫處偶有人在旁以墨筆校出。」而在實際上，許多墨校並非行間旁校，而是直接在原字上校，覆蓋原字。臺北本點校者不予指出，依樣照錄，一些文字錯誤因此產生。包括「鎮畫橋」（880）〔註1014〕、「愁腸」（880）、「皇草亭」（900）、「迫兵」（900）、「絕景」（906）、「元月」（906）、「請□」（906）、「□天」（908）、「輕生」（908）、「因於」（908）、「命□」（909）、「書相知」（909）、「書虎」（909）、「□調」（909）、「望程魂搖」（880）、「天連朝風雨」（907）、「明非情矣」（908）、「何用多言」（908）、「□以絕景」（906）、「即時若失，夜夜同宿」（820）、「其後」（887）、「道此相會」（899）、「無詩」（908）、「詎亦」（908）、「金彝劍」（909）、「場苦」（909）、「救低」（878）、「姚源」（908）、「殺了小夫人」（909）、「駕彼悟門」（889）、「忽門戶外」（908）。

而點校者照錄墨筆行間旁校，有些也是錯的，包括「禁懷」（880）、「愁腸」（880）、「地□次」（881）、「見他」（878）。

有時旁校標錯了位置，點校者未予細察，也跟著出錯。如「體澤朗潤」與「□體澤□」（905）。

據臺北本校勘記，其《情烈記》第四回自第14頁「說得是」直到回末佚去，其他部分均係原刻。而實際上，此回第8頁也已佚去，目前內容係抄配。這在性質上與字上校相近，而比後者更徹底，因為原刻面貌已經完全看不到了。臺北本校勘者照錄抄配，產生的錯誤包括「鵲□」（906）、「佳婿」（906）、「廳了」（906）。

另外，臺北本《情烈記》第四回第6頁的後半面其實是第8頁的後半面，也就是說，第8頁後半面既有原刻也有抄配，而第6頁後半面的整理本文字從何而來？校勘記未予說明，此面上的「娶得」在鄭殘本中為「取了」。

上述錯誤可分為三種情況，（1）字上校。由於墨校已經部分或全部覆蓋了原文，臺北本點校者在很大程度上只能依據墨校，而難有自己的判斷。但「即時若失，夜夜同宿」（820）有些例外，因為底本上此處明顯有4個字的長度，而墨校卻改為了3個字。這麼明顯的問題點校者不可能看不出來，看出而不指出，實在很不應該。（2）抄配校。由於點校者看不到原文，所以只能完全依據墨校抄配。（3）行間校。由於原文未被覆蓋，點校者和墨校者具有同樣的條件

〔註1014〕 諸詞句按它們在《再談〈弁而釵〉崇禎本的遞修與後印》中的出現先後排序，數字是巴蜀書社，1995年版《弁而釵》中諸詞句的所在頁碼。

進行校勘。可以看出，當點校者對某些字感到猶豫難決時，墨校者的判斷他們是願意接受的，兩者不一致的地方並不多。上述幾種情況未被說明或說明不充分，導致讀者無法全面考慮墨校因素，會認為除去校勘記已指出的抄配頁，點校者所依據的就是底本原刻文字。結果，像「即時若失」、「救低」、「見他」這樣的錯誤會給版本判定帶來極大混亂。

文字漫漶是導致點校失誤的重要原因，但遺憾的是，有些刻字在臺北本中是清楚或比較清楚的，只要看得仔細一些，然後再聯繫一下上下文，正確識認並無問題，可點校者卻認錯了。其中筆劃甚是清楚的有「及思」（805）、「審見睡否」（810）、「盡春」（880）、「有勞先降」（798）、「銀費」（894）、「修葺」（803）、「巧辭」（827）、「兩丈多」（885）。筆劃基本清楚的有「秋露自」（807）、「降火」（876）、「青根」（889）、「只傳」（896）、「不容悔」（897）、「賣你」（908）、「此地乃」（879）、「只如家門內犬」（885）、「束髮」（801）、「題成」（803）、「雖然」（894）。

二、漫漶

除去被墨校誤導和將可認字認錯，臺北本的其他點校錯誤確實是因於文字漫漶。對此，筆者前文曾提出過形近字的概念。因漫漶而使得某字像是與其形近的另一字，這種情況並不難理解，《再談》所列形近諸字經與底本膠卷核校，均係錯認，應以鄭殘本為準。當然形近與形遠只是相對而言，兩者之間並無絕對的區分。而無論形近、形遠，總之本字被點校者認成了另外一字。總結其原因，大致包括以下幾種情形：

（一）普通漫連

書板磨損之後刻畫變淺，刷印時模糊漫延，筆畫相連。例如「相邀」被認成了「相逢」（801）。

（二）漫連增筆

此係漫連的一種特殊形式，即漫延的墨蹟看起來像是增出的筆畫。例如「干休」與「罷休」（907）：「干」只有簡單的兩橫一豎，而漫增之後，則具有了「罷」的輪廓。

（三）墨污增筆

書板殘損後會出現一些不規則的點損、條損，導致刷印時頁面上出現墨

污，墨污若與某字交叉或緊挨，也會形成增筆。墨污增筆與漫連增筆有時難以明顯區分，相對而言，前者的墨蹟比較淺、比較散，未連成一片。例如「合了」與「洽了」（879）：「合」的左側有幾處點污、條污，看起來像是比較淺淡的偏旁三點水，結果「合」被認成了「洽」。

（四）普通缺筆

書板磨損之後刷印不均，會導致有的筆畫未被印上。例如「叫他」與「同他」（814）：「叫」的「口」缺了下面一橫，「斗」缺了中間一橫，再加上「斗」的兩點與「口」挨得很緊，結果「叫」看起來像是缺了上面一橫並且左側一豎、中間一口也不全的「同」字。

（五）筆畫變淡

此係缺筆的一種特殊形式，有的筆畫似有若無，近於缺失。例如「朝着」與「□看」（801）：「着」的最上一橫淺淡似無，結果看起來略似缺了上面一撇的「看」字。

（六）刻字失範

如果所刻字畫不標準，介於兩字之間，加之刷印不甚清晰，也會導致錯認。例如「寶劍思存楚」與「寶劍思有楚」（897）：「存」的橫折筆畫其筆力不夠，折看起來似無，結果「存」有些像「有」。

（七）綜合

一個字上經常會存在不止一種的漫漶情形，從而使得辨認變得更加困難。例如「能起否」與「態起否」（816）：「能」的下部從左至右缺失，但「月」的最下部卻又多出了不規則的一短橫，其右是「匕」的最下部殘存，兩者看起來略似一個殘「心」，結果「能」看起來像是一個有殘缺的「態」字。

因文字漫漶而導致錯認，這其中也有程度的區分。就臺北本《弁而釵》而言，漫漶字大致可以分為四個等級。為求表達簡潔，下面普通漫連、漫連增筆、墨污增筆、普通缺筆、筆畫變淡、刻字失範分別用字母 m、h、z、c、d、e 表示。

（一）更像本字

點校者如果更仔細地綜合辨認的話，其實可以認對。例如「小賊頭」與「小賤頭」（876mdc）：「賊」的右半雖已漫連，與短橫交叉的一撇兒淺淡、有斷，但從筆勢看不論如何也形不成兩個「戈」，而是更像「戎」字。這類字

包括「歸得書房」（801m）、「□看」（801d）、「指餘路」（879 mc）、「他都」（899cm）、「才消」（801m）、「只如家門內犬」（885c）、「推脫不得」（818c）、「指點」（800mc）、「夾領」（802mc）、「竟然」（802mc）、「房舍」（802m）、「罪罰不能」（876c）、「自絕」（877mc）、「看見」（879mc）。

（二）介於本字與錯認字之間

例如「請問」與「請聞」（883m）：偏旁「門」，其輪廓還是可以看出來的，而「門」內是「口」還是「耳」就實在看不出來了。這類字包括「館適逢」（802mc）、「□桃涼床」（811m）、「洽了」（879z）、「江府」（881m）、「清標絕世芬」（890cd）、「寶劍思有楚」（897ec）、「瘦書生」（802mc）、「我若」（877cm）、「罷休」（907mh）、「手裏」（908m）、「妄念」（812mc）、「三大觸」（813mc）、「同他」（814c）、「事已如此」（820cm）、「滿眼」（879cm）、「且有」（887c）、「要緊」（893cmhz）、「作聲」（896c）、「作聲」（896m）、「相逢，必然」（801mh）、「相逢，必然」（801cmh）、「倒不交語」（822cmh）、「場苦」（909mc）、「態起否」（816ch）。

（三）更像錯認字

增筆更容易造成這樣的結果。例如「太山」與「太出」（797cz）：「山」的左豎斷開，右豎也不完整，而墨污增筆又在中間位置增加了不規則的一橫，從而「山」看起來像是「出」。這類字包括「講書□」（801mc）、「蜜腹」（802mhc）、「館適逢」（802mc）、「抵他」（803mhc）、「盛興」（811mhc）、「問聲」（908cm）、「呼做」（801mhc）、「外更」（807mc）、「聽我分付」（802mc）、「稱呼之時萬□」（802cm）、「稱呼之時萬□」（802cmh）、「監生」（801mc）、「盃至數巡」（812cmh）、「據古論今」（812cm）、「宮中」（906cmh）、「相逢，必然」（801m）、「氣得那禁子」（877cm）。

（四）既不像本字也不像錯認字

即漫連、缺筆嚴重，只剩下了看不出筆畫的一個墨點。這類字包括「歸得書房」（801m）、「歸得書房」（801m）、「難持」（881mc）、「□交」（882m）、「行徑」（822cm）、「稱呼之時萬□」（802mc）、「偶遇」（801mc）、「見他」（878cm）、「笙簧」（906m）、「金蓮子」（880mc）、「金蓮子」（880mc）。另外，就「字人」（906）、「杜忌」（823）而言，「字」、「忌」所在位置只剩下空白，臺北本臆推逕補，結果補錯。

對上述 4 種情況統計如下：

	m	h	z	c	d	e
1（15字）	11			11	2	
2（25字）	18	6	2	17	1	1
3（18字）	17	7	1	17		
4（13字）	11			9		
合計（71字）	57	13	3	54	3	1

可以看出，漫連、缺筆是導致錯認的最常見原因，而這兩種情形在同一個字上又常會同時出現。存在漫漶的各種古籍其程度各不相同，不過漫漶的諸種原因以及各自所佔比重可以臺北本《弁而釵》為參考。

三、總結

筆者前面兩篇有關《弁而釵》的文章都認為該書曾經有過修版，而目前來看，至少臺北本不存在這種情形。那麼，前面文章的依據何在，為何產生誤判？

（一）關於臺北本異於鄭殘本同於鄭全本

筆者原先以為，既然臺北本、鄭全本對某字的認定一致，則兩本點校者應當不會同時認錯的。現在看來，可能兩本全都認錯了。不過，臺北本中「即時若失，夜夜同宿」（820）的「時若失」是字上墨改，明顯地能夠看出漏掉了一個字。而鄭全本亦復如是，為何？另外，臺北本的一些抄配錯誤與鄭全本一致，如「佳婚」與「佳婿」（906）、「箕裘」與「鳳環」（910）。這是為何？尚待見到鄭全本原件後再下結論。

（二）關於臺北本異於鄭殘本，鄭殘本同於鄭全本

首先，此種情況表面上表明鄭全本將臺北本的一些改動修版又改了回來，但同時還有另一種可能，即臺北本點校者把某些字認錯了，而鄭全本則未錯。其次，由於漫連、缺筆等原因，某些字形差距比較大的字看起來會像是形近字，如「儒生」與「監生」（801）、「酒至數巡」與「盃至數巡」（812），這種情況不算少見，需尤加注意。再次，臺北本點校者對於墨校、抄配的說明不準確，當然會產生誤導。

（三）關於臺北本、鄭殘本、鄭全本互不相同

其中，「殺了小夫人」（909）、「駕彼悟門」（889）、「忽門戶外」（908）是

字上校錯,「氣得那禁子」(877)是因漫漶而認錯,「□體澤□」(905)是由於行間旁校標錯了位置。

總之,導致《弁而釵》版本誤判的主要原因可以歸結為三點,一是臺北本點校者的校勘說明不準確、不完備,二是點校者將可以認對的字認錯,三是點校者將漫漶字認錯。結果,並未發生的「修版」被筆者自然推測了出來,誤認為臺北本《弁而釵》曾經有過遞修。第一、二兩點原因與責任意識有關,只要切實加強就可以避免,這裡不必多談。第三點原因關乎古籍點校的方式方法,不妨再予申論。

面對漫漶比較嚴重的古籍,有些字確實容易認錯。筆者認為,本文前面所總結的漫漶的幾種情形還是具有普遍意義的,需要強調的是,(1)漫連和缺筆是漫漶的兩種主要表現,並且出現的頻率不相上下。也就是說,雖然一為增一為減,但在同一部書上卻常會同時存在。(2)同一個字上漫連和缺筆也經常會同時存在。結果,具體某字既缺筆畫又顯模糊,有時字形變化就會比較大。(3)增出的部分有時像是新出的筆畫,與原有筆畫合在一起,會使識認變得更加困難。(4)還應注意漫漶的其他情形以及各種綜合性質的漫漶。

總體而言,面對具體的某一漫漶字時,首先應將各種可能的情形都考慮到。識認時思路需開闊一些,應當有意識地試對筆畫進行增減。在此過程中,還要充分結合通常所說的校勘四法。例如用好本校法,就會想到「館適逢」不如「館童道」(802);用好理校法,就會想到「蜜腹」不如「蜜臟」(802)。先比較準確地推測出某字當為某字,再仔細排除漫漶的各種影響,點校質量自會得到提高。點校的目的不僅僅是為了文字準確,它還關乎版本判定的準確性。從筆者已撰《〈弁而釵〉崇禎本的遞修與後印》、《再談〈弁而釵〉崇禎本的遞修與後印》這兩篇文章來看,點校失誤太多會誤導版本判定的方向,不可不慎重對待。

2014 年 6 月完稿

四大名著中的男風敘寫

作為中國古典文學四大名著,《三國演義》、《水滸傳》、《西遊記》和《紅樓夢》家喻戶曉,廣被人知。廣大讀者對於書中內容耳熟能詳,精彩段落幾可逐句復述。不過有一方面的內容卻未必如此,這就是其中的男風敘寫。這又可

以分為兩種情況。一是對於《紅樓夢》。該書中的男風情節可以說是比較多的，但是由於內容的特殊性，不少讀者有意無意地忽略了過去。關於《紅樓夢》中的男風敘寫，筆者已有專文進行研究，下面重點談其他三部。

《三國演義》、《水滸傳》、《西遊記》與《紅樓夢》不同，它們當中的男風情節比較隱晦，一般讀者並非忽略的問題，而是沒有想到或沒有想得那麼深。

一、《三國演義》

這部歷史小說以三國時代為背景，那麼就男風同性戀而言，其背景為何？三國處於漢晉之間，在漢代，《史記·佞倖列傳》曾謂：「非獨女以色媚，而士宦亦有之。昔以色幸者多矣。至漢興，高祖至暴抗也，然籍孺以佞倖；孝惠時有閎孺。此兩人非有材能，徒以婉佞貴倖，與上臥起，公卿皆因關說。故孝惠時郎侍中皆冠鵕鸃，貝帶，傅脂粉，化閎、籍之屬也。」《史記》所記是帝王與幸臣的同性戀，《漢書·佞倖傳》將其總結為：「柔曼之傾意，非獨女德，蓋亦有男色焉。」在晉代，《宋書·五行五》曾謂：「自咸寧、太康之後，男寵大興，甚於女色，士大夫莫不尚之，天下皆相放效，或有至夫婦離絕，怨曠妒忌者。」咸寧、太康為晉武帝年號，公元年份是 275 至 289 年，上距魏、蜀滅亡僅僅十餘年，而與吳之末年同時。所以，據漢晉情形進行推斷，三國時期應當也是一個男風盛行的時代。

在《三國演義》第一百九回，權臣司馬師謂齊王曹芳「荒淫無道，褻近娼優，不能主天下」；郭太后亦謂其「荒淫無度，褻近娼優，不可承天下」。「荒淫無道」的具體表現是「褻近娼優」，那麼「褻近娼優」的具體表現是什麼呢？《三國志·齊王芳紀》曾謂曹芳「日延倡優，縱其醜謔」。裴松之注引《魏略》曰：「曹芳日延小優郭懷、袁信等於建始芙蓉殿前裸袒遊戲，使與保林、女尚等為亂，親將後宮觀瞻。又於廣望觀上，使懷、信等於觀下作遼東妖婦，嬉褻過度，道路行人掩目。」曹芳讓男優女裝，而與褻嬉，男色意味是比較明顯的。

在蜀國，諸葛亮《前出師表》中有這樣一段話：「親賢臣，遠小人，此先漢所以興隆也；親小人，遠賢臣，此後漢所以傾頹也。先帝在時，每與臣論此事，未嘗不歎息痛恨於桓、靈也。」後漢桓、靈之世是閹宦張讓等人姦佞弄權的時代，看來諸葛在世時已經看到了後主劉禪寵信宦官的問題，於是有感而發。諸葛亮還曾在《論讓奪》中指出：「堯、舜以禪位為聖，孝哀以授董為愚。

桓公以管仲為霸，秦王以趙高喪國。此皆趣同而事異也。明者以興，暗者以辱亂也。」〔註1015〕「董」指漢哀帝的幸臣董賢，此言明確地對君臣男風表示了反對，所以「親小人，遠賢臣」的情況其實前漢也有存在。在《三國演義》中，後主劉禪與宦官黃皓的關係過於親近，後者的表現兼具董賢和張讓兩人的特徵：

> 近來朝廷溺於酒色，信任中貴黃皓，不理國事，只圖歡樂。〔註1016〕

> 近日中常侍黃皓用事，公卿多阿附之。

> 近日蜀主劉禪，寵幸中貴黃皓，日夜以酒色為樂。〔註1017〕

> 後主改景耀六年為炎興元年，日與宦官黃皓在宮中遊樂。〔註1018〕

> 天子聽信黃皓，溺於酒色。〔註1019〕

據上引文，後主的溺於酒色總是與黃皓相關聯。其本事見《三國志·卷三十九·董允傳》：「董允字休昭，處事為防制，甚盡匡救之理。後主漸長大，愛宦人黃皓。皓便辟佞慧，欲自容入。允常上則正色匡主，下則數責於皓。皓畏允，不敢為非。」文中有一「愛」字，則後主與黃皓的曖昧關係依稀可見。當然在《三國演義》中，蜀後主也有溺於女色的表現〔註1020〕，而黃皓的主要特徵有時只是專權〔註1021〕。不過從總體來看，後主所好之「色」應是黃皓身上的男色。

至於吳末主烏程侯孫皓，他的幸臣名叫岑昏：

> 皓兇暴日甚，酷溺酒色，寵幸中常侍岑昏。

> 皓退入後宮，不安憂色。幸臣中常侍岑昏問其故。

> 諸臣告曰：「北兵日進，江南軍民不戰而降，將如之何？」皓曰：「何故不戰？」眾對曰：「今日之禍，皆岑昏之罪，請陛下誅之。臣等出城決一死戰。」皓曰：「量一中貴，何能誤國？」眾大叫曰：「陛下豈不見蜀之黃皓乎？」遂不待吳主之命，一起擁入宮中，碎割岑

〔註1015〕 《諸葛亮集》卷一、卷二。
〔註1016〕 《三國演義》第一百十二回。
〔註1017〕 《三國演義》第一百十三回。
〔註1018〕 《三國演義》第一百十六回。
〔註1019〕 《三國演義》第一百十七回。
〔註1020〕 《三國演義》第一百十五回。
〔註1021〕 《三國演義》第一百十五回。

昏，生啖其肉。〔註1022〕

古人常講女色亡國，而在此，岑昏的表現像不像妲己、褒姒？昏之本事見《三國志·卷四十八·孫晧（即孫皓）傳》：「岑昏險諛貴倖，致位九列，好興功役，眾所患苦。」「天紀四年三月丙寅，殿中親近數百人叩頭請晧殺岑昏，晧惶懅從之。」裴松之注引干寶《晉紀》曰：「殿中親近數百人叩頭請晧曰：『北軍日近，而兵不舉刃，陛下將如之何！』晧曰：『何故？』對曰：『坐岑昏。』晧獨言：『若爾，當以奴謝百姓。』眾因曰：『唯！』遂並起收昏。晧駱驛追止，已屠之也。」在此，岑昏官居九卿，雖為寵臣但男色的表現無多。於是，《三國》作者羅貫中特意將其身份改為宦官中常侍，而閹宦就更容易以色娛君了，如黃皓者流。也就是說，較之《三國志》，《三國演義》在吳之亡國的問題上增加了男色的分量。

《三國演義》的核心內容是探討魏、蜀、吳國的興亡規律，就「亡」而言，郭懷、袁信、黃皓尤其岑昏的出現表明羅貫中看到了外寵嬖倖的重要性，並特地予以了強調。諸嬖倖都有可能是因「色」而獲寵，不過在正史當中，這方面的記載是不明確的，黃皓等人不一定與主君發生有身體關係，羅貫中也未曾用專門語辭如「同臥起」、「比頑童」等予以指實。我們今人也是一樣，既要想到男色男風的存在可能性，又不必確信無疑。

二、《水滸傳》

《水滸傳》第四十五回寫道：

> 那和尚光溜溜一雙賊眼，只睃趁施主嬌娘；這禿驢美甘甘滿口甜言，專說誘喪家少婦。淫情發處，草庵中去覓尼姑；色膽動時，方丈內來尋行者。仰觀神女思同寢，每見嫦娥要講歡。

和尚海闍黎「色膽動時」便「方丈內來尋行者」，也即在小和尚身上發洩性慾。在明清時期，對僧人同性戀的描寫已經成為一個套路，但凡寫到淫僧，雖然主要是寫女色，不過師徒男風作為方便法門不時就會被提到，和尚們淫情發動之後是不分男女的。《水滸傳》中的此處描寫在時間上是比較早的，而在《紅樓夢》之外的四大名著中，這也是唯一一處明確的男色描寫。

在《水滸》當中，英雄好漢們整天想著要替天行道、殺人放火，沒有時間去想色慾上的事情，表現得就像是無性人：

〔註1022〕《三國演義》第一百二十回。

　　原來宋江是個好漢，只愛學使槍棒，於女色上不十分要緊。
〔註1023〕

　　王英兄弟要貪女色，不是好漢的勾當。〔註1024〕

　　大丈夫處世，若為酒色而忘其本，此與禽獸何異！〔註1025〕

　　結果，在梁山英雄的日常生活中，所謂歡心快活之事就是大碗喝酒、大塊吃肉，而不像官軍那樣有歌兒舞女「作樂侍宴」〔註1026〕。好不容易有時奏曲歌唱，還是英雄之內的自娛自樂：

　　且說忠義堂上遍插菊花，各依次坐，分頭把盞。堂前兩邊篩鑼擊鼓，大吹大擂，笑語喧嘩，觥籌交錯，眾頭領開懷痛飲。馬麟品簫唱曲，燕青彈箏，不覺日暮。宋江大醉，叫取紙筆來，一時乘著酒興，作《滿江紅》一詞。寫畢，令樂和單唱這首詞曲。道是：

　　喜遇重陽，更佳釀今朝新熟。見碧水丹山，黃蘆苦竹。頭上盡教添白髮，鬢邊不可無黃菊。願樽前長敘弟兄情，如金玉。　　統豺虎，禦邊幅。號令明，軍威肅。中心願平虜，保民安國。日月常懸忠烈膽，風塵障卻奸邪目。望天王降詔早招安，心方足。〔註1027〕

　　唱曲還是唱招安，好生無趣！

　　當然，並不是說不貪女色就好男色，《水滸》否定的是各種形式的「色」，好漢們同樣也沒有時間去想男色上的事情。不過在某些情節當中，它又確實給我們留下了想像空間，這就是有關盧俊義和燕青關係的描寫。

　　盧、燕二人是以主僕身份在《水滸》中亮相的：

　　當日大小管事之人，都隨李固來堂前聲喏。盧員外看了一遭，便道：「怎生不見我那一個人？」說猶未了，階前走過一人來。看那來人怎生模樣？但見：

　　六尺以上身材，二十四五年紀，三牙掩口細鬍，十分腰細膀闊。帶一頂木瓜心攢頂頭巾，穿一領銀絲紗圍領白衫，繫一條蜘蛛斑紅線壓腰，著一雙土黃皮油膀胛靴。腦後一對挨獸金環，護項一枚香

〔註1023〕　《水滸傳》第二十一回。
〔註1024〕　《水滸傳》第三十二回。
〔註1025〕　《水滸傳》第八十一回。
〔註1026〕　《水滸傳》第八十回。
〔註1027〕　《水滸傳》第七十一回。

羅手帕，腰間斜插名人扇，鬢畔常簪四季花。

　　這人是北京土居人氏，自小父母雙亡，盧員外家中養的他大。
為見他一身雪練也似白肉，盧俊義叫一個高手匠人與他刺了這一身
遍體花繡，卻似玉亭柱上鋪著軟翠。若賽錦體，由你是誰，都輸與
他。不則一身好花繡，那人更兼吹的、彈的、唱的、舞的，拆白道
字，頂真續麻，無有不能，無有不會。亦且此人百伶百俐，道頭知
尾。本身姓燕，排行第一，官名單諱個青字。北京城裏人口順，都
叫他做浪子燕青。〔註1028〕

「怎生不見我那一個人？」盧俊義的這句話實在顯得有些親狎，體現出了
燕青對他的人身依附之深。燕青的穿著打扮、所善所能都與家養孌童的形象大
體相符。在第六十二回，盧俊義被逮入獄，燕青前來探監送飯：

　　燕青跪在地下，擎著兩行珠淚，告道：「節級哥哥，可憐見小人
的主人盧員外，吃屈官司，又無送飯的錢財！小人城外叫化得這半
罐子飯，權與主人充饑。節級哥哥怎地做個方便，便是重生父母，
再長爺娘！」說罷，淚如雨下，拜倒在地。蔡福道：「我知此事。你
自去送飯把與他吃。」燕青拜謝了，自進牢裏去送飯。

燕青失態痛哭，固然是為了博得獄監蔡福的同情，主要還是為主人的受難
難過。過後他將發配途中的主人救下，又是一哭：

　　那人托地從樹上跳將下來，拔出解腕尖刀，割斷繩索，劈碎盤
頭枷，就樹邊抱住盧員外放聲大哭。盧俊義開眼看時，認得是浪子
燕青，叫道：「小乙，莫不是魂魄和你相見麼？」

旋即盧俊義又被官差綁走，燕青亦處境險危，這時他想到的也是魂魄：

　　燕青想到：「左右是死，率性說了，叫他捉去和主人陰魂做一
處。」

人之將死，所戀念於心的必是與自己感情最親密的人。當然，這時主僕二
人鴻途未展，不可能輕易死去，而是先後走上梁山。首領宋江隆重歡迎，一番
揖讓之後，軍師吳用勸道：「且叫盧員外東邊耳房安歇，賓客相待。等日後有
功，卻再讓位。」宋江「方才歡喜，就叫燕青一處安歇」〔註1029〕。主僕安歇
在一處，按《水滸》的意思兩人不會發生曖昧情事，按照常情則未必。

〔註1028〕　《水滸傳》第六十一回。
〔註1029〕　《水滸傳》第六十七回。

到了《水滸》最後，梁山眾將打敗方臘，入朝受賞，燕青則勸主人盧俊義道：

> 小乙自幼隨侍主人，蒙恩感德，一言難盡。今既大事已畢，欲同主人納還原受官誥，私去隱跡埋名，尋個僻淨去處，以終天年。未知主人意下若何？

燕青是想和主人偕隱共居，遠離險世。盧俊義雖然也感慨「自從梁山泊歸順宋朝以來，弟兄殞折，幸存我一家二人性命」，不過執意要衣錦還鄉。

> 燕青道：「既然主公不聽小乙之言，只怕悔之晚矣。只此辭別主公。」盧俊義道：「你辭我，待要那裏去？」燕青道：「也只在主公前後。」盧俊義笑道：「原來也只恁地。看你到那裏！」燕青納頭拜了八拜，當夜收拾了一擔金珠寶貝挑著，徑不知投何處去了。〔註1030〕

主僕二人雖然選擇了不同的歸宿，但那種發自內心的信任與依託躍然紙上，讓人相信他倆自有心靈感應，已經超越了窮通生死。

《水滸傳》有一個基本的創作原則，那就是正面英雄不能好色甚至不能有性，這就將盧──燕關係進行了原則限定。而除去不能寫到的性關係，兩人在其他方面與男風伴侶是很接近的。《水滸》已經刻畫出了一對同性情伴的基本樣貌，此書若是一部明末或清代小說，二人的斷袖之情有可能會被寫實。

三、《西遊記》

《西遊記》第四十四回，孫悟空變作遊方道士，與路遇的兩位道人說話：

> 行者道：「不知我貧道可有星星緣法，得見那老師父一面哩？」
>
> 道士笑曰：「你要見我師父，有何難處！我兩個是他靠胸貼肉的徒弟，我師父卻又好道愛賢。只聽見說個『道』字，就也接出大門。若是我兩個引進你，乃吹灰之力。」

這是一處非常精緻的男色描寫。「靠胸貼肉」四字已經做了必要的暗示，而我們尤其要注意「好道愛賢」的「道」字。表面上它是指道教、道家，實際暗指的則是肛道肛門。相似用法，請見下面與《西遊記》作者吳承恩同時代的徐渭《歌代嘯》雜劇裏的一段對話，其中張、李二僧是一對師兄弟。

> （李向介）師兄雖說得是，但既名曰道，便該無物不有，尤該無時不然才是。（張笑介）天下可盡之道尚多，何必拘定此道？（李）

―――――――――――――

〔註1030〕《水滸傳》第九十九回。

此外道復何在？（張）難道李賢弟尚未盡過？豈不聞四書上說得好：
瞻之在前，其交也以道；忽焉在後，深造之以道。苟為不得，求之
以道；欲有謀焉，得其心有道。非吾徒也，循循善誘人。取諸宮中，
綽綽有餘裕。如不容，請嘗試之。將入門，援之以手。……或問之：
樂在其中，有以異乎？曰：亦人而已矣。（笑介）得其門，欲罷不能，
雖有善者，惡吾不與易也。此道之謂也。（李笑介）妙妙！是或一道
也。（背介）原來這賊禿水路既窮，又要走旱路了。〔註1031〕

　　文中的「走旱路」與「走水路」相對應，是指同性肛交。而淫僧所談之
「道」，表面上是指道理、方法，實際則是指肛道。所謂「瞻之在前，忽焉在
後」云云，其實是在描寫肛交的全過程。所以，「道」這個字的含蘊很豐富，
容易語帶雙關。在《西遊記》第四十四回，「好道愛賢」出現了數次，不止道
士師父如此。但兩徒弟特意強調那一個「道」字，又講師徒之間「靠胸貼肉」，
這就把雙關意給指出來了。

　　但雖如此，筆者不得不遺憾地指出，《西遊記》裏的男色情節除此之外就
再也沒有了，實在太少；並且此情節畢竟還有模糊之處，不像《水滸傳》第四
十五回那樣明確直接。吳承恩生活於嘉靖萬曆年間，此時雖然不是明代男風敘
寫的最活躍時期，不過已經庶幾近之。作為一部神魔小說，《西遊記》裏的世
情內容其實也是相當豐富的，各種市井、僧俗生活都有描寫。它雖然不一定要
有大段的男風情節，不過像第四十四回那樣插曲性質的小情節應當有 10 處左
右才屬常態。這樣的小情節在當時其他的小說、戲曲裏不時可見，尤以描寫主
僕同性戀、僧道同性戀者為多。像《金瓶梅詞話》裏的主僕之例：第七十一
回，西門慶帶著小廝王經等進京營幹，夜宿無聊，

　　　　晚夕令王經拿鋪蓋來，書房地平上睡。半夜叫上床，脫的精赤
　　條，摟在被窩內。兩個口吐丁香，舌融甜唾。

僧人之例：第五十七回，

　　　　有個憊賴的和尚，撇賴了百丈清規，養婆兒吃燒酒，咱事兒不
　　弄出來；打哄了燒苦蔥（肛交），咱勾當不做。

道士之例：第八十四回，碧霞宮廟祝石伯才，

　　　　手下有個徒弟，皆十六歲，生的標緻。客至則遞茶遞水，斟酒

〔註1031〕　《歌代嘯》第一折。

下菜，到晚來背地來拿他解饞填餡。明雖為師兄徒弟，實為師傅大
小老婆。

《西遊記》的核心主題離不開宗教，其內容特色是對僧道生活做有多角度
的全方位反映，時時進行嘲弄和諷刺。因此，男色插曲很容易寫入其中，全書
至少也應當有五處左右，可我們卻只見到了未予明寫的一處。

綜合來看，在古典四大名著中，《紅樓夢》裏的男風敘寫最為豐富，其他
三部則都少見。其中《三國演義》、《水滸傳》的少大體符合其創作背景和內容
背景，而《西遊記》的少則與作者的個人選擇很有關係，吳承恩的選擇與《西
遊記》的創作、內容背景有些脫節。而這三部小說裏的男風情節本來就屬於少
了，一般讀者對於其中的一些很可能還是未曾看出或看得不那麼深入。筆者因
撰此文，索微勾隱，予以指明，以期對加深理解能夠有所幫助。

《紅樓夢》及其相關著作中的同性戀

作為一部偉大的文學作品，《紅樓夢》引來了後世無數的關注，評考續改
之作層出不斷。這其中同性戀的內容既聯繫原著又有所發揮，為我們展示出了
清代社會當中獨具特色的一個側面。

一、本事

《紅樓夢》原著中涉及同性戀之處主要描寫的是賈寶玉與秦鍾、蔣玉函
（菡）的交誼（見本書第29～31頁），不過相關情節並沒有點明他們之間是同
性戀，只能講是存在著這方面的可能性。（圖 376）書中著墨較多的明確的同
性戀人物是「呆霸王」薛蟠。在第九回，他曾用銀錢吃穿把好幾個小學生哄作
契弟。到了第四十七回，他把「年紀又輕，生得又美」的柳湘蓮誤認作風月子
弟，言語狎褻，心懷覬覦。結果被騙到城外，遭了一頓苦打。賈蓉調笑道：「薛
大叔天天調情，今兒調到葦子坑裏來了。必定是龍王爺也愛上你風流，要你招
駙馬去，你就碰到龍犄角上了。」羞得薛蟠恨沒地縫鑽不進去。

而女性同性戀在《紅樓夢》中也曾寫及（見本書第 677 頁）。

另外，該書第四、二十一回等處也有一些明確或可能寫及同性戀的情節，
但多為插曲性質，不大重要。

（一）第四回寫小鄉紳之子馮淵「長到十八九歲上，酷愛男風，最厭女

子」，可當他看到被拐賣的女子英蓮後，卻「立意買來作妾，立誓再不交結男子」。這是一個由同性戀轉為異性戀的事例。

（二）第九回寫賈薔「亦係寧府中之正派玄孫，父母早亡，從小跟著賈珍過活，如今長了十六歲，比賈蓉生的還風流俊俏。他弟兄二人最相親厚，常相共處。寧府人多口雜，那些不得志的奴僕們，專能造言誹謗主人。賈珍想亦風聞得口聲不大好，自己也要避些嫌疑，如今竟命賈薔搬出寧府，自去立門戶過活去了」。這段話暗示賈薔與賈蓉甚至還與賈珍存在著同性戀關係。如此，則賈珍不但偷媳，而且對自己兒子的契弟也是不放過的。

（三）第二十一回寫賈璉「離了鳳姐便要尋事。獨寢了兩夜，便十分難熬，便暫將小廝們內有清俊的選來出火」。

（四）第二十四回，賈寶玉「一早便往北靜王府裏去了。這日晚上，從北靜王府裏回來，見過賈母、王夫人等，回至園內，換了衣服，正要洗澡」。（圖377）「洗澡」語義深長，按：關於賈寶玉和北靜王的關係，齊如山先生在《〈紅樓夢〉非曹雪芹家事論》中的分析細密扎實，富於啟發性：

> 北靜王乃是風流人物，在第十四五回，送殯時寶玉見面時所寫的情形，便看的出來。先說他年未弱冠，美秀異常。又說，那一位是銜玉而誕者，久欲一見為快。又說寶玉久聞北靜王才貌雙全，風流跌宕，不為官俗國體所縛，每思相會，只是父親拘束，不克如願。又說北靜王面如美玉，眼似明星，好秀麗人物。又說北靜王看著寶玉，面若春花，目如點漆云云。按在這種場合中，敘述北靜王的身世景況，這些花容月貌的字樣，是不必要的文字，而且也不合文章的體裁，他所以如此寫法者，當然是有意形容他的風流，尤其是寶玉早想見北靜王，只是父親拘束等語更有意味。按寶玉見北靜王，乃冠冕堂皇的事情，你所謂怕拘束，這大概是寶玉的思想。所以想見北靜王者，是因為他才貌雙全，風流跌宕也。總之這一段文字，完全是有意描寫不規則的情形，則是可斷言的。尤其是在第二十八回中，蔣玉函情贈茜香羅時，蔣玉函特別說明，這汗巾是昨日北靜王給的一語，更可以證明北靜王也是好男風的一個人。以這樣一個人，寶玉常常同他來往，還有什麼好事？寶玉常常同北靜王來往，也是由補筆中看出來的。第四十三回，鳳姐過生日，寶玉偷著去祭金釧，回來對賈母說，北靜王的一個愛妾沒了，今日給他道煩惱去，

我見他哭的那樣，不好撇下他就回來，所以多等了會子。由這一套話，就可以證明是常常去的。一是北靜王妾之死，當然不會訃告賈家，而寶玉則知之，一家人都不知，獨他知之，不是常來往，那能如此呢？二是寶玉隨便就可到北靜王府，且只帶焙茗一人，其隨便的程度，可想而知。既能這樣隨便，當然是常常來往。三，以上這些話，固然都是假的，但寶玉敢用這些話騙賈母，則一定賈母有相信的可能。既是賈母可能相信，則寶玉一定是常去，若不常去而偶爾去一次，則不能這樣的隨便。以上是證明他們常常來往，茲再談談他們不會作好事。寶玉往北靜王府，可以說北靜王欠安，或者因為他事都可，何必要說他的妾去世呢？這已經不是冠冕的意思，北靜王因妾死，而賈寶玉在旁安慰，著書者如此寫法，當然另有他意。在此第二十四回中，亦曾稍露，有以下的幾句話：寶玉從北靜王府裏回來，換了衣服，正要洗澡云云。這幾句話，在表面上是很平常，沒有什麼毛病，不過是請要注意，《紅樓夢》中不輕易寫到洗澡，寫洗澡的地方，便有些不乾淨。如第三十一回，撕扇子作千金一笑時，晴雯說，碧痕打發寶玉洗澡的情形，即是一例。此處又寫洗澡，已經是有意義的了，而又特書由北靜王府回來。按此回的情節，前前後後，都與北靜王府無干，說由他處回來，固無不可，就乾脆說想洗澡，不必說出門，亦無不可。乃他特寫由北靜王府回來，且云正要洗澡，這顯是有用意的。第八十五回中，寶玉隨賈赦等去與北靜王拜壽，王爺單留寶玉在內書房吃飯一段文字，寫的也很閃爍，雖然是八十回以後高鶚的筆墨，但當然也是宗著原著的意思，補寫出來的。足見他也認為北靜王和寶玉二人，是有問題的，否到何必這樣寫法。

綜觀以上的情形，說他二人不清楚，不能說出無理的判斷罷。既是不清楚，則當然是寶玉要吃虧。〔註1032〕

（五）第三十三回，忠順王派人到賈府索要琪官蔣玉函，傳話謂：「若是別的戲子呢，一百個也罷了，只是這琪官隨機應答，謹慎老誠，甚合我老人家的心，竟斷斷少不得此人。」按文中敘述，琪官作為「忠順王爺駕前承奉的人」曾長住王府之內，深得親王寵愛。一般來講，此種情形是比較曖昧的。

〔註1032〕《隨筆》。

（六）第五十三回，賈珍訓斥賈芹：「你還支吾我！你在家廟裏幹的事，打諒我不知道呢。你手裏又有了錢，離著我們又遠，你就為王稱霸起來，夜夜招聚匪類賭錢，養老婆小子。」文中的「小子」是指孌童。

（七）第六十五回，賈珍、賈璉的僕人喜兒、壽兒、隆兒在一起喝酒，喜兒醉後謂：「咱們今兒可要公公道道的貼一爐子燒餅。」「貼燒餅」是隱語，指交互進行的同性性行為。

（八）第七十五回，薛蟠、邢大舅等人在賈珍處聚飲聚賭，有孌童服侍，言行不雅。

（九）第八十回，賈寶玉讓道士王一貼猜病，這時，寶玉的貼身侍僕茗煙「手內點著一枝夢甜香，寶玉命他坐在身旁，卻倚在他身上。王一貼心有所動，便道：『我可猜著了。想是哥兒如今有了房中的事情，要滋助的藥，可是不是？』」王一貼之所以這樣猜，一種可能是他看到寶玉與茗煙的親近關係後，懷疑前者把後者收為了男寵，沉溺於中，因而身體虛弱。

（十）第八十六回，薛蟠偶遇蔣玉函，便「同他在個鋪子裏吃飯喝酒。因為這當槽的盡拿著眼瞟蔣玉函」，薛蟠便大為不快，第二天竟在氣怒之下把當槽的打死。可見，因男色而生的妒忌也具有很大的力量。

（十一）第一百十九回寫賈芸等「賭錢喝酒鬧小旦，還接了外頭的媳婦兒到宅裏來」。文中的「鬧小旦」事涉狎邪。

二、評詠

賈寶玉是《紅樓夢》的主角，作者曹雪芹有意將他與秦鍾、蔣玉函的關係曖昧化。這樣寫的重要原因，男女之情是此書主線，如果把男男之情敘寫得明朗深刻，將會干擾主線的發展。尤其賈—秦關係，第十五回後兩人就要在一起「讀夜書」，果若如此情節將難以控制，於是作者只好讓秦鍾病死。而在評論者這一方面，面對似有若無的事實，有人不願深究，便也說一些模棱兩可之言。涂瀛曰：「寶玉動謂男子為濁物，度一面目黧黑，于思于思者耳。使溫潤如好女，未嘗不以脂粉蓄之。」〔註1033〕蔡家琬曰：「『女兒是水做的骨肉，男人是泥做的骨肉。』此寶玉奇論也，乃寶玉欺人語也。秦鍾、蔣玉函之骨肉，還是泥做的？還是水做的？若謂是泥做的，寶玉固愛之如女兒；若謂是水做的，秦、蔣之子固偉男也。予特兼而名之曰『泥水匠』。」「泥水匠」雖好如水

〔註1033〕 《紅樓夢論贊‧蔣玉函贊》。

之泥不過實為意淫之好，蔡氏尚言：「警幻仙姑謂寶玉為意淫，索解人不易得也。蓋色授魂與，竟體生香，非溫柔鄉之深處而何？若必待肌膚之親，始入佳境，正嫌其俗道耳。」〔註1034〕如果沒有肌膚之親，便可謂是精神戀愛，這是一種虛縹的、不易實際存在的感情。另外一些評者則是將這種感情落到了實處的，於是賈寶玉與秦鍾、蔣玉函便存有了真切的同性戀情誼。

（一）賈寶玉與秦鍾

1. 關於第七回中賈、秦的初次見面。（圖378）洪錫綬評：「寶玉一見秦鍾，十分愛慕，即邀來家塾讀書，其心事不問可知。秦鍾一見寶玉，亦恨不能與之交接。豈怯怯羞羞有女兒之態者亦具女兒之癡耶？抑與寶玉同一懷抱耶？」〔註1035〕

2. 關於第九回中賈、秦同在學塾讀書。王希廉評：「寶玉於女色自幼親近，已深知其味，而於男色尚未沉溺。又有秦鍾同學，從此男女二色皆迷入骨髓矣。」〔註1036〕

3. 關於第十五回賈、秦在饅頭庵「細細的算帳」。王希廉評：「秦鍾與智能偷情及與寶玉苟且情事，是夭亡根據。妙在一是明寫，一是暗寫。」

旭艫評：「試觀寶玉夢後試花（與襲人），色之始。……鯨卿（秦鍾）榻間算帳，色界一變而一奇。」〔註1037〕

姚燮評：「寶玉與秦鍾睡下細細算帳，可想此帳非天亮不清也。」「此燒餅帳也，吾已見其『真切』，尚何疑之有？」「吾知之矣，明人不必細說也。」〔註1038〕

洪錫綬評：「寶玉拆散人好事又藉為要挾，未免豈有此理。」「寶玉與秦鍾鬧學堂時，想已得心應手矣，何待藉智能要挾乎？其必藉以要挾者，或前此數求一允，或既允復拒。今而後得暢所欲，無復手推足拒矣。」「寶玉與秦鍾算帳，作者偏說不知算何帳目，未見真切，不敢纂創。如此明顯之事而亦必為含蓄之文，欲讀者由此類推也。」

（二）賈寶玉與蔣玉函

1. 第二十八回賈、蔣初次見面。姚評：「一條汗巾，竟作紅絲之繫。既定

〔註1034〕 《紅樓夢說夢》。
〔註1035〕 《紅樓夢抉隱》，下面洪評亦引自是書。
〔註1036〕 《新評繡像紅樓夢全傳》，下面王評亦引自是書。
〔註1037〕 《紅樓夢偶說》卷上。
〔註1038〕 《增評補圖石頭記》，下面姚評亦引自是書。

爾艾豭，盍歸我婁豬？」

洪評：「優伶之名愈著，則斷袖之好愈多。蔣玉函即琪官，名馳天下，其老斗（優伶的恩客）必車載斗量。而況與寶玉初親芝采，即解茜羅，其濫於納交尤可想。」

2. 第三十三回，忠順王派人到賈府索要琪官。（圖379）洪評：「琪官為忠順王一日不可少之人，其恩遇自必非凡。乃三五日不見，又不告假，輒悄然往紫檀堡居住，甘為寶玉等孌童，殊屬幸恩忘義。諺云戲子無情，信然。」

3. 第一百二十回，蔣玉函娶了賈寶玉的丫鬟襲人為妻。洪評：「蔣玉函只道娶的是賈母的侍兒，第二日方知是寶玉的丫頭，原來是寶二爺的內寵。內寵外寵，旗鼓相當。」

青山山農在他綜合性的評紅著作《紅樓夢廣義》中曾自問自答。關於秦鍾，「問：秦鍾少年美秀而竟鍾情以死，然則情固不可鍾乎？曰：情之所鍾，獨在我輩，此名士欺人之語，非有道之言也。夫人生美少年已大不幸事，況復出以鍾情？為鍾情於人之人，即不得不為人所鍾情之人。其鍾情於人也，莫為之前，雖美不彰；其為人所鍾情也，莫為之後，雖盛弗傳。顧前不顧後，其象為夭，故不永所壽云」〔註1039〕。（圖380）關於蔣玉函，「問：蔣玉函一男子耳，而寶玉直趨之如鶩，豈男色之移人，亦同於女色乎？曰：頑童之比，《商書》戒之矣〔註1040〕；少艾之慕，孟子言之矣〔註1041〕。美男之禍，不較女戒為更烈哉！寶玉戀戀玉函已非一日，甘受家庭之責，莫割情慾之私。羅巾之贈，天奪之魄矣。特不識紫檀堡上，其亦嘗瞻前顧後而自慚形穢否耶？」〔註1042〕

詩歌當中也有評詠。詠秦鍾者：

> 風流腼腆勝嬋娟，撲朔雌雄別有緣。
>
> 良會都生歡喜地，優尼戲罷伴僧眠。〔註1043〕

> 秦家小子太憨生，絕世溫柔玉性情。
>
> 不是同車恩義重，也教分愛到鯨卿。〔註1044〕

> 花底秦宮窈窕身，溫柔腼腆不勝春。

〔註1039〕《紅樓夢廣義》卷上。
〔註1040〕《尚書‧商書‧伊訓》：「敢有比頑童，時謂亂風。」
〔註1041〕《孟子‧萬章上》：「知好色，則慕少艾。」
〔註1042〕《紅樓夢廣義》卷下。
〔註1043〕《紅樓夢詩》。
〔註1044〕《紅樓夢竹枝詞》。

憐君才折菩提果，又把餘桃贈與人。〔註1045〕

詠蔣玉函者：（圖381）

翩爾驚鴻求供奉，櫻桃只合檀郎寵。

過後相思馬耳風，依稀花底活秦宮。〔註1046〕

筆者認為，《紅樓夢》是一部「意淫」之書，在對主人公性事的描敘上，曹雪芹追求的就是一種似有若無的情境。身為貴家公子，賈寶玉不可能無性，但真切而重複的性對他是一副換身劑，將會使他泯沒於眾生。於是曹雪芹點到即止，重點強調的是寶玉對如水美人的精神上的愛賞，而這正是賈寶玉能夠感動無數讀者的關鍵。男女之間的他固然如此，男男之間同樣也是如此。從文學欣賞的角度講，賈—秦乃至賈—蔣之間的同性戀大致可以說是存在的，但如果把他們的關係基調定位在肌膚之親上面，則正如前面蔡家琬所言，「正嫌其俗道耳」。

薛蟠的同性戀事實確切無疑，評詠之言無非是做客觀反映

演戲閒來風月場，柳兒伉爽性逾常。

都因誤下風流棒，鞭扑難饒呆霸王。〔註1047〕

誰錫嘉名是霸王，野心直合號豺狼。

尤憐斷袖平生癖，為飽尊拳識柳郎。〔註1048〕

薛霸王固然曾因男色而受辱，不過在有的評者看來，柔媚的男色他也是曾經得到過的。（圖382）洪錫綏評第八十六回薛蟠因蔣玉函而吃醋殺人等情節，謂：「蔣玉函能奉承得薛呆霸王視同姬妾之流，不准旁人偷看，不知如何狐媚而至此也。」「寶玉回來問襲人道：『那年沒有繫的那條紅汗巾子還有沒有？』非重之也，輕之耳。以其（蔣玉函）於呆霸王而亦委身事之，卑賤污下，不足齒數。」細讀原文，這樣講有過於坐實之嫌。又：洪氏在對第四十七回進行評論時，明確認為柳湘蓮曾與賈寶玉、秦鍾有染，這樣講也是顯得比較輕率的。

對於藕官與莇官之間的女性同性戀，評者多是著眼於以戲為真，由虛而實，字裏行間不時地就會流露出人生如戲之感。何鏞《鵲橋仙‧藕官焚紙》詞云：

〔註1045〕 《紅樓夢本事詩》。

〔註1046〕 《紅樓夢圖詠》。

〔註1047〕 《紅樓夢雜詠》。

〔註1048〕 《松陰軒稿》。

假疑真，真疑假，廬山面目何處。下場多，上場少，易分難聚也。
衣冠雖是優孟，豈忍分鴛侶。恰不道把密意幽歡，竟歸飛絮。　　此
日又逢令序，問當時同心，誰與蝶化紙飛。鳥啼花去，癡情脈脈如
故。看淚珠零雨，舊愁新恨，向東風低訴。〔註1049〕

三、索隱

　　紅學中的索隱也就是在《紅樓夢》情節與歷史事件之間人為地進行聯繫。
清代已經有之，著名觀點如認為《紅》書是在影射康熙朝明珠家事。進入民
國後此派一度興盛，蔡元培、王夢阮、景梅九等是為代表。如對《紅樓夢》中
的同性戀情節進行索隱，就需找到清朝歷史上的同性戀人物事件，索隱派找
到的有：

（一）多爾博

　　多爾博是清初攝政王多爾袞嗣子，景梅九認為薛蟠是對他的影射。（圖
383）《石頭記真諦》卷上：「多爾博尤喜男色，與肅親王子富壽同狎一優伶名娛
雲（與薛蟠好男色，愛蔣玉函，誤認柳湘蓮拍合。──原注）。後因劫取娛雲，
至相奮鬥，互致夷傷（與薛蟠被打相影響，又寫多爾博好乘駿馬過市，亦與薛
蟠乘馬趕柳二相仿。──原注）。……（本書二十八回寫薛蟠醉拉雲兒，命唱體
己曲兒。雲兒拿起琵琶唱道：『兩個冤家都難丟下，想著你來又記掛著他。』
寫出多爾博與富壽爭娛雲，且明寫一雲兒以影娛雲，尤佳。──原注）。」

（二）允礽

　　允礽曾是康熙皇太子，後因故見廢。據《清實錄》聖祖仁皇帝實錄卷之二
百三十四，康熙皇帝在談及此事時曾講他自己「從不令狡好少年隨侍左右，守
身至潔，毫無瑕玷」。暗含之意，允礽身邊有狡好少年服侍，則允礽被廢的一
個原因是他有男風之好。由此，王夢阮、沈瓶庵聯想到了賈寶玉。（圖384至
圖385）《紅樓夢》第三十三回，忠順王府長史官來到賈府索要琪官蔣玉函，
謂寶玉與之過從甚密。寶玉先是推脫，後見實在不能相瞞，只好說出琪官是在
城外紫檀堡居住，可到那裏找他。賈政此時氣極，一面送那官員，一面回頭命
寶玉：「不許動！回來有話問你！」王、沈就此索隱道：「聖祖因廢允礽，曾宣
諭向不令姣好少年侍側，頗致憾於太子所為。是其被廢原因中，頗涉蓄優伶好

〔註1049〕《璚珤山房紅樓夢詞》。

男寵之事，概可想見。」〔註1050〕

（三）玉寶與珍兒

據護梅氏《有清逸史》，玉寶是乾隆寵臣和珅少子，與和妾龔姬有私。同時，「和府故多梨園子弟，皆極一時之選。有貼旦名珍兒者，尤姣媚，昵昵依人，玉寶與結斷袖之契，輒夜宿其家」。情事被龔姬廉知，亟率侍婢前去捉姦，見珍兒貌美，「竟與偕歸，亦留與亂。是夜，龔姬以暴疾死，死後恒為厲府中。和知之，以珍兒殉焉，乃不為厲」〔註1051〕。顯然，玉寶、珍兒、龔姬就是《紅樓夢》中的賈寶玉、蔣玉函和花襲人。按：《夜譚隨錄·卷之三·倩霞》寫有清初三藩之一靖南王耿精忠之少子與優伶珍兒的同性戀，護梅氏是據以改寫，將耿精忠少子改為了和珅少子。（圖386至圖387）

有時非關同性戀的情節也可以和同性戀事件相聯繫。《紅樓夢》第三十、三十二、四十三等回，丫鬟金釧因和寶玉調笑被王夫人逐出，竟羞極投井而死。寶玉時自悔責，在金釧生辰時郊外致祭。由此，景梅九聯想到了清代一個著名的傳聞：乾隆年將冠時一日入宮，與雍正某妃戲，妃誤傷其額，皇后竟賜妃死。投繯垂絕之時，乾隆趕至，對妃曰：「我害爾矣。魂而有靈，俟二十年後，其復與吾相聚乎？」〔註1052〕二十年後和珅出現，竟得盛寵。景氏索隱道：「金釧投井一事，恰與乾隆為太子時戲某妃相合（書中寫寶玉因金釧死十分感傷，幾欲身殉。又於金釧生辰到井臺設祭，焙茗代祝。不但寫出乾隆祝某妃魂靈再世，並從對面寫出某妃來生變個美男，和珅與乾隆結緣，更妙。——原注）。」〔註1053〕君臣結此香豔因緣，是可以說成同性相戀的。

史湘雲是金陵十二釵之一，蔡元培先生由她的名字想到了清初著名文學家陳其年。《石頭記索隱》：「史湘雲，陳其年也。其年又號迦陵，史湘雲佩金麒麟，當是『其』字、『陵』字之借音。氏以史者，其年嘗以翰林院檢討纂修明史也。名以湘雲，又號枕霞舊友，當皆以其狎紫雲故。蔣永修所作《陳檢討迦陵先生傳》曰：『嘗嬖歌童雲郎，雲亡睹物輒悲，若不自勝者。』可以見其年與紫雲之關係也。」按：陳其年與徐紫雲之間的同性戀關係在清代眾口騰播，已經成為了一個典故。紫雲逝後，其年哀戀不已，睹物輒思，曾賦詞云：

〔註1050〕《紅樓夢索隱》第三十三回。

〔註1051〕顛公：《小說叢譚》，見《文藝雜誌》，1914年第5期。

〔註1052〕《清朝野史大觀·卷一清宮遺聞·和珅獲寵原因》。

〔註1053〕《石頭記真諦》卷上。

「惠山山下，誰氏高樓，記曾借我醋眠。憑闌唱，落葉哀蟬。可惜是聲聲紅豆，憶來大半難全。」又：「記得蛇皮弦子，當時妝就，許多聲價。曲項微垂流蘇，同心結打。今日愴，人琴淚如鉛瀉。一聲聲是，雨窗閒話。」〔註1054〕

　　上面各條索隱存在著一個根本性的錯誤，即不論事件真實與否，情節與事件之間的聯繫從根本上講都是虛假不實的，這一點我們很容易就能夠看出。就對事件本身的分析而言，由於索隱者存心要從同性戀的角度看問題，他們的認識便可能出現偏頗，會擴大同性戀的可能性，像多爾博事。而像玉寶—珍兒事，通常一看就會感到是訛謬不經的傳聞，可索隱者為了以己意解釋《紅樓》，便傾向於相信是實事。但在另一方面，清代歷史上當然是有不少同性戀事件的，相關反映有些並不明確，一般研究者可能對同性戀的因素會有所忽視。這時索隱者則能獨具慧眼，索考出一些真實的隱事，像允礽被廢，應當說同性戀的因素確實存在，不能講王、沈之言是奇說怪論。（圖388）

　　而同性戀的情節有時還可以和非關同性戀的事件相聯繫。民國初年鄧狂言著有《紅樓夢釋真》一書，在釋第九回之「真」時，他談到了清初攝政王多爾袞的驕橫淫縱：按照自己意願為年弱的順治帝擇后，與順治之母私通猶以為未足，必求下嫁而後已。鄧氏認為，順治此間所受之辱即同於龍陽變童之辱。在釋第四十七回之「真」時，他又談到了明清易代之事：吳三桂遭到了李自成的打擊，父親被殺，愛妾被掠，於是轉而降清。鄧氏認為，薛蟠所遭受的葦坑之辱即是吳李相爭之象，他喝下髒水之後把髒東西吐出來即是三桂降清之象。如果說景梅九等人的索隱尚可資談助的話，鄧狂言如此之言只能是讓人感到匪夷所思，其思路的「開闊」早已經超乎常理常情。（圖389）

四、改作

　　改作是對《紅樓夢》已有的情節內容進行改寫，涉及同性戀之處有下面幾種情形。

（一）情節不變

　　這時一般只是單純地改變寫作形式。陳鍾麟《紅樓夢傳奇》是一部劇本，如其中對原著第九回的改寫片斷：

　　　　（鍾與憐努嘴同下）（榮隨下）……（榮拍手笑上）話靶話靶，
　　被我拿著了。（愛）你說什麼話？（榮）我跟他二人進去，見秦鍾同

〔註1054〕《迦陵詞全集》卷二十四、三十。

香憐二人親嘴摸屁股。哈哈！笑話笑話！（愛）休得胡說！（榮）
我逼逼真真看見的。（鍾、憐同上）我們被金榮欺負，說了多少不乾
不淨的話。（瑞）俗語說得好，籬笆夾得緊，那怕野狗鑽。你們鬼鬼
祟祟，自然被人疑心，還不坐下！〔註1055〕

傅藍坡將《紅樓夢》改寫成了曲本，與《紅樓夢傳奇》相同的內容在《紅
樓夢說唱鼓詞》中寫為：

秦鍾同香憐走到後院內，正說話有一窗友名金榮。

大喝聲今日被我拿住了，把秦香二人氣的臉飛紅。

忙進來齊向賈瑞去訴說，那賈瑞反說香憐太冶容。〔註1056〕

（二）情節有些改變

原著第三十三回，忠順王派長府官到賈府索要琪官，在石韞玉《紅樓夢傳
奇》中，此官說白道：「蔣琪官是王爺的心肝寶貝，吃飯無子蔣琪官吃弗飽，
困覺無子蔣琪官困弗著。」「我想戲子與娼妓一般，迎新送舊是其常事。」唱
道：「碌碌粗材何足數，單則愛後庭一枝玉樹。」〔註1057〕（圖390）這樣的唱
白幾乎就是明確地在講蔣玉函是忠順王男寵，而原著所寫則是比較模糊的。

（三）情節明顯改變

原著第三十四回，薛寶釵講她的哥哥薛蟠「當日為一個秦鍾，鬧得天翻
地覆」。可考求前文，卻並沒有相應情節。其原因，《紅樓夢》在寫作過程中
曾經增刪數次，前後難免會有牴牾不合之處。除去本回，第四十七回講薛蟠
「自上次會了一次」柳湘蓮以及湘蓮與寶玉、秦鍾情厚等都沒有前文。由這
幾處破綻可以認為，在第九回前後，賈寶玉、秦鍾、薛蟠、柳湘蓮之間的故事
曾經比較曲折複雜，同性戀怨很可能曾是一條明顯線索。後來曹雪芹更加有
意強調異性之間寶—黛、寶—釵等關係，便淡化了同性戀情節，而刪削成為
通行版本的現在模樣。庚午老人吳克岐為了彌補第三十四回的破綻便在第九
回增入了一大段文字，講薛蟠「自從在寧府見了秦鍾，便動了龍陽的興頭，因
此也假說上學讀書。卻不曾有一點進益，一心一意只想秦鍾。誰知如今秦鍾
和寶玉寸步不離，二人繾綣情形難描難畫」。薛霸王大動醋意，便用銀錢收買
了許多破落子弟，指使他們相機打死寶玉。眾子弟滿口應承，卻從未真正動

〔註1055〕《紅樓夢傳奇・卷一・鬧學》。
〔註1056〕《紅樓夢說唱鼓詞》第十五、十六回。
〔註1057〕《紅樓夢傳奇》第六齣。

手，最後薛蟠只得作罷。〔註1058〕按：類似這樣的內容可能在《紅樓夢》的某早期稿本中存在，但曹雪芹綜合考慮後覺得不妥，已經刪去，庚午老人實無必要增入。如果需要情節前後一致，應當做的是對三十四回中的寶釵之言進行刪改。（圖391）

　　當然，畢竟庚午老人是在以嚴肅的態度對《紅樓夢》進行修訂，而有的改作者有時則是為了科諢調笑。仲雲澗《紅樓夢傳奇》也是劇本，其中有對寶玉出走事的改寫，原著中的高僧高道變成了妖僧妖道。第二十齣，僧（淨）、道（副淨）在一起商量，欲去投靠海上番王，準備以迷魂陣和勾魂陣做進獻禮。迷魂陣也即美女陣，「（副淨）那勾魂陣呢？（淨）那勾魂陣要二百八十名美男。（副淨）要他做甚？（淨）天下還有不好女色，專好男色的呢。迷魂迷不得他，少不得勾魂也勾了他，這不一網打盡了麼？（副淨）請問師兄，這美男也攝魂麼？（淨）這卻要生人的。（副淨）怎麼又要生人呢？（淨）以陽勾陽，猶如以毒攻毒，全要陽盛才送得死他。若是魂魄，就大半陰了」。結果，妖邪僧、道選中了賈寶玉做美男領隊，將他拐出賈府，一路南來。走至毗陵驛恰為賈政所見，寶玉得救，僧道按律處死。有趣的是，《紅樓夢傳奇》作為改作也有自己的改作，即赧生居士之《紅樓夢全部灘簧》。上面《傳奇》中的內容是在《灘簧》第十八等齣，妖僧有一段唱詞可觀：「自古風情讓宋朝，孔聖人曾把他姓名標。莫說後庭個個將花愛，便是夫人見了也癢難撓。後來子都又生得龐兒俊，孟夫子也曾極贊姣。兒曹大抵龍陽生就如花貌，美男兒更比美人高。」

　　不只改作，在所有《紅樓夢》相關著作當中，同性戀內容最集中、最具體的要屬民國間儷鳳樓主的鼓詞《饅頭庵》。此書主要寫賈寶玉、秦鍾、智慧事，意在勸善戒淫。秦鍾之「淫」既表現在與智慧的情事上，又表現在與寶玉的情事上。而在與寶玉結交之前，這位小秦公子就已入男色之道。一夜他隨父住在賈府鐵檻寺，寺僧見他貌美，便言語勾挑。秦公子不能自持，遂與僧人「暗室之中試其先」。回家之後，「那有閒情讀書史，簡直是留情此事想非非」（第二回）。不久之後賈、秦相會，彼此都對對方有意，一同在學塾讀書，「簡直比如膠如漆恩還深」（第四回）。同學金榮散佈流言，「說什麼寶玉性好後庭樂，他與那唱戲小旦結了緣。秦鯨卿也就入了黨，水月庵便是他倆快樂天」（第七回），二人因此大感窘迫。秦鍾的姐姐秦可卿去世後二人送殯同住饅頭庵（水

〔註1058〕見《庚午老人修改本紅樓夢》。

月庵),「抵足而眠同一床」(第十三回)。在庵中,秦鍾與庵尼智慧偷情,回城後相思成病,病入膏肓。至此作者忽發奇想,讓賈寶玉女裝成智慧前去秦家探望。秦鍾誤以為真,「一把抱住便脫去中衣。寶玉此來本不過是沖喜的俗套,這時候姑且先與他充饑。兩個人從前本是好對子,這時候不啻鸞交與鳳友」(第十九回)。事後秦鍾辨出真假,他的生命也將走到盡頭,寶玉去後不久便在愧悔哀傷中成了陰魂。(圖 392)

儷鳳樓主寫作《饅頭庵》的目的是希望世人能認真體會「萬惡淫為首,百善孝為先」這兩句古訓。《紅樓夢》原著的相關情節只是一個框架,為了達到自己的目標,作者的個人發揮是相當自由的。再如書中還寫到了薛蟠,第十二回,他對一美男實施強搶,姦而殺之。第十四回,他在和另一美男吃酒玩耍時下體受傷,見此男逃走他鄉,便將其義父告入了監牢。所有這些內容雖為原著所無,但卻能凸顯出薛霸王的淫惡面目。

五、續作

《紅樓夢》的悲劇結局引來了讀者無盡的嗟歎,不知有多少人會感到難以釋懷,於是續寫之作不時出現。這些作品基本上都是要追求一個大團圓的結局,讓有情人終成眷屬,讓賈氏家族興旺發達。因此,續作者們的眼光主要是集中在賈寶玉、林黛玉、薛寶釵等人的男女之情上面,面目一新之後的賈寶玉不再有心去想分桃斷袖一類的事情。相應地,秦鍾少有出現,無足輕重。

諸續作中的同性戀內容集中在對蔣玉函的敘寫上。其原因,賈寶玉的通房侍婢襲人在原著最後是嫁給了玉函。在續作者們看來,襲人本已和寶玉同房,她再去嫁人實屬淫賤,而嫁給的又是一個戲優,也就更加不可寬恕。因此,襲人在續作當中很受非詆,她的丈夫蔣玉函便也不能免。身為優伶戲旦,蔣玉函的羞處即是賣色鬻身。《續紅樓夢》卷二十三,襲人得知寶玉回生後愧恨萬端,想起:「雖說蔣玉函模樣兒風流,到底終覺下賤。況且他原是跟著人睡的人,如今我又跟著他睡,這就保不住他高興了把我枕席間的光景,告訴了他的相知之人,還有什麼趣兒了呢?」(圖 393)晚上蔣玉函回家,勸說妻子不必再想寶玉,所謂「寧為雞口,勿為牛後」。襲人挖苦道:「據我想來,你才真是個『牛後』呢。」「我可懂得什麼書呢!你只自己回過手去摸摸。」玉函解意,羞得紅雲滿面。《紅樓圓夢》第六回,夫妻二人在一起同房,只見襲人道:「你們做小旦的動不動獻後庭花,那個也同前面一樣麼?」而在《綺樓

重夢》當中，他們夫妻生下的女兒竟是一個人妖，書中寫道：「是了，他父親是做戲旦的，自然用著後竅，母親是用前竅的。如今合成一孔，南北〔註1059〕兩便。二爺〔註1060〕好運氣，買了一丫頭，卻帶了一個兔子〔註1061〕來哩。」〔註1062〕如此惡謔，可見在作者看來，父母愆尤，是要殃及子孫的。

蔣玉函既是優伶也還是優伶師傅，《補紅樓夢》中他領辦的是一個檔子班。第十三回，薛蟠、賈薔、賈芹前來玩耍，福兒、祿兒、壽兒三個小優兒陪酒唱曲。「三個孩子各拿了一把紙扇、一條手絹子，在席前扭捏著身子兩頭走著，唱的聲嗓嬌媚可人，抑揚宛轉。內中福兒更覺體態輕盈，面目俏麗，向著薛蟠丟了幾個飛眼兒。薛蟠大喜，點頭兒叫他過來，便重新敬酒，拜了阿媽。薛蟠大樂，賞了十兩銀子，還說：『明兒閒了到我們家裏唱去。』蔣玉函道：『改日帶了他們到阿媽府上來請安。』」如果改日真的到了薛蟠府上會是怎樣的情形？我們不妨可以參考《紅樓夢》第七十五回中的描寫。此回當中，薛蟠、邢大舅等人在賈珍處聚飲聚賭，兩個十六七歲的小優兒奉酒伏侍，其間狎褻的言語舉動在整部《紅樓》中都是少見的。

檔子是唱曲優伶，《後紅樓夢》第二十五回，賈環、賈芹「在什麼檔兒下處租了房子，也弄些鋪設，遇空就去聽小曲玩兒，乾兒子認了無數」。也是說的這方面的事情。而優伶的主體當然應是戲優，在《紅樓圓夢》中，蔣玉函做的就是戲優師傅，他的徒弟馬小憐屬兔，「臉圓秋月眼擲春星，不瘦不肥十分嬌媚」。一日薛蟠等人到蔣家吃酒，魂靈立刻就被小憐攝了去，重金賞封。第二天，馬小憐隨著師傅來薛家請安，薛蟠「便留住吃夜飯。初時尚猜拳賭唱，後來索性通了，蔣琪抬起轎來，把那小憐臉暈晴霞，體融暖雪，大醉如泥，不省人事。琪官忙幫著替他脫了外衣，拉了鞋襪，連一條水綠綢中單也輕輕褪去，只留著一件大紅裏月白面天鵝絨廂的緊身遮體，愈顯得唇紅臉白。薛蟠見了慾火燒心，便對蔣琪道：『奇功已奏，就請回營。』遣他去了，便關門一覺。佛家說，孽者障，障者孽，不知是那一條了。」〔註1063〕二人既已成其好事，薛蟠索性就讓小憐住到了自己家裏。誰想薛妻寶蟾也看上了這個美優，趁薛呆子不在時相誘成姦。不久姦情被薛蟠看破，小憐暫時用苦肉計應付了過去，可

〔註1059〕同性戀與異性戀、肛交與陰道交。
〔註1060〕賈小鈺，賈寶玉之子。
〔註1061〕男寵的俗稱。
〔註1062〕《綺樓重夢》第三十九回。
〔註1063〕《紅樓圓夢》第十一回。

內心終覺不妥，和寶蟾商量後二人竟捲攜錢物逃出了京城。薛蟠人財兩空，遷怒於蔣玉函，玉函自縊而亡。

由於蔣玉函在各種續書當中已經基本上注定是一個應被負面描寫的人物，所以由他所表現的優伶便多是賣色賣身。就優伶尤其男旦在清人眼目中的整體形象而言，他們與男色的關聯確實是比較密切的，或真或假、風言風語，難以擺脫干係。不過若見之於文學描寫，其中也就有了一個作者態度的問題。如果描寫對象是屬正人才子，則其與優伶的交往便是風雅之舉，優伶也不會像蔣玉函那樣總是想著要以身體媚人。《紅樓復夢》中，祝夢玉是賈寶玉的後身轉世，（圖394）下面是他某日看戲前後的幾段場景：「夢玉且不點戲，看那小旦生得眉目含情，風流嬌媚，令人可愛，心中十分歡喜。……寶官裝扮上場，抖起一段精神，將那一齣《草橋驚夢》唱的入情。……寶官帶著裝上來敬酒，夢玉看他就活像美貌女兒，拉著他的手歎道：『你』，才要說出口來，忽然頓住，接了他的酒一飲而盡。」〔註1064〕夢玉多情，寶官絕色，但前者好色不淫，後者美而不妖，他們是不會有實際的分桃斷袖之事的。再如《紅樓圓夢》中，一日賈寶玉在鎮江看戲，「內中一個小旦丰韻頗佳，因命他上來勸酒。……寶玉大喜道：『如此太妙。你今日就做了我跟班，我自看顧你。』」〔註1065〕把美貌的小旦收作跟班，隨身服侍，一般情況下是可以做同性戀方面的理解的。但《圓夢》作者並沒有這樣明確地寫下去，原因就在於：優伶男色雖然並不少見，不過對於當事者來說終究不是一件值得宣揚的事情。所以如果是薛蟠做主人，他必然會有皮膚淫濫之舉。而既然是寶玉，即使真有也是不會明白說出來的。這就是一種「曖昧」，在清代社會，同性戀無處不在又處處掩抑，可謂是天理煌然，人慾不息。

《紅樓夢》原著中主要的同性戀情節是曖昧模糊的，評詠、索隱、改續之作則將其明朗化、歷史化、多樣化、感情化。所有這些雖非信史，不過文學是對現實的反映，透過如此豐富細膩的描敘，清代男風的概貌已經展現在了今人的面前。

香憐與湘蓮

查閱有關《紅樓夢》的論著、論文及詞典，可以看到書中重要人物柳湘蓮

〔註1064〕《紅樓復夢》第三十五回。
〔註1065〕《紅樓圓夢》第二十二回。

的首次出場都被定在第四十七回，果其如此，則當我們閱讀此回某些內容時就會覺出情節上有難以連貫之處。

（一）薛蟠等人在賴尚榮家喝酒時，見陪客中「有柳湘蓮，薛蟠自上次會過一次，已念念不忘」。薛蟠何時會過湘蓮？

（二）賴尚榮對柳湘蓮講：「方才寶二爺又囑咐我，才一進門雖見了，只是人多不好說話，叫我囑咐你散的時候別走，他還有話說呢。」賈寶玉看來先前已是結識了柳湘蓮，他倆何時曾經相交？

（三）賈、柳見面後，「寶玉便拉了柳湘蓮坐下，問他這幾日可到秦鍾的墳上去了。湘蓮道：『怎麼不去？前日我們幾個人放鷹去，離他墳上還有二里，我想今年夏天的雨水勤，恐怕他的墳站不住。我背著眾人，走去瞧了一瞧，果然又動了一點子。回家來就便弄了幾百錢，第三日一早出去，雇了兩個人收拾好了。』」柳湘蓮既然對已死的秦鍾這樣懷念，他倆的關係應是非常親密，為何能夠如此？

這幾個如果不改變思路就不可能回答的疑問其實是可以回答的，第九回中與湘蓮同音的香憐應是解決問題的關鍵。（圖395）

（一）薛蟠得知賈府有一學塾，其中廣有青年子弟後，「不免偶動了龍陽之興，也假來上學讀書，卻不曾有一些兒進益，只圖結交些契弟。誰想這學內就有好幾個小學生，圖了薛蟠的銀錢吃穿，被他哄上手的，也不消多記。更又有兩個多情的小學生，只因生得嫵媚風流，滿學中都送了他兩個外號，一號『香憐』，一號『玉愛』。雖都有竊慕之意，將不利於孺子之心，只是都懼薛蟠的威勢，不敢來沾惹」。可見薛蟠曾經會過香憐。

（二）賈寶玉和秦鍾入學讀書後，「見了他兩個，也不免綣繾羨慕。香、玉二人心中，也一般的留情與寶、秦。因此每日一入學中，四處各坐，卻八目勾留，或設言託意，或詠桑寓柳，遙以心照」。可見寶玉、秦鍾曾與香憐相交。

（三）特別是秦、香二人，關係尤其親昵。以至在上課中間，秦鍾還要借機「和香憐擠眉弄眼，遞暗號兒，二人假裝出小恭，走至後院說梯己話。……」他倆既然如此相契，如果其中一方夭逝，另一方為寄託懷念之情而去維護亡友的墳墓當在事理之中。

由於香憐和湘蓮同音，這就給我們以啟示：香、湘可能本是一人，前者只是後者的綽號，它通過同音關係而用一種輕薄的含義代替了本名的文雅含義。並且「香憐」作為一個戲稱，可能會被讀作兒化音的「香憐兒」，從而更具外

號的特點。以上述推斷為前提，第四十七回中的幾個疑問就可以基本獲得解決，從而使《紅樓夢》在情節上能夠顯得前後更加連貫。故此，筆者認為湘蓮即是香憐這一結論在某種意義上具有其成立的可能性和必要性。

　　當然，這又會產生一個新的疑問：假設香、湘實為一人，那麼為什麼兩者性情大異呢？一位嫵媚嬌柔，願意從薛蟠那裏求取好處；而另一位則是心高氣盛，視薛蟠的親昵狎愛為一種不能容忍的侮辱。對此差異，我們不妨這樣進行理解：在數年當中，原為世家子弟的柳湘蓮遭遇了諸多生活變故，他「父母早喪」，家勢日微，由於「讀書不成」而竟由文向武，逐漸變得「酷好耍槍舞劍」，乃至於「眼花臥柳，吹笛彈箏，無所不為」，從而柔弱依順的香憐變成了堅毅自尊的湘蓮。（圖 396）境遇移人，柳湘蓮是有可能隨著年齡、閱歷的增加而在性格特徵和行為方式上發生一些改變的。這時他再回顧以前同薛蟠的交往，難免要對自己曾經為人「契弟」的經歷深感無趣，而對那位「契兄」則會產生一種特別的厭惡。實際生活裏面類似實例不時可見：少年同性戀者的產生許多是由於環境和他人的誘導，那時他們所能接觸到的社會人物主要是同性的夥伴和尊長。等到年齡漸增，他們開始意識到年青異性的存在，開始考慮娶妻生子的事情，這時不少同性戀少年就會變成為異性戀至少也是雙性戀青年，其中一些人還會對自己以前的同性戀經歷感到難堪乃至可恥。有這樣一則記載：「某公眷一孌童，無市井態，亦無恃寵驕縱意。忽涕泣數日，目盡腫。怪詰其故，慨然曰：『吾日日薦枕席，殊不自覺。昨寓中某與某童狎，吾穴隙竊窺，醜難言狀，與橫陳之女迥殊。因自思吾一男子，而受污如是，悔不可追，故愧憤欲死耳。』某公譬解百方，終怏怏不釋，後竟逃去。」〔註1066〕柳湘蓮固然不是此孌童，但在感到往事不堪回首這一點上兩人則是相同的。所以第四十七回當中，眼見薛蟠在酒席上的漸漸無狀，湘蓮曾這樣對寶玉表示：「你那令姨表兄還是那樣，再坐著未免有事，不如我迴避了到好。」這裡的「你那令姨表兄」是指薛蟠，所謂他「還是那樣」，就是說他「又犯了舊病」，還想舊夢重溫，恢復與湘蓮（香憐）曾經有過的關係。如此欲求，已經歷練成「冷郎君」，再不是多情小學生的柳湘蓮柳二爺如何能夠答應？他先是想躲，實在躲不開之後，就只好用拳頭和馬鞭作為對薛呆滿腔柔情的回敬了。

　　由香憐到湘蓮，《紅樓夢》裏的這一人名變化可以反映作者曹雪芹創作思路的一些變化：在最初，賈寶玉的同性戀經歷是他想要重點描寫的，可後來感

〔註1066〕《閱微草堂筆記》卷十二。

到這會對寶─黛之戀產生較大的衝擊，於是便又進行了淡化處理。表現之一是
讓秦鍾早早地死去，另一表現就是不讓寶─香關係繼續發展。於是，經過一番
「批閱增刪」，書中香憐忽然就消失，湘蓮則忽然就出現。曹雪芹並沒有把兩
人等同起來，但在曹氏早期的書稿當中，這兩人應當就是一人。所以，所謂香
憐即湘蓮只是一個曾經的事實，通行定本中這一事實留下的是一個影子。曹雪
芹暗示了事實的存在，卻又不想明白地說出。他的意思是：讀者可以把香憐看
成為少年的湘蓮，去多做一些同性戀方面的聯想，但這已非現實，現實當中寶
玉和湘蓮之間的朋友關係基本已是屬於「常態」了。

薛蟠之愚呆

　　薛蟠人稱「呆霸王」，既粗且愚。《紅樓夢》有幾處地方對其呆相描寫得相
當貼切，不過在第四十七回當中卻稍有不盡人意之處。

　　據此回所寫，薛蟠、賈璉一干人應邀去赴賴大、賴尚榮父子的宴請。酒席
之上，「賴大家內也請了幾個現任的官長並幾個世家子弟作陪。因其中有柳湘
蓮，薛蟠自上次會過一次，已念念不忘。又打聽他最喜串戲，且串的都是生旦
風月戲文，不免錯會了意，正要與他相交」。在此，薛蟠顯然對柳湘蓮心懷覬
覦，另有別圖。（圖397）柳湘蓮何許人也？他「原是世家子弟，讀書不成，父
母早喪，素性爽俠，不拘細事。因他年紀又輕，生得又美，不知他身分的人，
卻誤認作優伶一類。那賴大之子賴尚榮與他素習交好，故他今日請來作陪。不
想酒後別人猶可，獨薛蟠又犯了舊病。他心中早已不快」。柳湘蓮看出了薛蟠
的意圖，便想走開了事。可薛蟠卻把他緊緊盯住，並且還當眾說出了一些放肆
非禮的粗話。於是湘蓮惱中生智，便騙薛蟠道：「既如此，這裡不便。等坐一
坐，我先走，你隨後出來，跟到我下處，咱們索性喝一夜酒。我那裏還有兩個
絕好的孩子，從沒出門。你可連一個跟的人也不用帶，到了那裏，伏侍的人都
是現成的。」薛蟠聞此自然樂不可支，興沖沖趕到城外，結果是「呆霸王調情
遭苦打」，被「冷郎君」柳湘蓮狠狠懲治了一頓，羞愧地好長時間裝病在家，
不敢見人。

　　上述情節當中，薛蟠之呆表現在他視柳湘蓮的謊話為真言，從而自取其
辱。筆者則以為，這位花花太歲的愚鈍似乎顯得不太符合實際，有悖於一般常
情。試做分析如下：

在故事的開始，柳湘蓮是以良人面目出現的，是一位喜歡串戲的少年俠士。可當他對薛蟠講：「我那裏還有兩個絕好的孩子，從沒出門」時，其身份也就突然發生了改變：一種由良入賤的改變，由世家子弟變成了孩子變童的師傅。關於這種變童的情況，《紅樓夢》第七十五回曾經有寫，當時薛蟠、邢大舅等人在賈珍處聚飲聚賭。

> 此間伏侍的小廝都是十五歲以下的孩子，若成丁的男子到不了這裡。其中有兩個十六七歲變童以備奉酒的，都打扮的玉琢粉妝。
>
> 薛蟠興頭了，便摟著一個變童吃酒。
>
> 傻舅嗔著兩個變童不理輸家了，因罵道：「你們這起兔子，就是這樣專洑上水。天天在一處，只不過我這一會子輸了幾兩銀子，你們就三六九等了。」兩個變童都是演就的局套，忙說：「我們這行人，師傅教的不論遠近厚薄，只看一時有錢勢就親敬。便是活佛神仙，一時沒了錢勢了，也不許去理他。」
>
> 這一個年少的紈絝道：「我且問你兩個：舅太爺雖然輸了，輸的不過是銀子錢，並沒有輸丟了雞巴，怎就不理他了？」

變童的謀生賺錢之道由此可見，他們具有明顯的賣色特徵，是優而兼娼的一類人物。而娼優在清朝被摒棄於士、農、工、商四民之外，實屬社會地位相當卑下的賤民等級。柳湘蓮如果真在自己下處蓄養了兩個孩子，根據文意，他就是在利用歌童賺錢，而其本人同樣也免不掉優伶的身份。（圖398）

這樣一來，柳湘蓮自己所說的那句話與前文對他的敘述之間就產生了一個矛盾。他既然有資格作為賴家的陪客而與「幾個現任的官長」以及薛蟠、賈璉等人並坐在一起，既然是在宴席上「串」生旦風月戲文──串戲是相當於票友的串客的即興演唱，與優伶侑觴時以求取主賓賞賜為目的的表演性質不同，這就說明他並不屬於操持賤業之人，否則他所能做的將只會是侑酒陪歡。薛蟠開始時對這位世家子弟的真實面貌顯然能有明確的認識，雖然「不知他身分的人，卻誤認作優伶一類」，但薛蟠卻不致如此。甚至就在湘蓮說謊的前一刻，薛還勸誘許諾道：「憑你有什麼要緊的事，交給哥。有你這個哥，你要做官發財都容易。」請注意，官在清代並非人人都可能去做，優伶從來就沒有這種資格。可見在薛蟠的眼裏，柳湘蓮終究屬分良人。（圖399）如此，依據常理薛應當很容易就看出柳是在對他進行欺騙，應當認識到湘蓮不可能居於具有特定含義的「下處」──下處在明清時期的北京經常用於指優伶的寓所，不可能蓄

有什麼「從未出門」的孩子。可他卻忽然失掉了最起碼的推斷能力，飛蛾投火一般興致勃勃地鑽入了柳湘蓮設下的圈套，其「呆」也就超出了常態，讓人感到不可理解。

　　所以從寫作角度來看，柳湘蓮的那句話不太妥當。謊固然可以說，但不應當出現一目瞭然的漏洞，不應當讓讀者覺得薛蟠對謊話的接受明顯不符合實際。如果柳湘蓮這樣講，可能會比較合適一些：「既如此，這裡不便。等坐一坐，我先走，你隨後出來，跟我到一下處，咱們索性喝一夜酒。那裏有兩個絕好的孩子，從沒出門。」這段文字當中，柳湘蓮也是假意邀請薛蟠去和他一起玩樂，但地點卻不是在自己的居處。雖然只改動了原來的幾個字，湘蓮卻可以由此從賤而良，從而與其真正的身份相一致，所言在表面上就不會露出什麼破綻。而薛蟠聞聽之後信以為真，歡然赴約的模樣同樣會顯得呆傻愚鈍。不過，這時其呆其愚是合乎常情的，不再心思智力還表現得如同小兒一般。

吳藻女士的才與情

　　在現代，女士是對女子的常見尊稱。而在古代，此詞的使用範圍較窄、尊重意味更濃，是用來指稱富於才學的女性。清代嘉道年間，女詞人吳藻完全堪副此稱。其才也高，其情也奇，確有異於尋常之處。

　　吳藻字蘋香，浙江杭州人。她「金粉仙心，煙霞逸品。彩鸞寫罷，每多寓感之吟。靈鳳歌中，恒有緣情之作」〔註1067〕。詞精曲美，大獲時彥讚譽。女子而有才，與吳藻同時的汪端、顧太清等人亦是。不過後者自身的女性特質是明確的，而吳藻的特點在於，她在性格、舉止乃至著裝上也向男性趨近，進而感情挹注似也指向了同性，其才情便頗具特色了。為談此點，我們首先需要關注的是其雜劇作品《喬影》。

　　《喬影》亦名《飲酒讀騷圖曲》，劇中才女謝絮才男裝上場，慨歎「生長閨門，性耽書史，自慚巾幗，不愛鉛華。若論襟懷可放，何殊絕雲表之飛鵬；無奈身世不諧，竟似閉樊籠之病鶴」。她繪成一幅《飲酒讀騷圖》，（圖400）在書齋飲酒展玩，自憐自賞：

　　　　你看玉樹臨風，明珠在側，修眉長爪，烏帽青衫，畫得好瀟落也。

　　一時之間豪情湧動：

〔註1067〕　《花簾詞》陳文述序。本文當中的吳藻詞作，未標示出處者，均引自該書。

　　我待趁煙波泛畫橈，我待御天風遊蓬島。我待撥銅琶向江上歌，我待看青萍在燈前嘯。呀！我待拂長虹入海釣金鰲，我待吸長鯨貰酒解金貂。我待理朱弦作《幽蘭操》，我待著宮袍把水月撈。我待吹簫，比子晉還年少。我待題糕，笑劉郎空自豪，笑劉郎空自豪。

　　然而，這卻是：

　　　　一派荒唐，真是癡人說夢。知我者尚憐標格清狂，不知我者反謂生涯怪誕。怎知我一種牢騷憤懣之情，是從性天中帶來的喲。〔註1068〕

　　《喬影》中的謝絮才就是吳藻的「夫子」自道。身為女子，縱使才高終究還是頗多束縛，無法像男性那樣自在張揚。吳氏《金縷曲》詞盡情抒發了她的「牢騷憤懣」：

　　　　悶欲呼天說。問蒼蒼，生人在世，忍偏磨滅？從古難消豪士氣，也只書空咄咄！正自檢、斷腸詩閱。看到傷心翻失笑，笑公然、愁是吾家物。都併入，筆端結。　　英雄兒女原無別。歎千秋，收場一例，淚皆成血。待把柔情輕放下，不唱柳邊風月。且整頓、銅琶鐵拔。讀罷《離騷》還酌酒，向大江、東去歌殘闋。聲早遏，碧雲裂。

　　好一句「英雄兒女原無別」！在清代社會，禮教之下的婦女大多雌伏認命，三從四德。而吳藻雖未跳出樊籠，可畢竟盡力奮飛過。她在另一闋《金縷曲》中發願道：

　　　　願掬銀河三千丈，一洗女兒故態。收拾起、斷脂零黛。莫學蘭臺悲秋語，但大言、打破乾坤隘。拔長劍，倚天外。

　　對於吳藻而言，所謂「打破乾坤隘」也就是向男性看齊。（圖401）其所著《花簾詞》前附幾篇序文，張景祁謂她「幼好奇服，崇蘭是紉」，魏謙升謂她「神情散朗，有林下風」。而其《憶江南·寄懷雲裳妹八首》之五則云：

　　　　江南憶，最憶綠陰濃。東閣引杯看寶劍，西園聯袂控花驄。兒女亦英雄。

　　可見，吳藻不僅文氣豪邁，性格爽直。而且舉止瀟脫，確實有過男裝之舉。既然如此，我們對於她的感情生活、對於其性取向就要多加注意了。在現代社會，女同性戀中的主動、被動方分別被稱為 T 和 P。其中不少 T 短髮男服、吸煙飲酒，初看之下雌雄莫辨。所以，至少在形象上，我們可以考慮吳藻

─────────────

〔註1068〕《喬影》。

是清代的一位 T 女。那麼，她是怎樣表現自己的感情世界的呢？

　　吳氏詞集共有兩種，即她在三十歲左右出版的《花簾詞》和四十五歲左右出版的《香南雪北詞》。在這兩部作品中，未見有一首詞寫及丈夫，她們夫妻之間的感情應當比較淡薄。張景祁序謂吳藻「中更離憂，幽篁獨處」，吳氏《香南雪北詞》自記：「十年來憂患餘生，人事有不可言者。」據此，吳藻中年喪夫或可能夫妻仳離，且無子女。如果放到現代，離婚、無後都是某些不得不婚的女同性戀者的典型表現。既然琴瑟不諧，那麼下面幾首詞中她是因何而愁？是在思戀誰？

　　行香子

　　長夜迢迢，落葉蕭蕭，紙窗兒不住風敲。茶溫煙冷，爐暗香消。正小庭空，雙扉掩、一燈挑。　　愁也難拋，夢也難招，擁寒衾睡也無聊。淒涼景況，齊作今宵。有漏聲沉，鈴聲苦、雁聲高。

　　祝英臺近·影

　　曲闌低，深院鎖，人晚倦梳裏。恨海茫茫，已覺此身墮。可堪多事青燈，黃昏才到，更添上、影兒一個。　　最無那。縱然著意憐卿，卿不解憐我。怎又書窗，依依伴行坐？算來驅去原難，避時尚易，索掩卻、繡幃推臥。

　　疏簾淡月

　　黃昏人醉。又幾陣西風，紙窗敲碎。昨日今宵，一樣薄寒如水。釵敧鬢軃紗屏背，不成眠、夢來無謂。瓶花香細，筆花豔冷，釭花紅萎。　　算何必蓮臺懺悔。悔愁根未剗，休言聰慧。幅幅雲箋，灑滿數行清淚。羅襟長把秋蘭佩，一聲聲、歌斷山鬼。況禁病裏，年光去也，只添憔悴。

　　酷相思

　　寂寂重門深院鎖。正睡起、愁無那。覺鬢影、微鬆釵半軃。清曉也、慵梳理。黃昏也、慵梳理。　　竹簟紗櫥誰耐臥。苦病境、牢擔荷。怎廿載、光陰如夢過。當初也、傷心我。而今也、傷心我。

　　酷相思

　　炙了銀燈剛一會。獨自把、紗屏背。怎幾個、黃昏偏不寐？心上也、愁難諱。眉上也、愁難諱。　　薄紙窗兒寒似水。一陣陣、

風敲碎。已坐到、纖纖殘月墜。有夢也、應該睡。無夢也、應該睡。

柳梢青

楊柳風和。昔年此日、曾聽笙歌。東閣官梅、西窗畫竹、南浦
煙波。　　無端眉上心窩。有別恨、離愁許多。春去還來、愁來不
去、春奈愁何！

這幾首詞中，吳藻之愁多是發生在夜深人靜、繡幃獨臥之際。此際易生懷
思，易感相離，她戀既深則愁難解，只是未言具體的思念對象。不過《柳梢青》
長題名謂：「舊雨人遙，綠波春皺。江南草長鶯啼，正昔年聯袂時也。根觸余
懷，漫拈此解。」聯袂而遊，想來應是一位女伴。在吳藻的同性友人中，我們
對張襄（字雲裳）需尤加注意。《憶江南・寄懷雲裳妹八首》前面已引一首，
其他七首云：

江南憶，最憶識君時。潭水桃花紅萬點，蘇臺楊柳綠千絲。相
見尚嫌遲。

江南憶，最憶綺筵開。阿母瑤池飛玉盞，女兒絳帳列金釵。誰
是謫仙才？

江南憶，最憶好才華。春曉嫩寒香雪海，小窗橫幅折枝花。詩
畫本名家。

江南憶，最憶夜聯床。讀曲簾櫳花氣暖，吹簫庭榭月華涼。殘
燭剪西窗。

江南憶，最憶餞春筵。三月渡頭花似霧，一杯婪尾酒如泉。小
別也留連。

江南憶，最憶碧城招。詠絮君應稱謝女，買絲儂欲繡班昭。墨
會記靈霄。

江南憶，最憶試歸帆。錦字香初盈素袖，酒痕紅未減輕衫。能
不憶江南！

在這一組詞中，吳藻與張襄聯床夜語，引杯看劍，好不情投意合。按：張
襄是蘇州參將張殿華之女，曾與吳藻一同受教於著名詩人陳文述（號碧城外
史）。道光六年（1826）春，碧城女弟子會聚姑蘇，《憶江南》是此事的回憶之
作，重點憶寫與張襄的情好綢繆。所以，前面《柳梢青》中的「聯袂」也就是
與張襄的「西園聯袂控花驄」。

姑蘇之會是吳藻人生中的重要一頁，與張襄結下的金蘭情誼激發了她的

創作熱情。《浪淘沙·吳門返棹，雲裳妹欲送不果，寄此留別》寫道：

　　　　雙槳打橫塘，何限江鄉。綠波爭似別愁長。最憶前宵曾翦燭，同話西窗。　　無計共離觴，疏地垂楊。數聲風笛斷人腸。從此天涯明月夜，各自淒涼。

《賀新涼·寄懷雲裳妹》：

　　　　桐葉驚秋墮。望迢迢、碧空無際，停雲幾朵。忽憶故人當此日，定整新涼詩課。記曾在、香邊硯左。煨茗清談今昔話，感楊花、作雪蓮開火。評月旦，笑還唾。　　何時再向青綾坐。約聯吟、二三知己，蘭陵爭播。小敘珠宮追往事，一霎天風吹過。只襟上、酒痕猶涴。莫怪雙魚遲尺素，為傷離、臥病愁難可。歌一闋，索君和。

《江城梅花引·再寄雲裳》：

　　　　沉沉蓮漏入秋長。怕昏黃，易昏黃。最憶當時、聽雨話聯床。一樣宵深閒不寐。問誰共，翦紅燈、坐碧窗。　　碧窗碧窗夜初涼。月半廊，花半牆。夢也夢也夢不到，春草池塘。陣陣西風、吹露未成霜。十幅蒲帆何日到？空望煞，美人兮、水一方。

　　如果不問背景只問詞意，我們有理由認為吳藻對張襄的感情是一種同性戀情。不過首先，詞這種文體長於抒情，經常用詞偏深，可卻未必真有深意。下面三首詞中，芷香是吳藻的親姊，茗香、雲林也都年長於她。她與三人情深而不逾矩，可一旦表達出來，與寫給雲裳的諸詞則頗為相近。

　　齊天樂·有懷芷香姊

　　　　陰陰曉院重門閉，鳴鳩數聲花底。簟冷如冰，窗虛似水，知道今朝晴未？憨憨睡起，正疊雪衫輕，盤雲髮膩。回首春遊，一杯殘酒到棃尾。　　分明幽恨幾許，盡將來放在、心裏眉裏。六曲屏前，雙鉤箔下，冷落紅腔誰記。伊人去矣，縱獨按宮商，也應無味。只把涼簫，碧闌干外倚。

　　邁陂塘·憶趙茗香姊

　　　　看天街、嫩涼如水，知他今夕何夕？曲終酒醒人歸去，怎遣者番岑寂。愁默默，但屈指連宵、不鼓雲和瑟。病懷碎積。歎心似回潮，身同殘燭，百感正交集。　　紅樓外，猛地誰家倚笛？一聲聲又淒惻。故園楊柳依然在，報甚秋風消息。燈半壁，偏照得、紗幮有夢難尋覓。窗兒漸黑。早月墮迴廊，鐘敲遠寺，滿院曉煙碧。

南鄉子・遲雲林不至，書來述病狀，賦此代柬

　　門外水粼粼，春色三分已二分。舊雨不來同聽雨，黃昏。翦燭西窗少個人。　　小病自溫存，薄暮飛將一朵雲。若問湖山消領未？琴樽。不上蘭舟只待君。〔註1069〕

可見，戀情與友情相混，時常難以分清，這是品讀詩詞時我們必須面對的情境。

其次，相對於男性，社會對於女性的道德要求更高，她們的性對象只能是丈夫一人。還有，在古代同性戀的各種表現形式中，不平等的同性戀相對可以被接受，認為那只是一種風流遊戲；關係平等者如吳、張二位，如若相戀則是對家庭關係的嚴重冒犯。因此，上列吳藻詞作無論怎樣深情繾綣，她向當時讀者所公開展現的都只是友情而非戀情。

而如果只是風流遊戲，吳藻在《喬影》當中也曾嚮往道：

　　似這等開樽把卷，頗可消愁。怎生再得幾個舞袖歌喉、風裙月扇，豈不更是文人韻事？

　　【北收江南】呀！只少個伴，添香紅袖呵。相對坐春宵，少不得、忍寒半臂一齊拋。定忘卻黛螺十斛、舊曾調。把烏闌細抄，更紅牙漫敲。才顯得、美人名士最魂銷。

名士風流，有才子必當有美人。並且，吳藻的這一文學嚮往在某種程度上確曾實現過。其《洞仙歌・贈吳門青林校書》云：

　　珊珊瓊骨，似碧城仙侶。一笑相逢澹忘語。鎮拈花倚竹，翠袖生寒。空谷裏、想見個儂幽緒。　　蘭釭低照影。賭酒評詩，便唱江南斷腸句。一樣掃眉才，偏我清狂，要消受、玉人心許。正漠漠煙波五湖春，待買個紅船、載卿同去。

校書是對娼妓的雅稱，吳藻讓才妓青林陪酒，且欲買船載她同遊，親狎意味較濃。正是這首詞，讓不少後世讀者對其性取向產生了聯想。對此，首先需要明確一點：清代的娼妓並非遇到每一位客人都會賣身，止於獻唱侑酒的情形也不少見。尤其對於吳藻這樣的特殊客人，至少其詞中所表達的不會含有同寢的成分。當然，吳藻內心是否有這樣的想法？當時的實際情況如何？進行聯想亦非不可。

綜合考慮，認為吳藻是一位同性戀者的觀點並非妄臆。同性戀的產生有其

〔註1069〕《香南雪北詞》。

生物學和社會文化的客觀基礎，T女古已有之。但通觀中國歷史，相關記載可謂闕如。其原因也不難理解，在一個強調三從四德的男權社會，由女性自主的同性性戀固然存在但不可能公開，否則即為嚴重醜聞。這種背景下，才女吳藻的情之表現已經相當突出了，如果對此都毫無疑義地以常情視之，那就太過忽視那些隱秘的情態了。當然，具體到吳藻其人，完全坐實其T女的身份也是不可能的。

龍舟歌中的金蘭契

龍舟歌是流行於珠江三角洲地區的廣東地方俗曲，清代中期或更早就已經產生，盛行於清末民國年間。金蘭契是指珠江三角洲地區異姓姊妹之間的金蘭結拜現象，姊妹深情導致了一些女子的不落夫家，相關記載明末清初已經出現。還有一些女子則終身不嫁，其行為在清末具有了儀式化的特徵，也即自梳。對於不落家和不出嫁女子中的金蘭契，龍舟歌有詳盡具體的反映。筆者見到的相關作品計有30餘種，基本都是刊刻於民國初年的廣州，它們的寫作年代則大致是集中於清末光緒宣統年間。

一、名詞用語

見於筆記方志的金蘭契相關名詞有十姊妹、自梳妹、拜相知等，為數不多。比較之下，龍舟歌為我們提供了更多、更鮮活的實際語彙，見本書第1253～1254頁。

二、相交相處

金蘭結拜在珠江三角洲地區是一種普遍存在的習俗，不但公開而且有時已可謂隨意。《金生挑盒》中，男扮女裝的金生路過一片樹林，被正在乘涼的幾位村女看上，問長問短。「一眾嬌姿齊口答，何須著急去他方。今晚請回歸我處，明朝早去重陰涼。見你人才中極我意，共你拜為姊妹也應當。」嚇得金生趕緊推辭走開。而像《逼結金蘭》，從曲名即可看出結交者會是如何地主動。主動結交的方玉妹「一見陶娘風韻勝，點得共佢拜為蘭友覆枕同傾。我的女流極愛個的金蘭興，捨得開言央佢料必順情。手攜美酒來親敬，我定要八方雲路訪到嬌英」。陶娘果然順情，「情遠耐，立意無更改，共姐雙雙盟誓禮拜天台」。

　　金蘭姐妹的人數有多有少，從「十姊妹」之稱來看，多者能有 10 人左右。
可以想到，人數既多，則彼此之間的情誼相對會比較淡，最深切的感情應是
存在於兩位女子之間。二女結交不可缺少的步驟是拜神盟誓，結拜地點可選
在尼庵、佛寺、花園等處，所拜之神有佛祖、天神、醫靈、嫦娥月老、仙姬
等。二人會神前設誓，矢言不離不棄，相倚相依。（圖 402）《日夜時辰》：「與
姐長樂太平全寶慶，勝過桃園弟與兄。當初新會成交頸，燒珠盟誓叩神明。」
《玉蟬問覡》：「當日共爾在花園點樣對天，都話二家無乜改變，雙雙全效並
頭蓮。」並且有人還要向神靈許願、還願，《五想同心》：「當初盟誓共你拜個
位醫靈。許落三牲小禮與及豬腸等，只話二家長久共你答謝嘛神明。」而為了
能有實證，雙方則會互贈表物以為契記，《日夜時辰》：「又到海棠寺內去把神
參，玉簪為託共結金蘭。」《荼薇記銀嬌全本》，銀嬌珍藏的是一對真金手鈪，
「上有同心字兩行」。

　　結契之後，金蘭姊妹在一起時會感到無盡的歡樂。

　　（一）欣賞才貌。《玉嬋附薦金蘭》：「窈窕娉婷真體態，金蓮細小十分佳。
行如楊柳隨風擺，羅裙影襯小弓鞋。滿腹經綸才學大，情性溫柔口角乖。」

　　（二）拜仙乞福。七夕乞巧是一項傳統民俗，此夜，金蘭女子也會備辦茶
果酒燭，齋戒虔拜。除去一般地乞望心靈手巧，闔家安樂，她們還要乞請仙姬
降福給結契姊妹。《七夕贊花》：「初杯酒，極新鮮，低頭下跪眾同年。復望眾
仙離月殿，恩光垂照我的姊妹同年」，「求神庇佑我的姊妹安康」，「個個知心蘭
友百年長」。

　　（三）結伴遊玩。《十二時辰》：「記得與娘遊月下，或吟或詠共同誇。清
閒無事問枝瑤仙卦，吹枝橫笛弄琵琶。個晚與娘花下灑，賞完花景又烹茶。」
《金蘭寄書》：「記得往常妹在此，與妹梳頭共戴花。或時高興同遊耍，一處唔
嫌過別家。攜手與嬌同講話，談今說古真正甚喧嘩。」

　　（四）細心照料。《五想同心》：「岾張單被分明凍，至今冷著鼻總唔通。
感得賢嬌蠟丸開定就把姜湯送，嗳，幸得亞容親手灌入我喉嚨。我知姐你十分
情義重，有乜好送金銀非係敬重。」

　　（五）親呢舉動。《五想同心》：「有晚我在夢中曾見姐面，相攜玉手並香
肩。輕將指甲彈嘛嬌面，擔抵情性共爾兩相連。我欲緊將嬌來去咬面，醒來原
是夢魂顛。」

　　（六）同床共衾。這是最深切姊妹關係的表現形式，相關龍舟歌中並不

少見。有的是反映能夠如此的快樂，《十二時辰》：「記得當初歸羅帳，玉桂玉蘭噎膩香。」《玉嬋附薦金蘭》：「十二歲起交情咁重，四載風流枕伴全」。有的是反映不能如此的幽悲，《日夜時辰》：「羅幃獨睡愁眉鎖，所因賢姐付恩波。」《玉嬋附薦金蘭》：「羅帷唔望全歡暢，誰憐兩地各分張。」《妙容打齋附薦》：「今日借衣吾望嬌除帶，獨寢孤眠有倚挨。」關係到了此種地步，已可以稱為同性戀愛。

三、相思相怨

生離死別則必相思，《夢蘭憶友》、《日夜時辰》、《十二時辰》、《金蘭寄書》等表現的是生離之苦之思。思念者茶飯懶沾嘗，美景無心賞，乃至於「慘過項羽共虞姬兩別離。由如山伯憶念個位英臺女，恰似明皇哭個貴妃」。在對這種情感進行表達時，作者常會採用一些文學技巧，如每句首字為遞增或遞減的數字：「一到午時日正中，二八佳人不再逢。三餐茶飯唔思用，四肢困倦又唔穌。五經壞過真沉重，六脈唔和減卻玉容。……」最常見的則是借用花、鳥、魚、藥、果等名的含義或是用這些名詞來做比喻，如用魚名：「不思白飯兼茶水，面似黃花血氣衰。思姐勞心常掛念，鱔魚咁眼兩淚珠垂。瘦如赤鱗多憔悴，黃如筍殼百體空虛。」〔註1070〕或用藥名：「自係姐爾歸身難再會，我就苦參無日不悲傷。夢裏云連尊姐爾，唔想起來獨活自孤寒。記得連翹分手後，由如滑石碎心肝。」而既以真實感情做基礎，又要進行文學的誇張，相思者常會說出一些似顯過甚的語句：「鄉中未曉姐爾有念嚇多情妹，妹心苦切欲辭陽。」〔註1071〕「意欲貝母辭爹來自刎，又想班孟信石買來吞。」〔註1072〕「被嬌心事好比朝陽遠，害得我苦心成病不久就要喪落黃泉。」〔註1073〕

生離苦如此，死別情更悲，活在陽世的蘭友必然是痛不欲生：「金蘭恰似閻王票，誤我殘生命一條。」〔註1074〕「雖然藕斷絲唔少，我願死同嬌路一條。知音再譜琵琶調，暮景桑榆怎奈丟？等待〔父母〕天年了，我就捨身同妹□樂逍遙。」〔註1075〕生人終究不能遽死以去陪伴故友，為了讓亡魂能夠安息，她

〔註1070〕《日夜時辰》。
〔註1071〕《夢蘭憶友》。
〔註1072〕《日夜時辰》。
〔註1073〕《十二時辰》。
〔註1074〕《吹簫憶友》。
〔註1075〕《同心上半年》。

們會懇切地進行附薦。清末陳坤曾經寫道：「濁淚清醪共一杯，雙雙蝴蝶紙錢灰。不因生死交情絕，猶向尼庵附薦來。」〔註1076〕所謂附薦，就是蘭友在庵寺等處設立壇檯，請尼姑僧道來超度亡靈，使之能夠往登仙源天界。過程當中，蘭友奠以茶酒果食，焚化冥器冥財，既回憶往昔的歡樂，又傾訴今時的苦悲，相思之情表現得淋漓盡致。《妙容打齋附薦》描寫壇檯的布置：「壇上鋪氈和結綵，提籠詩畫及珠燈。榜上列名張姓女，妙容追薦姐佳人。陳氏桂仙排作正薦，又寫陰陽死共生。」功課將盡之時，眼看桂仙嬌姐的牌位真容忽成灰燼，「颷時不見嬌魂影，香煙相送似姐雲行」。妙容妹悲慟至極：「頓足搥胸喉咽哽，飄飄艮淚灑衣衫。吐出鮮紅三兩啖，幾乎氣死在地間。」《玉嬋附薦金蘭》對祭品冥物做了細緻的列舉，玉嬋把故友青嬋的陰間生活安排得井井有條，衣食用度，恍如人世。甚至為了嬌姐能不寂寞，她這樣囑言道：「今日鬼門關下嗟無伴，爾便已媒另討過一個好知相。或者佢伶俐聰明蒙指教，永結同歡天地久長。他朝待妹辭陽世，佢共我結為蘭友亦心甘。」功課結束，嬋妹再度叮嚀：「姐呀，陽臺千萬帶妹共爾相聯！」

　　另外還有一種問覡的活動。據《玉嬋問覡》，這是在專門的壇場內舉行，經過乞請，亡魂能夠附在社娘身上與生人對話。玉嬋問覡的目的是來消除誤會，重結歡好。原來因為丫環的誤傳，青嬋以為玉嬋已經移情別戀，竟含怨病逝。玉嬋在亡姐的聲音之前細做剖白，又特別回憶起為她送終的情形：「問爾個陣衣衫誰共爾換轉，江邊誰為去買清泉。沐浴梳頭和剃面，我問嬌誰個為爾周全？」亡魂聽後心回意轉，認真囑咐蘭妹要善自珍重，然後依依惜別，重歸陰世，社娘則忽然甦醒，恢復正常。玉嬋以此種方式了卻了一樁心病，內心方才感到了安慰。而由此事可以看出，愛之既深，怨之則切，金蘭契友的情變會給對方帶來深巨的創痛。青嬋即曾「轉身叫句無廉女，負義忘恩妹囉玉嬋。我孤單夜夜偷含怨，當日共爾在花園點樣對天？誰想爾半途心立變，私交蘭友在房前。你情義全無真正下賤，問爾於心何忍得咁安然！」在《五想同心》當中，一對金蘭本曾盟誓共守，可一方卻又「新契一個相知陳亞定」，另一方傷心地認為這是「忘情」、「無正性」、「敗壞堅貞」之舉，遂發出咒言：「爾咁樣立心神吟報應，故結交新朋友總契唔成！」當然，結交新蘭友是情變，不女而男，轉去結交男朋友同樣也是，從中可見某些金蘭關係的獨佔性之強。《打相知》中，亞蘭「相與一位男朋友，走到花前月下把香偷。你把金

〔註1076〕《嶺南雜事詩鈔》卷四。

釵除下交過佢手，佢又送回腳鈪你轉回頭」。此情此景，想到「兩家相契成朋
敗，他日嫁郎生個令乖乖。哩陣拖仔翻歸隨處擺，佢把金蘭二字盡地丟埋」的
現實和今後，舊日蘭友亞貴不禁「心火起，面紅癡」，她「登時咬住手臂，咬
得亞蘭實首飛。叫聲救命無天理，父母聽聞實慘淒。驚動街坊鄰共里，做乜
裙薀褲用咁身屍。兩個為因何事起，問來原是打相知」。吃醋拈酸，女女與男
女無異。

四、不落夫家與矢志不嫁

夫家苦，母家樂，所以要不落夫家。關於身在夫家之苦，《吳小姐憶母怨
夫四季解心》唱道：「自從二九離閨閣，多少艱難到至今。嫁夫指望憑高貴，
點想人家把我當泥塵。鳥陣投羅難脫網，百般無一遂平生。」以文堂《十思起
解心》：「四思起，怨過天知，不堪回首個薄倖男兒。妻憑夫貴從來事，恨我才
郎不三思。自古嫁夫真受氣，拍壁無塵實惡持。家計蕭條無所倚，丟奴日夕冇
心機。一日三秋從古語，難望鍾情快樂時。」而未嫁做女之時則是「在家萬事
有心機」〔註 1077〕，尤其金蘭相處之樂：「曾記得在家逢日午，同群姊妹樂芳
辰。春景同遊芳草地，夏賞荷香納悶心。秋飲黃花新美酒，冬來白雪共聯吟。」
〔註 1078〕「七思起，在家時，結拜金蘭個位彩姬。二人日夕同觀戲，拖薀攜手
甚開眉。今日嫁郎分兩地，點能聚首見相知？」〔註 1079〕

為了能與金蘭相知長聚，已婚女子遂不落夫家，所謂「儂本無情郎自苦，
來是空言去絕蹤」。而面對「有妻不若無妻，之子宛然處子」〔註 1080〕的現實，
丈夫們總要盡力加以改變，其結果則是因人而異。《新婿上廳》中，寒酸的新
女婿到岳家請妻，受到岳父母的冷落譏斥。婿憤極，表示妻若不回就將公堂相
見。妻子氣昏在床，醒來後與金蘭泣別道：「我立心割捨回歸去，拚條殘命死
在佢手中央。人生自古誰無喪，免在外家連累天含娘。為然恨到知我歸陰府，
姐你親到我屍前另一注香。」金蘭好言寬慰：「願你夫妻同保全，自然到時地
久天長。」《拆外母屋》中，丈夫雖貧但有會友相助，岳家雖富但岳父已亡。
夫妻成婚已有 3 年，妻子卻一直「偏戀金蘭不顧羞。貪圖結交個的同年友，盡
把唱隨情義付水東流」。每天「孤枕冷清清」的丈夫忍無可忍，便率一班會友

〔註 1077〕 《十思起解心》，廣州成文堂刻本。
〔註 1078〕 《吳小姐憶母怨夫四季解心》。
〔註 1079〕 《十思起解心》，廣州以文堂刻本。
〔註 1080〕 《嶺南即事雜詠·初集·無題曲》。

各持磚石來到岳母門外，將屋瓦砸壞。眾鄰圍觀，均言男方有理，勸說將他招贅入門。岳母訴說了自己無兒的苦處，表示願意，事情也就算是得到了解決。不過贅婿並未完全放心，暗想道：「等待數天和半月，若無實事另行求。然後請差來押佢，勿怪我短情薄義結冤仇。」而在《打爛槓》中，丈夫則是獲得了一個完滿的稱心遂意的結局。開始見自家丫環去請妻而妻不返，他「氣難當，登時發怒走歸房」。心想此婦「開口就話相知留挽住，難道攪家潑婦垂惠得過才郎？」就一怒之下把臥房裏的槓箱氈帳打爛，岳家知道後怕出事端，便將女兒送回。見妻子已返，丈夫倒也能剛柔相濟，枕席之間鸞鳳和諧，「久別同歡暢，今宵情景都垂好過做個晚新郎」。

不落夫家有不同的情形，最徹底的是終身不返，有的幾年、十幾年後特別是懷孕生子後則返，還有的則為時更短，歸寧稍久即返夫家。所以這一現象是有風俗基礎的，即各地普遍存在的回門歸寧之俗，此俗與程度不等的金蘭契誼相結合，也就造成了時間不等的不落家。

自梳不嫁比最徹底的不落夫家還要決絕，她們根本就是拒絕婚姻。本批龍舟歌雖無關於自梳的具體描寫，不過從《玉嬋附薦金蘭》、《玉蟬問覷》等篇所表現出的金蘭情誼來看，她們的心目中毫無男子的位置，即便不儀式性地自梳也很可能會終身不嫁的。戲與曲的形式比較接近，以文堂刻廣州地方小戲《奶媽二做偵探》中的不嫁女這樣自敘道：「想起十九歲個年，老母監我嫁。個只衰鬼豆，睇來鬼都怕。手指似蕉蕾，我情願守生寡。故此出省城，詐話探契媽。立實副心腸，一實搵工打。老公唔駛嫁成個，一味係散撐。契番個相知，得閒磨磨嚇。」此女是去做梳頭女傭，即媽姐，這是清末民國間自梳不嫁女樂於選擇的一種謀生方式。

矢志不嫁者還有出家為尼的，這與金蘭契不同，行為者不但拒絕男女之情，而且拒絕女女之情，不過她們對異性的厭拒同樣適用於金蘭女。《秀容掃琴南音》中，陳氏秀容年已二十三歲，她把出嫁成家視為「人在囚籠」：「我想嫁郎至好為官宦，富貴由天不過日月咁川。重有嫁著淡泊個鈞上與求乞賞，個場悽楚你話幾咁交關？」見父母將自己的親事定下，她「憂多食少芙蓉變，惱傷蘆梢保命在全。山茶白膳難沾食，淚滴藍蹄灑落肩。日開夜閉無言語，猶如啞仔食著黃蓮」。為求解脫，秀容「一心指望投清靜，意欲削髮為尼入寺門」。當然，出家為尼也不是不可以和金蘭契相結合。此種情況可以發生在愛友亡故的金蘭女身上，為了將曾經的感情永遠留住，出家食齋倒也不失為一種可行的

選擇。《玉蟬歎五更》中玉蟬即曾自思道：「自係愛友歸陰奴亦淨守，花前月下懶去行遊。意欲捨命伴隨嬌左右，獨係慈顏蒼老唔知向己誰周。不若等待慈親歸世後，為尼入寺把齋修。」

五、總結

（一）寫作與演唱

　　本批龍舟歌、南音的作者均為佚名，其中以文堂版《五想同心》、《同心上半年》、《妙容打齋附薦》的封面上題有「公競作」、「公競」字樣，但公競只是封圖的繪畫者。以文堂《十思起解心》、《錦繡食齋成道》、《三姑回門》三篇是為該堂主人杏花氏重訂，五桂堂《時興送嫁歌文》、丹柱堂《金葉菊》的修訂者則分別是閒情居士和南海西堧居士。總的來看，龍舟歌作者應當基本都為男性，也就是說，金蘭情誼在龍舟歌中是屬於異性代言。如此細膩曲折的感情卻是由異性來寫出，足見金蘭契誼在珠三角當地是一種人所共知的現象，非當事者也都瞭解得比較清楚。從作品的內容形式來看，龍舟歌與民歌、山歌存在著較大的差別。其遣詞造句是經過了細緻推敲的，顯得齊整雅致。多數篇幅都比較長，有迴環的結構或曲折的情節，不會是當場直抒心意的結果。而一般龍舟藝人的文化水平都比較低，看來由他們直接創作的龍舟所佔比例不大，這批歌文的作者應是以地方知識人士為主。而正是由於作者的關係，下層女子如繅絲女工、梳頭媽姐中的金蘭契很少受到反映，見於描寫的金蘭人物通常都是一些富家閨秀，可在實際上，她們並非金蘭女的主體。

　　關於演唱情況，《日夜時辰》的開頭和結尾有所反映。其開頭唱道：「催勝鼓，把扇來遮，待吾韻腳唱這嗻。虧我鑼鼓打成黎黎嗚，好似打鑼出水車。字眼唱來真係啞，正係蠃牛上樹慢慢來挪。」接著轉入正文：「好咯待我書歸正卷來劑野，不唱提江這一些。此折乃係十二個時辰連日夜，虧我思嬌成病哭得鼻涕呢。」結尾祝願道：「此折歌文新訂考，串來句語帶勞愁。得聽歌文添壽者，定然銀幣入滿荷包。」《日夜時辰》表達的是對金蘭的思念，有感情而無情節，並不適合於一般聽眾。類似龍舟是唱給特定人群的，例如金蘭女子比重較大的絲廠女工、富家閨中女眷等。甚至我們不能排除有些龍舟是為了閱讀而寫，並未被實際演唱的可能。至於適合向公眾演唱者，像《拆外母屋》、《打爛檳》等，既有情節又不是描摹兩女私情，應當可以為不同性別、身份的聽眾所喜愛。

（二）原因分析

按照一般的認識，婦女畏懼在夫家所受到的虐苦是金蘭契產生的重要原因。陳遹曾、鄔慶時等即曾言道：「筆者等的家鄉，婦女輩自幼即唱這樣一支兒歌：『雞公仔尾彎彎，做人媳婦甚艱難。三朝打爛三條夾木棍，四朝跪爛九條裙！』對婦女在家庭所受到的虐待，刻畫得深入人心。每與鄉中自梳女及不落家婦女談，無不極言自梳及不落家的逸豫，遠勝鄉中姐妹已結婚落家者的備受虐苦。故自梳女與不落家，未始不是她們對封建婚姻及夫權壓迫的不滿與反抗的表現。」〔註1081〕但在龍舟歌中，有關丈夫、公婆虐待妻子、兒媳的描寫很少見，通常他們是希望妻、媳回返，過正常家庭生活的。如果說夫家有什麼不好，較多提到的是貧窮，不能滿足妻子的生活需要。相較之下，母家倒是富足安適，金蘭女子一般都會有丫環服侍，身份上屬於閨中小姐。而按照一般的婚嫁模式，她們如果出嫁，夫家的條件並不會低於母家，衣食無憂、閒雅遂意的景況是可以繼續的。這就是說，龍舟歌中的金蘭女在其他地區一般都會有相對比較圓滿的婚姻，可生活在珠三角地區的她們卻要兩相誼悅，厭夫拒家。因此，純粹的同性情好雖然不是金蘭契產生的直接原因，但當金蘭結契逐漸形成風氣之後，契誼本身所具有的吸引力逐漸是會成為一種促進因素的。在特定的適宜風俗環境下，地方女子會不自覺地受到感染，即便本可以有比較滿意的婚姻歸宿，也要去追求金蘭結交所能帶來的快樂歡愉。在此意義上，金蘭契具有一種自我促發的特徵。

至於金蘭契的起始產生原因，這應是多種條件因素共同發揮作用的結果，如夫權壓迫比較嚴重、對女子的貞節要求比較高、因男子出洋致使夫妻長期難以相聚、少數民族地區不落家風習的影響等。這些因素相互結合在一起，再加上婚姻形式具有自然流變的特徵，在不特定的時間、地域內，不特定的人群會或然性地對婚姻要素的排列組合進行一些調整。結果在一些地區就出現了男子入贅岳家、妻子比丈夫的年齡要稍大等現象，而金蘭契也是在具體條件促進下婚姻形式自然流變的一個結果。

（三）形態表現

本文主要是在狹義上使用金蘭契這一概念，在此意義上，當事女子之間的情誼是非常深厚的，已經超出了友情的範圍而成為戀情。不過當把金蘭契

〔註1081〕《自梳女與不落家》，見《廣東文史資料》，1964年第十二輯。

作為一個名詞概念考慮它的實際使用情況時，我們還需看到它與婚姻比較協調的一個方面。在龍舟歌中，金蘭女子有些是樂於出嫁做妻的。《老女思夫》：「初出娥眉月一灣，虧我思夫淚暗彈。群伴一班人盡嫁，今日孤零剩我自家。父母只記得求神兼共問卦，點曉得我思夫成病意亂如麻。」《老女自歎》：「當日同群七姊妹，芍藥風流肯讓誰。今日含笑各歸諧鳳侶，剩我老來嬌態實堪哀。……真可羨，鴛鴦交頸亂，虧我相思無路實堪憐。」有一位少女錦繡不欲嫁人，而想吃齋為尼，她的同群姊妹勸說道：「青靚姑爺由嬌你揀，無一點破賤，個陣夫妻同樂大啟容顏。……你品貌生來多肖雅，二寸金蓮有的差。做乜咁好姑娘唔肯嫁，齋堂非肖雅，點似夫妻和順共抱琵琶。」〔註1082〕少婦三姑新婚回門，相知群伴同來看望，「有一個同心問事端。姐呀借問郎門安樂否，比做安人見你有乜憎嫌？家道世情還重見點，想必姐夫恩愛你嬋娟？」〔註1083〕三姑細言丈夫的體貼，翁姑的寬慈，大家聽後都極歡悅。可見，金蘭契作為一種普遍存在的社會現象實際包含著多種具體形態，在廣義上，珠三角地區一般的姊妹結拜即屬之，這就相當於北方地區的乾姐妹。彼此雖然甚相友愛，不過感情體驗總的看終究是處於朋友層面，對對方的出嫁成家內心持支持讚賞的態度。然後金蘭契誼的感情會漸次遞進，由稍過一般友誼到精神戀愛再到實際的同性相戀，而與各種感情狀態相對應的，則是不落夫家的時間長短與自梳不嫁的是否實行。

　　嶺南文化是一種多姿多彩的文化。從龍舟歌以及南音的內容來看，除去金蘭契，《劉生歎五更》、《鄧嬌問病》、《雪梅買水》、《五拜廟》、《七曲琴》等反映了真摯的夫妻男女之情，《珠江餞別包心》、《老舉留人客》、《客途秋恨》、《珠江水》等反映了靡曼的珠江妓色。貞與淫、情與欲、收束與放開，互有差別乃至互相對立的不同生活形態卻也能互做調適、共存共生，這種多樣性是嶺南珠三角文化具有鮮活生命力的體現。

〔註1082〕《錦繡食齋成道》中卷。
〔註1083〕《三姑回門》上卷。

圖 366　蒹葭秋水圖

《詩經圖譜慧解》卷四

圖 367　陳維崧像

《清史圖典·康熙朝》，第 421 頁

圖 368　水繪園今景

網絡下載：https://www.sohu.com/a/380708731_120207007

圖 369　紫雲出浴圖

《九青圖詠》

圖 370　迦陵先生填詞圖

《讀畫齋偶輯》

圖 371　東門生與趙大里

《繡榻野史》

圖 372　東門生、趙大里、金氏

《繡榻野史》

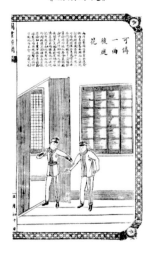

圖 373　可憐一曲後庭花

《輿論時事報圖畫》之《圖畫新聞》清宣統二年正月初十日

原注：「南洋巡警頭班畢業兵生某，新由李總監委辦西三區巡記。素好男風，因值班查崗，瞥見本局門崗某甲饒有風姿，觸發舊癖，因即誘入房內，冀圖難姦。甲大聲呼救，始縱之出。區長聞聲驚醒，急起查問。不敢容隱，即於翌早報告李總監。總監乃將該巡記暫行拘押，尚不知□何處究也。」

圖 374　鄭殘本《弁而釵》情貞紀第一回卷端

筆耕山房弁而釵情貞紀

醉西湖心月主人著

奈何天呵呵道人評

第一回

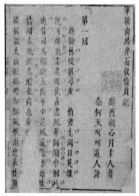

圖 375　鄭殘本《弁而釵》情烈紀第一回插圖

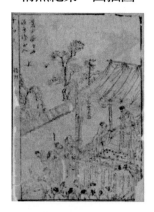

圖 376　賈寶玉像

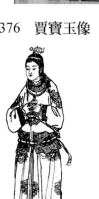

《增評補圖石頭記》

圖 377　賈寶玉路謁北靜王

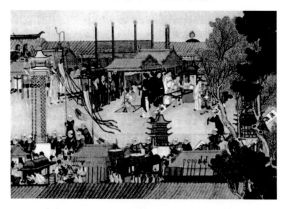

《夢影紅樓：旅順博物館藏全本紅樓夢》

圖 378　秦鍾像

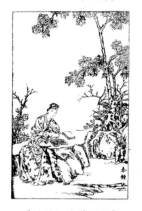

《增刻紅樓夢圖詠》

圖 379　蔣玉函像

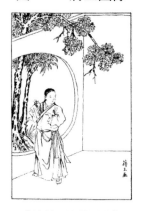

《增刻紅樓夢圖詠》

圖 380　宴寧府寶玉會秦鍾

《夢影紅樓：旅順博物館藏全本紅樓夢》

圖 381　嗔頑童茗煙鬧書房

《夢影紅樓：旅順博物館藏全本紅樓夢》

圖 382　嗔頑童茗煙鬧書房

《增評補像全圖金玉緣》第九回

圖 383　書房大鬧

《金玉緣圖畫集》

圖 384　秦鯨卿得趣饅頭庵

《夢影紅樓：旅順博物館藏全本紅樓夢》

圖 385　秦鯨卿得趣饅頭庵

《增評補像全圖金玉緣》第十五回

圖 386　秦鯨卿夭逝黃泉路

《夢影紅樓：旅順博物館藏全本紅樓夢》

圖 387　秦鯨卿夭逝黃泉路

《增評補像全圖金玉緣》第十六回

圖 388　馮家讌會

《金玉緣圖畫集》

圖 389　蔣玉函情贈茜香羅

《夢影紅樓：旅順博物館藏全本紅樓夢》

圖 390　蔣玉函情贈茜香羅

《增評補像全圖金玉緣》第二十八回

圖 391　不肖種種大承笞撻

《夢影紅樓：旅順博物館藏全本紅樓夢》

圖 392
秦鍾等像

《饅頭庵》

圖 393　《續紅樓夢》
卷二十三、二十四

圖中上吊者是襲人，下層左右
是賈寶玉，右 2 是蔣玉函。

圖 394
祝夢玉像

《紅樓復夢》

圖 395　柳湘蓮像

《紅樓夢圖詠》

圖 396　柳湘蓮像

《增刻紅樓夢圖詠》

圖 397　薛蟠像

《增刻紅樓夢圖詠》

圖 398　呆霸王調情遭苦打

《夢影紅樓：旅順博物館藏全本紅樓夢》

圖 399　呆霸王調情遭苦打

《增評補像全圖金玉緣》第四十七回

圖 400　飲酒讀騷圖

《喬影》
清道光間顧韶繪。

圖 401　吳蘋香飲酒讀騷圖

《明清同性戀題材繪畫初探》
清同治間施瑞年繪。

圖 402　金蘭相契圖

《日夜時辰》封面